O GÊNERO
DA PARÁBOLA

FUNDAÇÃO EDITORA DA UNESP

Presidente do Conselho Curador
Herman Voorwald

Diretor-Presidente
José Castilho Marques Neto

Editor Executivo
Jézio Hernani Bomfim Gutierre

Assessor Editorial
Antonio Celso Ferreira

Conselho Editorial Acadêmico
Alberto Tsuyoshi Ikeda
Célia Aparecida Ferreira Tolentino
Eda Maria Góes
Elisabeth Criscuolo Urbinati
Ildeberto Muniz de Almeida
Luiz Gonzaga Marchezan
Nilson Ghirardello
Paulo César Corrêa Borges
Sérgio Vicente Motta
Vicente Pleitez

Editores Assistentes
Anderson Nobara
Arlete Zebber
Ligia Cosmo Cantarelli

MARCO ANTÔNIO
DOMINGUES SANT'ANNA

O GÊNERO
DA PARÁBOLA

© 2010 Editora UNESP

Direitos de publicação reservados à:
Fundação Editora da UNESP (FEU)
Praça da Sé, 108
01001-900 – São Paulo – SP
Tel.: (0xx11) 3242-7171
Fax: (0xx11) 3242-7172
www.editoraunesp.com.br
feu@editora.unesp.br

CIP – Brasil. Catalogação na fonte
Sindicato Nacional dos Editores de Livros, RJ

S223g

    Sant'Anna, Marco Antônio Domingues
       O gênero da parábola / Marco Antônio Domingues Sant'Anna. - São Paulo : Ed. UNESP, 2010.

    Inclui bibliografia
    ISBN 978-85-393-0011-2

    1. Parábolas - História e crítica. 2. Bíblia - Parábolas. 3. Religião e literatura. 4. Parábolas na literatura. 5. Fábulas - História e crítica. I. Título.

10-1197   CDD: 809.301
                                                           CDU: 82-343

Este livro é publicado pelo projeto Edição de Textos de Docentes e Pós-Graduados da UNESP – Pró-Reitoria de Pós-Graduação da UNESP (PROPG) / Fundação Editora da UNESP (FEU)

Editora afiliada:

SUMÁRIO

Prefácio   7
Introdução   11

1   A parábola na literatura clássica grega   15
2   A parábola no Velho Testamento   51
3   A parábola como forma literária   139
4   Considerações sobre a parábola e a fábula   221
5   As funções da parábola   237
6   Modelos de análise   269

Referências bibliográficas   311

PREFÁCIO
QUASE PARÁBOLA

Para Marco Antônio (13 de março de 1998)

Eis que saiu o pesquisador a pesquisar.

E sequioso por encontrar o que procurava nas fontes puras dos livros, em cujas páginas pairam ainda agora as almas dos homens de outros tempos, partiu para uma viagem longa e fatigante, acompanhado apenas por suas dúvidas e inquietações.

A princípio, nem a presença de um guia cuidou de precisar: os caminhos pareciam muitos e os meandros ainda não se afiguravam complexos para sua coragem renovada nas letras às vezes meio apagadas dos volumes antigos.

Porém, repentinamente os espinhos surgiram mais pungentes e a indecisão ocupou no seu coração o lugar de frágeis certezas. O pesquisador olhou em torno de si e viu, entre as folhagens vastas das sendas do passado, a figura humana e ao mesmo tempo mística do orientador. Meio que sorriu – mas era apenas o começo: em lugar de lhe oferecer convicções, o mestre lhe pediu opções e, em vez de oferecer-lhe lenitivo para o cansaço, apresentou-lhe o pesado fardo do trabalho, da busca incessante, da leitura contínua.

A presença do guia, contudo, trouxe-lhe novo alento e pôde seguir mais confiante pelas vias tortuosas, semelhante ao viajante no deserto que se orienta por indícios tênues de vida a pulsar em pontinhos imperceptíveis... E ele mergulhou ainda mais nos livros e sua sede foi aos poucos aumentando, na proporção exata em que bebia.

Houve tempo em que, desviando o olhar apaixonado dos volumes repletos de convites, o pesquisador divisou atrás de si a esposa e as filhas, permanentemente com a expressão confortadora de quem compreende, apoia e espera. Por vezes, durante o tempo em que permaneceu entregue à faina avassaladora de pesquisar, o pesquisador viu que lá fora o sol continuava a brilhar, os pássaros continuavam a cantar.

Certo dia, amanheceu ao mesmo tempo alegre e triste. Precisara encerrar a pesquisa, porque os relógios avisavam da hora e os calendários informavam os dias. Escrita a tese, suas páginas cheirando tinta ocuparam sobre a mesa repleta um lugar de destaque, como um farol a lembrar dia e noite os perigos dos oceanos...

A partir desse momento, o pesquisador – que imaginava poder descansar finalmente – viu-se às voltas com um grupo de lobos vorazes, dispostos todo o tempo a curiosamente lhe estraçalhar não a garganta e as veias, mas o exemplar brilhante da tese acabada.

Bem, aí o pesquisador percebeu que tinha de responder a muitas perguntas, entrou em pânico e caiu na realidade.

Rony Farto Pereira

***

Foi com esse texto, imitando toscamente seu objeto de pesquisa, que saudei a auspiciosa apresentação, ao público, da tese de doutorado com que Marco Antônio Domingues Sant'Anna nos brindava, naquela manhã de 13 de março de 1998. Repito-o neste momento, consciente de que nenhum prefácio poderá testemunhar com precisão o incansável trabalho contido nas páginas que se lerão.

Não se trata apenas de pesquisa científica, mas de uma opção de vida: o pesquisador tem vivido, cotidianamente, a necessidade premente de aperfeiçoar-se, buscando nos textos antigos e contemporâneos o aprofundamento exigido para a abordagem de um objeto tão rico e tão apaixonante como é a parábola.

Além disso, este livro reúne a experiência de muitas gerações e está apresentado em linguagem simples, mas eloquente. O aspecto extremamente humano de suas análises vem ainda coroar-se com uma parte que explicita com clareza o espírito do trabalho, oferecendo oportunidade para que as pessoas colham de sua investigação o fruto concreto da prática.

Por tudo isso, melhor que examinar em detalhe as intenções e a realização de Marco Antônio Domingues Sant'Anna será ler o livro e mergulhar nessa parábola instrutiva, elegante e altiva.

Rony Farto Pereira

Introdução

Com a presente obra pretendemos demonstrar que o Novo Testamento bíblico é o contexto da constituição da parábola como gênero literário. Mesmo que essa modalidade seja mencionada em outros universos, temos como proposta mostrar que é somente no Novo Testamento que ela assume feições mais definidas.

Tal tarefa justifica-se, em primeiro lugar, pelo fato de haver, no Brasil, um número muito limitado de obras disponíveis que tratem da parábola e dos aspectos teóricos a ela relacionados. Em segundo lugar, a situação agrava-se quando se parte para uma pesquisa especificamente em língua portuguesa. Como será demonstrado com maiores detalhes nos capítulos subsequentes, o que se encontra em uma parte restrita de livros de teoria literária publicados em nosso país são apenas pequenos verbetes sobre o assunto. Além dessa limitação de bibliografia, o tratamento que essas poucas obras existentes oferecem ao gênero parabólico está muito distante de ser exaustivo.

Essa exiguidade de material conduz inevitavelmente a uma comprovada falta de precisão em relação a alguns aspectos teóricos da conceituação, caracterização, confronto com outros gêneros e funções da parábola. Foi exatamente essa lacuna, detectada especialmente em língua portuguesa, que nos levou à publicação de um trabalho com pretensões definidamente teóricas sobre a constituição do discurso da parábola.

É importante ressaltar ainda que a presente obra – longe de enveredar por um tom confessional, conquanto tenhamos firmes convicções neste plano – é, por um lado, resultado de nosso trabalho de doutoramento, orientado de forma bastante segura pelo Dr. Carlos Erivany Fantinati, na época vinculado ao Programa de Pós-Graduação em Letras da Faculdade de Ciências e Letras de Assis.

Lembramo-nos com muita clareza, depois de encerrado o curso de graduação e em seguida o mestrado, de sua insistência em realizarmos um projeto que contemplasse a ausência, naquele momento vislumbrada apenas por ele, de textos teóricos sobre a parábola, uma modalidade praticamente ignorada nos compêndios de literatura até então.

Como era conhecedor de nossa formação em Teologia, julgava reunirmos condições para tratarmos do assunto, ao mesmo tempo de forma profunda e não proselitista, já que tínhamos formação também na área das Letras.

Foi assim que, depois de certa relutância, porque nem nós mesmos vislumbrávamos um horizonte muito promissor para o projeto, pela comprovada falta de material no país, assentimos à voz de sabedoria do professor Fantinati e realizamos nosso doutorado sob o título *A parábola*.

Nem bem encerrada essa etapa, o professor já começava a acenar com outra proposta. Mesmo não mais encarnando a figura do orientador formal, ligado ao Programa de Pós-Graduação, mas preservando o relacionamento humano, de amizade, respeito e confiança pessoal e intelectual, Fantinati continuou sua missão eterna de semear em minha mente e alma a necessidade de realizar outro projeto relacionado ao mesmo tema. Isso porque, dizia ele, o doutorado cobria apenas a parábola antiga e como nós mesmos havíamos apontado na conclusão, muitos críticos literários mencionavam, ainda que de relance, a parábola *moderna*. Ela existia e alguém precisava prestar-lhe o devido cuidado.

Foi assim que propusemos um projeto de pós-doutoramento à Fundação de Apoio à Pesquisa do Estado de São Paulo (Fapesp), com o título *A parábola moderna*, que, depois de aprovado, foi realizado no Trinity College, da Universidade de Bristol, Inglaterra, com vigência inicial de um ano e com renovação para mais outro período,

O GÊNERO DA PARÁBOLA 13

de 1999 a 2001. Por isso, há também muitos elementos ao longo do texto frutos dessa permanência no exterior, sob a supervisão do Dr. John Lesley Nolland.

Com sua característica fleuma britânica adquirida ao longo de sua permanência naquelas terras, recebeu-nos para a primeira entrevista, em uma maravilhosa construção de pedras, do século XVII, no meio de um bosque, depois de haver lido nosso primeiro *paper*, para afirmar, com muita elegância e refinamento, que nosso inglês *was not that horrible but it must be much better*.

Para um brasileiro, caipira, que havia sido aprovado no exame de proficiência em língua inglesa exigido pela Fapesp, aquele primeiro encontro foi chocante. Além disso, chegamos para o início do ano letivo em meados de setembro, ou seja, início do outono, que antecedia um terrível inverno, chuvoso e frio. Só depois de ficarmos lá por quase dois anos é que pudemos acreditar no dado estatístico de que a média de chuva na Inglaterra é de trezentos dias por ano.

Assim, restavam-nos apenas dois caminhos: desistir, o que, confessamos, passou muitas vezes pela nossa cabeça, ou entrar em uma escola paralela de inglês e seguir em frente com o projeto. Obviamente, a segunda opção foi a executada, graças ao apoio primeiramente da família; depois, de amáveis vizinhos que, superada a fase inicial de sondagem da Scotland Yard, tornaram-se verdadeiros amigos, e, também, de forma muito especial, acolhedora e carinhosa, dos irmãos da Counterslip Baptist Church, comunidade com a qual nos relacionamos em toda nossa permanência em Bristol.

Do elenco das 101 parábolas modernas alistadas para análise, de autoria de Bertolt Brecht, Franz Kafka e Sören Kierkegaard, o trabalho foi encerrado com aprovação do Dr. Nolland e dos assessores da Fapesp com a seleção e aprofundamento de somente uma parábola, *A boa alma de Setzuan*, de Brecht. Essa produção, considerada por nós como emblemática da versão moderna, foi exaustivamente explorada nos limites do período de estágio no exterior.

Isso posto, cabe-nos apenas observar que a presente publicação contempla apenas uma parte de um longo percurso já realizado e de um caminho que, dialeticamente, a cada retomada se apresenta novo.

É assim que convidamos os leitores a iniciarmos uma escuta de histórias contadas por Aristóteles, por Natã, pelos monges sufis, por Jesus e por Bertolt Brecht.

Quem sabe outra vez assentamo-nos para assuntar o que Kafka, Kierkegaard, Murilo Rubião, Guimarães Rosa, Machado de Assis e outros tantos mais teriam para contar-nos em forma de parábolas?

1
A PARÁBOLA NA
LITERATURA CLÁSSICA GREGA

Etimologia

Segundo o *Theological dictionary of the New Testament* (1967), o nome *parabolé* deriva do verbo *paraballo* que, por sua vez, é uma forma composta dos seguintes segmentos: a) o prefixo *pará* que significa, em português, *lado a lado, ao lado de, ao longo de* (cf. *Novo Dicionário da Língua Portuguesa)*, e b) *ballo*, verbo cujo significado pode ser traduzido para o português como *jogar, trazer, colocar*. A composição resulta, então, em *colocar lado a lado com, manter ao lado, jogar para*. Ora, esse foi o trajeto que a língua grega encontrou para culminar com o conceito de *comparar*, já que, para se comparar alguma coisa com outra, o que se faz realmente é colocá-las, jogá-las lado a lado, para se perceberem seus aspectos comuns e diferentes. Conforme o dicionário teológico citado, essa última acepção de *comparar* aparece flexionada em Platão – *Gorgias, 475e* e Isócrates, 9, 34, e a forma nominal *comparação* ocorre em Platão, *Philebus 33b* e Isócrates, 12, 227 (p.448).

Confirmando o conceito final desse último dicionário, sem contudo mostrar a composição detalhada da forma, a obra *A Greek-English Lexicon* (Liddel & Scott, 1940) apresenta *paraballo* como tendo também o significado de *throw beside or by*, o que, traduzido para o português, resulta em *jogar, colocar ao lado*. Outra forma possível em que, inclu-

16 MARCO ANTÔNIO DOMINGUES SANT'ANNA

sive, fica mais evidente esse conceito é a de *set beside or paralell with, colocar ao lado ou em paralelo com*. Segundo o dicionário pesquisado, dessa acepção vem o sentido de comparar um com outro. O que parece ser novidade, nessa obra, entretanto, é o fato de ela apresentar a possibilidade de *paraballo* significar, em inglês, *throw to one, as fodder to horses, jogar para alguém, jogar forragem, dar forragem para alimentar cavalos*, o que parece ser anterior aos outros. Ao menos, não se tem encontrado nenhuma outra acepção que demonstre indicar algo mais primitivo que isso.

Essa última significação do verbo repete-se no *Dictionaire Grec-Français* (Bailly, 1950), de A. Bailly, que traz o seguinte: *paraballo: jeter en pâture quelque chose, en particuler, donner de la nourriture à des chevaux*. Assim, há esses indícios de *paraballo* significando o ato de jogar ao lado de alguém qualquer coisa que seja, embora no caso específico do dicionário seja *jogar comida ao lado dos animais*. Subsequentemente a isso é que o termo passou a significar um ato realizado com o objetivo específico de estabelecer uma comparação, chegando-se ao *comparar*, ao *meter à cote (quelque chose à soi) pour comparer* ou ao *mettre en parallèle*.

Ainda segundo o dicionário grego-francês já nomeado, o nome *parabolé* apresenta os seguintes significados: *comparaison; rapprochement*, **p.suite**, *rapport, ressemblance*, **d'ou particulierment** t. *de rhétorique: parabole, discours allégorique*. Percebemos, também, na apresentação desse verbete, o trajeto dinâmico que o vocábulo diacronicamente percorreu. Apesar de o dicionário não mencionar, no caso da ocorrência nominal, a fonte primitiva, partindo-se diretamente da acepção de *comparação* – que, no caso do verbo já é uma etapa posterior – podemos observar nitidamente a intervenção interpretativa do lexicógrafo com o seu *p.suite – por consequência –* para apresentar o significado de *relação, semelhança*. Ora, atualmente trata-se de um processo lógico e inquestionável, pois, pelo menos, é mais comum se colocarem em termos de comparação elementos que tenham algum aspecto, por menor que seja, em comum. Entretanto, é importante notar esse processo dinâmico por que passou o vocábulo, a fim de se precisar as suas origens. Outra interferência do autor do dicionário confirma esse aspecto histórico da palavra: *d'ou particulierment*, apontando para uma significação mais específica e particular, dentro de um determinado domínio, o da retórica. Nesse campo, a palavra assume plenamente o sentido de discurso alegórico.

Mesmo que estejamos tratando do vocábulo exclusivamente no aspecto de sua aplicação linguística, é preciso que se saiba que ele foi e é usado como termo técnico de outras ciências. No domínio da Matemática, ele pode significar o *desvio* do traçado correto, uma *inclinação*. Na Astronomia, *parabolé* pode manter a significação de *colocação ao lado*, acrescida de outras possibilidades como *reunião* e *conjunção dos astros*. Admite, ainda nesse campo, o significado de *projeção*, em relação aos raios do sol (idem). Um exemplo desta ocorrência está em *Plut. Aratus*, 22 (I, 1036 f.): *di' eligmôn kaì parabolôn* (*di eligmîn ka^ katabolîn*), tratando a parábola especialmente como uma seção cônica.

Um conceito diverso é o que faz a distinção entre *divisão* e *multiplicação*, no sentido de *parakatabolé, dinheiro depositado*, especialmente em investimentos.

Curiosamente, também aparece o uso de *parabolé* na acepção de *aventura*. Entretanto, o dicionário que aponta para este sentido não informa a fonte de ocorrência (Brown, 1983, v.III, p.448). Podemos, todavia, pressupor que esse significado tenha alguma ligação com o procedimento literário da comparação que pode consistir metaforicamente em uma aventura, na medida em que explora possibilidades inéditas de um vocábulo.

O que se pode concluir, pois, dessa pesquisa etimológica tanto do verbo *paraballo* como do nome *parabolé* é que, por um processo de dinamismo da língua – o que é extremamente comum, inclusive – os vocábulos ganharam um significado bastante diferente daquele original em que foram usados. Entre *jogar comida a cavalos* e *comparar*, em termos semânticos, há uma diferença razoável. Entretanto, pelo exposto sabemos que foi esse ato de lançar o alimento ao lado do animal que originou um processo analógico que culminou com o significado de *comparar* como o ato de lançar um elemento ao lado de outro a fim de estabelecer um confronto entre os dois.

18 MARCO ANTÔNIO DOMINGUES SANT'ANNA

Ainda a título de conclusão sobre a etimologia do termo, podemos destacar o fato de que ele não é privativo da literatura, mas usado em outros campos como a Matemática, a Geometria e a Astronomia. Entretanto, mesmo nesses usos existem latentes resquícios do estar *ao lado* em significados como *conjunção, inclinação* e *reunião*.

Pelo visto, foi apenas no período clássico, mais precisamente na retórica, que a palavra *parabolé* ganhou esse significado mais abrangente de *comparação*, apontando para um tipo de literatura que procurava estabelecer relações, apresentar semelhanças entre elementos. Assim, passaremos a verificar as suas várias ocorrências na literatura grega.

Na retórica

Aristóteles, mais especificamente no capítulo "Do exemplo; suas variedades; seus empregos" da *Arte retórica*, (s. d., p.143), enquadra o exemplo como uma das espécies da prova comum. Na verdade, quando discorre no subitem "Qualidades das provas empregadas pela Retórica", no Livro Primeiro da *Arte retórica*, o escritor grego mostra que o exemplo é um tipo de prova dependente da arte e que, por isso, deve ser fornecido pelo método e por nossos próprios meios, diferente daqueles que, por preexistirem – a saber, os testemunhos, as confissões obtidas pela tortura, as convenções escritas e outras de igual espécie –, devem ser apenas utilizados (idem, p.33).

Declara ainda que o exemplo acontece quando duas proposições estão compreendidas no mesmo gênero e uma é mais conhecida que a outra. Buscando esclarecer sua terminologia e conceitos, Aristóteles escreve o seguinte: "Dionísio aspirava à tirania, visto que reclamava uma guarda; com efeito, Pisístrato que cogitava em se apossar do poder, requisitou uma guarda e, depois de a obter, exerceu a tirania. Teágenes fez outro tanto em Mégara". Fechando sua argumentação, o teórico grego conclui que todos os casos análogos conhecidos servem de exemplo para Dionísio, mesmo que não se conheçam os reais motivos pelos quais ele também reclama uma guarda. Dessa forma, "todas essas proposições particulares se relacionam com a seguinte proposição uni-

O GÊNERO DA PARÁBOLA 19

versal: 'Quem reclama uma guarda tem a mira na tirania'", acrescenta o autor da *Arte retórica* e da *Arte poética* (idem, p.36). Ao discorrer, então, em um capítulo específico sobre as diferentes espécies de exemplo, a parábola é incluída como pertencente àquele tipo em que o orador inventa, como também ocorre com as fábulas esópicas ou líbias.

Entretanto, os comentários de Aristóteles especificamente sobre a parábola são muito breves. Em primeiro lugar, sem oferecer qualquer apreciação ou análise do fato, simplesmente aponta que os ditos de Sócrates são parábolas. Depois disso, o autor grego apresenta um exemplo de parábola que passamos a transcrever, a fim de demonstrar de maneira mais exata o seu entendimento sobre esse assunto:

> Suponhamos que uma pessoa diga que os magistrados não devem ser eleitos à sorte; seria como se se sorteassem os atletas, não os capazes de participar nos jogos, mais quaisquer ao acaso; ou ainda como se se escolhesse por sorteio entre os marinheiros aquele que deve estar ao leme, o que equivaleria a dizer que devemos também entregar-nos nas mãos de qualquer um e não daquele que deve governar. (idem, Livro II, cap. XX, p.143)

Com base nesse material oferecido podemos, de fato, observar a justeza com que Aristóteles aborda a questão: as parábolas estão encaixadas no quadro mais amplo das provas que, por sua vez, podem ser peculiares ou comuns, fazendo parte do rol das provas comuns, que se subdividem em entimema e exemplo. A figura em questão está arrolada entre os exemplos, que também são bipartidos em invenções e naqueles que se referem a fatos anteriores. Como já mencionado anteriormente, as parábolas e as fábulas são típicos exemplos inventados.

Tomada, pois, como um tipo de exemplo, a parábola pode ser assumida, no pensamento de Aristóteles, como um princípio de raciocínio, já que o próprio Aristóteles justifica que o exemplo assemelha-se à indução e a indução é um princípio de raciocínio. O modelo apresentado acima pode confirmar tais declarações, pois configura um típico raciocínio indutivo com a marca distintiva da argumentatividade, servindo aos objetivos de persuasão. Parece não haver qualquer dúvida de que a intenção do autor da parábola foi convencer seu auditório de que realmente os magistrados não devem ser eleitos à sorte, tendo que, para alcançar seu objetivo, inventar algumas situações em que esse tipo de procedimento constitui verdadeira insensatez, acarretando, inevitavelmente, resultados desastrosos. Tal insensatez e tais resultados desastrosos, por meio da constituição do discurso, são diretamente transpostos para o assunto em pauta, isto é, o da eleição dos magistrados, culminando com a conclusão implícita de que seria um grande absurdo usar o método de lançamento da sorte para algo de tamanha importância.

Nas notas de rodapé da edição da *Arte retórica* e *Arte poética* de que fazemos uso neste livro, o tradutor remete a uma parábola semelhante de Sócrates, encontrada nos *Ditos e feitos memoráveis de Sócrates*, de Xenofonte:

> Mas, dizia o acusador, ele incitava os discípulos a desprezar as leis estabelecidas, asseverando ser loucura nomear os magistrados por meio de favas, quando ninguém se servia de favas na escolha de um piloto, de um carpinteiro, de um tocador de flauta ou de qualquer outro artista da mesma espécie, cujos erros são bem menos nocivos do que os dos que governam o Estado. (idem, p.144)

Na visão do tradutor, o trecho também contém uma parábola, o que nos parece coerente, segundo a linha adotada por Aristóteles. O fragmento permite-nos concluir que se trata de um processo de acusação contra alguém que, insuflando o povo a transgredir a estabelecida lei da eleição por meio de favas, usa de argumentos convincentes para persuadir o povo a abandonar aquele método, por se tratar de verdadeira loucura. Tais argumentos passam pela demonstração explícita de que não se deveria usar esse mecanismo condenado, nem para a escolha de representantes para funções, cujos atos teriam menos repercussão negativa caso fossem praticados erradamente, e muito menos para a de um governante, cujas iniciativas ou falta delas acarretariam consequências determinantes para o destino de um povo.

De fato, há uma semelhança muito acentuada entre essa última e a parábola apresentada por Aristóteles, mudando-se apenas o tema dos argumentos. Os objetivos, a forma, a argumentatividade, a tentativa de persuasão estão presentes nos dois exemplos citados.

O GÊNERO DA PARÁBOLA 21

Assim se vai delineando o que parece ser o conceito de parábola na retórica grega mais como um princípio de raciocínio contendo um tipo de comparação, usada para fundamentar uma argumentação, em um processo de convencimento ou persuasão.

Voltando à já mencionada referência feita por Aristóteles aos *Ditos de Sócrates* como exemplos de parábolas, uma pesquisa direta do material talvez pudesse cumprir o propósito de tentarmos complementar a noção que o filósofo tinha desse gênero da literatura.

Como podemos constatar na pesquisa da história da filosofia, Xenofonte (430-355 a.C.) foi um dos que registraram os principais testemunhos sobre Sócrates, como um de seus mais profundos admiradores – ao lado de Platão (428-347 a.C.) –, já que o próprio filósofo não deixou nenhum escrito.

Nos Livros I, II, III e IV dos *Ditos e feitos memoráveis de Sócrates* (1972), podemos encontrar um número muito extenso de construções que, em princípio, seriam elencadas como *parabólicas*, tomando-se como referência o próprio exemplo apresentado por Aristóteles na *Retórica* e, de certa forma, já analisado por nós há pouco, além, ainda, do material oferecido pelo editor, também relacionado acima.

O conteúdo dos ditos socráticos registrados por Xenofonte é variadíssimo, abordando desde questões bem genéricas como as do governo do estado político, as da administração e a gerência dos negócios, as da estratégia de guerra e da cavalaria até aquelas mais particulares e subjetivas como as do amor, as da onipresença da divindade, as da temperança, as da relação entre os irmãos e outras. Em um procedimento mais didático, passaremos a citar apenas um exemplar de cada livro a fim de ilustrar a linha de conceituação aristotélica do discurso da parábola.

Para aconselhar que, no terreno do amor, se deve fugir resolutamente das pessoas belas, em um diálogo com Xenofonte – na presença de Critobulo, filho de Críton, que roubara um beijo ao filho de Alcibíades, jovem de rara formosura –, Sócrates apresenta o seguinte discurso:

– Imaginas o que te sucederia se beijasses uma pessoa jovem e bela? Ignoras que de livre, num momento te tornarias escravo? Que pagarias caro prazeres perigosos? Que já não terias ânimo de perquirir o que é o belo e o bem? Que haverias de dar cabeçadas como um louco?

(...)

– Não sabes que as tarântulas, que não são maiores que u'a moeda de meio óbolo,[1] com o só tocar os lábios causam ao homem dores tremendas e privam-no da razão?

– Por Júpiter! bem o sei: – replicou Xenofonte – mas é que ao picar a carne as tarântulas insinuaram-lhe um não sei o quê.

– Insensato! – bradou Sócrates – não desconfias haver no beijo de uma pessoa jovem e bela algo que teus olhos não veem? Ignoras que esse monstro que se chama uma pessoa louçã e formosa é tanto mais temível que a tarântula, quanto esta fere tocando ao passo que a outra, sem tocar, mas pelo só aspecto, lança à distância um não sei quê que põe em delírio? Talvez até seja porque os jovens belos firam de longe que se dá o nome de archeiros aos amores. Aconselho-te, pois, Xenofonte, que quando vires uma pessoa bela, fujas, sem sequer te voltares. E a ti, Critobulo, receito-te viajar um ano inteiro: todo este tempo mal dará para curar tua picada. (...) (idem, p.52-3)

O exemplo trata claramente de um conselho moral e ético dado por Sócrates acerca de um procedimento desejável e tido por ele como o mais sábio a ser adotado nas questões do relacionamento com as pessoas belas. Assim, lança mão da figura da tarântula e de seu comportamento perigoso, dado o seu mortífero poder de envenenamento, para convencer os seus interlocutores de seu ponto de vista.

A amostra do Livro II tem como contexto situacional o fato de que, certo dia, ao queixar-se Críton das dificuldades da administração de seus negócios em Atenas, por causa dos constantes e intermináveis assédios dos malfeitores e dos desonestos, Sócrates apresenta a seguinte réplica:

– Dize-me, Críton, alimentas cães para que afastem os lobos de tuas ovelhas?

---

1 Conforme nota do editor, moeda ateniense com o valor de 1/6 da dracma, pesando 72 centigramas.

O GÊNERO DA PARÁBOLA **23**

– Certamente, e acho-o prudente.

– Não consentirias, então, em manter também um homem que quisesse e pudesse conservar à distância os que procuram prejudicar-te? (idem, p.97)

O próprio Xenofonte, que registra o fato ocorrido, apresenta uma interpretação do material introduzido por Sócrates em sua argumentação, depois de esclarecer que Críton contratou Arquidemo para administrar os seus negócios e protegê-lo dos inimigos, sendo muito bem-sucedido nessa função:

> Assim como tendo um pastor um bom cachorro se apressam os outros em pôr-lhe perto seus rebanhos, para que fiquem sob a mesma guarda, assim pediram os amigos de Críton os pusessem também sob a custódia de Arquidemo. Este de bom grado comprazia a Críton, e não só Críton como todos os seus amigos viviam em paz. (idem, ibidem)

O trecho extraído do Livro III resulta de um encontro que Sócrates tivera com um homem que acabara de ser empossado como estrategista de guerra, passando a perguntar-lhe:

> Por que, a teu ver, chama Homero a Agamenão "pastor dos povos"? Não será porque, semelhante ao pastor que vela pela conservação das ovelhas e a tudo provê que lhes seja necessário, deve o general zelar por que seus soldados gozem boa saúde, tenham tudo o de que precisem e estejam em condições de realizar seu escopo? Ora o escopo dos soldados é triunfar do inimigo para viverem mais felizes. Aliás, quando Homero louva Agamenão, dizendo: "Era a um tempo bom príncipe e bom guerreiro", não é porque era bom guerreiro batendo-se com valor contra os inimigos e comunicando sua bravura a todo exército, e bom príncipe não procurando exclusivamente para si os bens da vida, senão assegurando a felicidade daqueles sobre que reinava? De feito, o rei é eleito para zelar não por seu exclusivo bem-estar pessoal, mas pela prosperidade dos que o elegem. Todos os que se fazem soldados querem viver felizes, e se escolhem generais é para terem quem os conduza a essa meta. Ao general, pois, cumpre procurar o bem-estar dos que o elegeram. E que mais glorioso que o cumprir e que mais infamante que o olvidar este dever? (idem, p.105)

Em relação a essa parábola de Sócrates – segundo o julgamento crítico-teórico de Aristóteles –, podemos apontar o fato de que a pessoa no mínimo altamente polêmica do emissor da questão, naquele momento histórico, já era em si mesma suficiente para roubar a atenção do estratego. Além disso, podemos acrescentar o fato de que a pergunta advinha de alguém que já possuía tanto experiência prática comprovada naquela função, como também o assunto a ser explorado já ocupava um lugar de destaque no conteúdo de seu discipulado.

Somando-se a esse aspecto da pessoa de Sócrates e daquilo que ele significava naquele contexto histórico-político-social, podemos observar também que, em sua apologia do altruísmo como o maior mérito de um general, o próprio filósofo utiliza alguns mecanismos para intensificar o envolvimento ativo de seu interlocutor: primeiramente, podemos observar a forma de pergunta/resposta com que ele aborda o recém-empossado general. Foi a estratégia escolhida por ele para provocar a participação efetiva do estratego no desenvolvimento de seu discurso.

Ora, naquele período histórico em que tanto se valorizava a sabedoria e o ensino dos filósofos, constituía um fato significativo alguém ser capaz de responder a questões colocadas por eles. Portanto, o próprio formato de pergunta em que as coisas foram colocadas seria, logo de início, um dos elementos responsáveis por acionar a preocupação do interlocutor em preparar uma resposta plausível para oferecer a seu inquiridor, levando-o, assim, a envolver-se totalmente no diálogo proposto. Além disso, a maneira como a pergunta fora colocada exigia, sem possibilidades de fuga ou de isenção, a opinião pessoal do interlocutor: "– Por que, *a teu ver* (...)". Assim, a técnica da interrogação concentrava uma dupla exigência de participação do novo general. Entretanto, o mais interessante de tudo é que, mesmo depois de todo esse processo de envolvimento e de quase sedução do interlocutor, de fato, Sócrates não permite que ele responda à sua questão. No momento em que, possivelmente, ele estava no auge do preparo e de plena prontidão para expressar seus pensamentos em relação à proposta que lhe fora feita, o próprio Sócrates continua com a palavra e ele mesmo apresenta a interpretação da metáfora construída por seu compatriota Homero, na *Ilíada*, referindo-se a Agamenon como o *pastor dos povos*. Na verdade, esse já constitui o segundo aspecto dos procedimentos usados por Sócrates para ganhar toda atenção de seu ouvinte: o do conteúdo da questão colocada.

Tratava-se de um tema de total interesse do general, já que apenas acabara de assumir uma função de extremada importância naquela sociedade: quais as características essenciais para se desempenhar a contento a função de general. A recuperação da imagem de Agamenon como o pastor dos povos foi determinante no processo argumentativo já que, na *Ilíada*, ele figura como um soldado valoroso, digno e austero. Além disso, havia toda uma história por detrás dessa construção literária.

Agamenon havia sido rei de Micenas ou de Argos no chamado período heroico da história grega. Foi o mais poderoso príncipe da Grécia antiga. Ele e seu irmão Menelau esposaram as filhas do rei de Esparta, Clitemnestra e Helena.

Quando Páris, filho do rei de Troia, raptou Helena, esposa de Menelau, Agamenon mobilizou todos os príncipes da Grécia, induzindo-os a unirem-se em uma guerra de vingança contra os troianos. Formada a aliança, um enorme exército e mais de mil embarcações reuniram-se no porto de Áulis, e Agamenon foi eleito chefe supremo das forças.

Enquanto os barcos eram aparelhados, Agamenon foi à caça e matou um cervo que, por fatalidade, era animal consagrado a Artemisa, deusa da caça. Esta, enfurecida com o que acontecera, ordenou a cessação dos ventos para que as naves não pudessem zarpar. A fim de apaziguar Artemisa, Agamenon resolveu sacrificar-lhe Ifigênia, sua filha. Artemisa, apiedada, substitui a menina por um animal e levou consigo Ifigênia.

A expedição, finalmente, chegou a Troia e, durante dez anos, os gregos sitiaram a cidade. No décimo ano, indispôs-se Aquiles, o mais valioso dos guerreiros gregos, com Agamenon pelo fato de este haver tomado a Aquiles sua escrava Briseida. Assim, Aquiles, irado, recusa-se a continuar a luta e refugia-se na sua tenda à beira-mar. É exatamente a essa altura dos acontecimentos que tem início a *Ilíada*. "Canto, ó deusa , a cólera de Aquiles" é o verso inicial do poema. O enredo subsequente compõe-se de uma história principal, a cólera de Aquiles e sua querela com Agamenon, que é desenvolvida dentro da ação envolvente da Guerra greco-troiana. Agamenon procurou reconquistar o apoio de Aquiles e fez-lhe inúmeros favores, mas somente quando os troianos mataram seu amigo Pátroclo foi que Aquiles aquiesceu e voltou à luta.

Após a queda de Troia, Agamenon retornou à Grécia. Clitemnestra, sua esposa, que nunca o havia perdoado pela perda da filha, tramou com seu amante Egisto, inimigo de Agamenon, a sua morte. Embora advertido das sinistras intenções da esposa, ele não lhes deu crédito. Ao sair de um banho, Clitemnestra lançou-lhe um manto à cabeça, prendendo-o. Em seguida ela e Egisto assassinaram-no.

Anos depois, Orestes, seu filho mais velho, ajudado pela irmã Electra, vingou-lhe a morte. Durante certo tempo, Agamenon foi venerado em Esparta como um deus, sendo um personagem histórico que a tradição cercou de lendas.

Os Átridas, como eram chamados os da família de Agamenon, foram grandes inspiradores de tragédias, dos recuados dias de Ésquilo, Sófocles e Eurípedes aos tempos contemporâneos de O'Neill e Sartre.

Dessa forma, a recuperação da figura de Agamenon no discurso de Sócrates assume um peso tal que qualquer cidadão daquele contexto, e muito especialmente o general recém-empossado, seria – e cremos que foi – completamente persuadido da necessidade inquestionável de imitar todos os seus procedimentos como pastor dos povos, no desempenho de sua carreira militar.

Não há dúvida, pois, de que a parábola de Sócrates reuniu tanto na sua forma como no seu tema elementos fortíssimos de envolvimento e convencimento do ouvinte acerca dos princípios éticos a serem transmitidos.

Mesmo que se continue nessa linha da argumentação e da persuasão com raciocínios desenvolvidos por meio de ilustrações, no Livro VI podemos encontrar esse mecanismo associado a outro recurso a fim de se intensificar o processo: o da ironia.

Tendo Eutidemo a aspiração de ocupar um cargo de governante na República, pensava ser isso possível por meio apenas do acúmu-

O GÊNERO DA PARÁBOLA   27

lo de obras dos poetas e dos filósofos mais famosos de sua época, prescindindo-se, na sua concepção, das lições de um bom mestre, por crer que a mais importante de todas as ciências, a do governo, brotaria espontaneamente no seu espírito. Tendo em vista essa tal atitude arrogante de Eutidemo, Sócrates supôs que ele já tivesse pronto algum discurso magnífico, cujo exórdio tal seria:

> Jamais, atenienses, nada aprendi de ninguém. Jamais, quando ouvi falar de homens eloquentes e versados nos negócios, lhes procurei a sociedade. Jamais me dei ao trabalho de tomar professor entre os cidadãos esclarecidos. Ao contrário, tive sempre o maior cuidado em evitar não só receber lições como parecer que as recebia. Não obstante, dar-vos-ei o conselho que me sugeriram as moscas. (idem, p.142)

A esse, acrescenta ainda outro suposto exórdio para ironizar a postura jactante de Eutidemo:

> Ninguém, atenienses, me ensinou a medicina. Nunca procurei as lições de nenhum de nossos médicos e não só me guardei de com eles aprender o que quer que fosse, como ainda não quis parecer haver estudado esta profissão. Não vacileis, todavia, em confiar-me o emprego de médico. Diligenciarei instruir-me fazendo experimento em vós. (idem, ibidem)

A reação de todos os assistentes daquele discurso de Sócrates, descrita no texto de Xenofonte, demonstra ter o emissor atingido seu objetivo: todos "desandaram a rir do exórdio" (idem, ibidem). Assim, a argumentação por meio de um discurso ilustrativo irônico ganhou uma intensidade maior para convencer o receptor de que sua arrogância era completamente descabida.

Nos exemplos apresentados, pudemos perceber que o ponto de vista de Aristóteles sobre o conceito de parábola, na retórica clássica grega, pressupõe o desenvolvimento de um raciocínio mediante ilustrações o mais das vezes inventadas, que podem, inclusive, assumir um caráter irônico a fim de estabelecer uma argumentação que, por sua vez, visa à persuasão a favor de um determinado ponto de vista sobre temas muito variados.

Um confronto com a retórica latina

Quanto à literatura latina, tomando-se por referência a obra *Institution Oratoire* (1931), de Quintiliano, o que se pode observar no Livro V, capítulo XI, é que os conceitos ali apresentados estão, na maioria das vezes, espelhados na literatura grega. É assim que o conceito de parábola encontra-se inserido em um quadro muito semelhante ao da *Arte retórica*, de Aristóteles, na seção intitulada também "Dos exemplos".

O autor faz alusão a uma espécie de prova que, segundo ele, os gregos chamam de *paradeigma* pelo que, de maneira geral, entendemos toda comparação entre coisas semelhantes e, de modo particular, aquilo que se fundamenta sobre a autoridade dos fatos. Entretanto, Quintiliano prefere dar o nome de *similitude* à primeira das acepções e o de *exemplo* à segunda. É aquilo que ele nomeou de similitude que diz ter como equivalente em grego a palavra *parabolé*. Isto é, do ponto de vista de Quintiliano, a similitude/parábola indica toda comparação entre coisas semelhantes, mesmo que ele reconheça como verdade o fato de que o exemplo seja uma similitude e que a similitude seja um exemplo.

No que diz respeito à função das figuras em questão, no interior do discurso, por um lado podemos constatar certa coincidência entre os gregos e os latinos. Quintiliano, nos moldes de Aristóteles, também aponta que a similitude – que, segundo ele, corresponde à parábola grega – se relaciona diretamente com a prova e que a mais eficaz das similitudes é aquela que ele denomina de *exemplo*, isto é, a citação de um fato verdadeiro ou admitido como tal, levantado com o propósito de persuasão. A apresentação desse fato verdadeiro ou histórico pode acontecer de duas maneiras: tanto se pode trazer o fato por completo quanto apenas fazer uma indicação dele.

De outro lado, o que se pode detectar como uma possível diferença é o fato de Quintiliano não apontar como possibilidade a apresentação de um exemplo inventado, como faz Aristóteles, e como demonstra tão claramente Xenofonte ao relacionar alguns dos raciocínios ilustrados de Sócrates, conforme já apresentado anteriormente.

O GÊNERO DA PARÁBOLA **29**

Na verdade, o que parece é que o autor latino apresentava certo preconceito contra as narrativas ficcionais, como indicam seus apontamentos em relação às fábulas que, segundo ele, "exercem muita influência, particularmente sobre os espíritos simples e grosseiros que se deixam seduzir facilmente pelas ficções e se deixam persuadir voluntariamente quando elas lhes divertem"[2] (Quintiliano, 1931, p.15). Como exemplo desse tipo de escritura reputado como inferior, o próprio Quintiliano cita o famoso apólogo dos membros do corpo humano em revolta contra o estômago, por meio do qual Menenius Agripa, diz-se, chegou a reconciliar o povo com o senado.

Segundo ele, nem mesmo o próprio Horácio desprezou o emprego dessas ditas fábulas esópicas ou líbias, como testemunham os versos recuperados por Quintiliano em sua obra: "Eu diria que um certo dia um leão doente / certa raposa raiada (...)." (idem, ibidem).

> Além disso, apesar de as tradições fabulísticas ocuparem a mesma função de argumentação dentro de um discurso, Quintiliano procura observar que o tom com que desempenham esse papel é menos afirmativo.

Dessa forma, vai-se estabelecendo certo confronto do conceito de parábola entre a literatura grega e a latina: mesmo que esta última siga a estrutura geral da primeira, colocando a parábola como uma forma de exemplo, vai ficando clara certa rejeição pela forma ficcional, tão característica das construções socráticas. Aliás, nenhuma citação na obra de Quintiliano constitui, formalmente falando, um raciocínio desenvolvido de forma mais elaborada por meio de ilustrações, tal como se concebe nos exemplos gregos apresentados anteriormente.

Na verdade, depois de ter encaixado a parábola no bloco dos exemplos, de tê-la denominado de similitude, de tê-la definido como "toda comparação entre coisas semelhantes", Quintiliano parece estabelecer uma correspondência entre a comparação latina e a parábola grega,

---

2 *"exercent beacoup d'influence, particulièrment sur les esprits simples et grossiers qui se prennent facilement aux fictions et se laissent volontiers persuader quand on les amuse."*

mostrando que esta modalidade toma de mais longe as coisas, não se contentando em mostrar as ações humanas que têm alguma relação entre si como, na sua perspectiva, deixa claro o exemplo citado do discurso de Cícero em favor de Murena:

> Se os marinheiros que, depois de uma longa viagem, entrando no porto, naturalmente se interessam por aqueles que, por sua vez, embarcam e vão passar pelas mesmas situações que eles; se eles se apressam a lhes indicar de que maneira as tempestades se anunciam, quais os lugares infestados de piratas, onde estão escondidos os recifes, eu, senhores, que estou em terra firme, depois de tantos temporais, de que sentimentos não devo eu ser revestido, diante de um homem que vejo exposto às maiores tormentas?[3] (idem, p.17)

Podemos observar que a correspondência entre a comparação latina e a parábola grega é o fato de ambas serem apresentadas com fins de argumentação em um discurso persuasivo. De maneira evidente, no fragmento acima citado, da mesma forma que um marinheiro experiente não sonegará informações importantes àqueles novatos que percorrerão as mesmas rotas marítimas que ele, Cícero argumenta ser incabível não ser motivado por um sentimento de altruísmo em relação a uma pessoa exposta a grandes tormentas na vida, depois de já ter experienciado situações de desgraça. Entretanto, a forma como essa argumentação é apresentada é visivelmente diferente daquela com que, por exemplo, Sócrates construiu os seus discursos. Não há, propriamente dito, o desenvolvimento mais elaborado de um raciocínio indutivo por meio de uma ilustração nos moldes dos escritos gregos. Ao que parece, pelo fato de não se afeiçoar ao método da ficção, Quintiliano ia mais diretamente às conclusões a que tinha

---

3 *"Si des marins qui, après une longue navigation, sont rentrés dans le port, s´interessent naturellement à ceux qui s´embarquent à leur tour et vont courir les mêmes chances; s´ils s´empressent à leur indiquer comment s´annoncent les tempêtes, quels parages sont infestés des pirates, où sont cachés les écueils, moi, messieurs, qui touche terre, après tant d´orages, de quel sentiment ne dois-je pas être animé envers un homme que je vois exposé aux plus grandes tourments?"*

O GÊNERO DA PARÁBOLA 31

por objetivo chegar. De fato, o que se vai concluindo é que aquilo que Quintiliano diz ser correspondente da parábola grega constitui comparações mais explícitas, com fins argumentativos.

Seguindo um pouco mais adiante em sua obra, podemos encontrar material que pode demonstrar isso com maior clareza. Conforme seu pensamento, se se quer provar que se deve exercitar o caráter, deve-se tomar a terra como ilustração: quando se negligencia o trabalho de capina e de cultivo, ela se cobre de mato e de espinhos; ao contrário disso, no entanto, quando cultivada, ela produz frutos abundantes. Em outra direção, se se quer exortar a alguém a servir o Estado, deve-se apresentar o exemplo da atividade das abelhas e das formigas e o empenho admirável desses pequenos animais pela prosperidade comum.

Fundamentando ainda mais suas colocações, Quintiliano apresenta exemplos extraídos de discursos de Cícero, para ele, o grande mestre da eloquência. No discurso a Cluentius, o orador diz que uma cidade sem lei não pode mais se servir de seus cidadãos, assim como um corpo sem alma não pode fazer uso dos nervos, do sangue e dos membros. Aqui, a comparação é extraída do corpo humano.

De fato, a verdadeira correspondência entre a parábola grega e as construções latinas reside apenas no fato de que nas duas partes se trabalha com comparações, com fins de persuasão. Entretanto, a forma como isso se explicita no discurso é razoavelmente diferente: podemos observar uma rejeição declarada de Quintiliano pela construção ficcional, o que se comprova na ausência de ilustrações mais elaboradas ao longo de sua obra. Assim, o que o escritor latino diz ser correspondente da parábola grega, na verdade, constitui comparações explícitas, com objetivos notoriamente argumentativos.

Isso posto, podemos resumir dizendo que tanto na retórica grega quanto na latina a parábola está enquadrada como uma forma de exemplo, ao lado das fábulas. Entretanto, na primeira, a presença do raciocínio indutivo é mais nítida, usando-se ilustrações mais ou menos desenvolvidas para conduzir à persuasão. Já na segunda, parece instalar-se mais claramente um processo comparativo direto, mesmo que esse também sirva a fins de convencimento.

32 MARCO ANTÔNIO DOMINGUES SANT'ANNA

Assim, nesse *corpus* da retórica clássica, devemos ter claro que a parábola constitui definidamente a instalação de um processo comparativo, expresso por ilustrações que não chegam a configurar uma narrativa, e que tem finalidade comprovadamente persuasiva, no interior de um discurso. Diante disso, nesse contexto, parece-nos mais apropriado, então, tomar a parábola não como um gênero literário, mas como uma figura, ao lado de várias outras que contribuem para o enriquecimento de um discurso persuasivo.

Na épica

Para tratar da ocorrência da parábola na épica grega, o *Theological dictionaire of the New Testament* (1967) estabelece um paralelo dessa figura com a similitude. Mostra que, de maneira especial em Homero, podemos detectar uma riqueza em similitudes que, no sentido grego, servem para ilustrar eventos, elucidando a natureza específica de uma coisa por meio de outra. Além disso, são muito úteis no caso da falta de termos correspondentes abstratos na apresentação de alguns conceitos. A *Poética* de Platão apresenta certo número de similitudes que, quanto mais extensas forem, mais valor têm. Para ele, elas eram exemplos instrutivos que confirmavam ou sublinhavam princípios. Distintamente da *Comédia* que toma suas ilustrações da vida dos animais, ele prefere manter a seriedade de suas discussões e tomar seus exemplos da esfera humana e, algumas vezes, do mito.

Entretanto, ao final de suas colocações sobre a similitude é que se pode observar que o dicionário estabelece mais que um paralelo entre ela e a parábola. De fato, do ponto de vista do autor dessa seção do dicionário, há certa identificação entre as duas figuras na medida em que, ao discorrer sobre a similitude, declara de forma literal que "geralmente suas parábolas [as de Homero] são entretecidas estilisticamente no fluxo do discurso", não sendo, dessa forma, "unidades estilísticas independentes, como nos Evangelhos (idem, p.746).[4] O que parece

---

4 *"usually his parables are interwoven stylistically into the flow of speech; they are not independent stylistics unities, as in the Gospels"*

O GÊNERO DA PARÁBOLA   33

de fato acontecer é que uma figura é tomada pela outra, fazendo-se apenas uma ressalva para a característica de a parábola homérica não apresentar a unidade própria das parábolas evangélicas.

Mesmo observando que a denominada parábola evangélica é tomada como um ponto de referência para estabelecer um confronto com o que o autor chama de parábola homérica, neste momento do trabalho dedicamo-nos a realizar um rastreamento em duas obras expoentes da literatura de Homero e da épica universal para apreciar o que, de fato, seriam as tais parábolas homéricas. Foi assim, pois, que selecionamos a *Ilíada* e a *Odisseia,* motivados também pela informação contida no *Dicionário internacional de Teologia do Novo Testamento* (1983, p.449) de que, na primeira, encontram-se nada mais, nada menos do que 189 parábolas puras e, na outra, cerca de 39.

Na *Ilíada*

Como resultado de nossa pesquisa dirigida, além do renovado impacto que a beleza indiscutível desse texto literário pode causar, o que pudemos constatar é que realmente a *Ilíada* está repleta de belíssimas ilustrações que conferem ao texto uma força literária que será eterna. A fim de verificarmos o fato de maneira concreta, passamos a apresentar alguns dos inúmeros exemplos colhidos ao longo da leitura dos 24 cantos que compõem esse tesouro da literatura universal. Do canto II, versos 87 a 93, temos o seguinte:

> Do mesmo modo que enxames copiosos de abelhas prorrompem
> do ôco da pedra, zumbindo, a que bandos, sem pausa, se seguem,
> e umas, pendentes em cachos, à volta se ficam das flores
> dessa maneira afluíram das tendas e naves simétricas
> povos sem conta, ao comprido da praia do mar, mui profunda,
> para a assembleia.

Do Canto III, versos 21 a 28, no momento em que Menelau avista seu inimigo Páris, temos uma comparação do primeiro com um leão:

> Logo que o viu Menelau, o guerreiro discípulo de Ares,
> como avançava com passo arrogante na frente do exército,
> muito exultante ficou, como leão esfaimado que encontra
> um cervo morto, de pontas em galho, ou uma cabra selvagem;
> avidamente o devora, ainda mesmo que cães mui ligeiros
> lhe venham vindo ao encalço e pastores de aspecto robusto:
> dessa maneira, exultou Menelau quando Páris, o belo,
> teve ante os olhos, pensando que iria, por fim, castigá-lo.

Para descrever a convulsão geral do combate entre os exércitos inimigos, Homero escolheu uma comparação muito vívida, no Canto IV, versos 452 a 456:

> Como dois rios, oriundos de um grande degelo dos montes,
> numa bacia, somente, o volume das águas despejam,
> para reuni-las, depois, nas entranhas do côncavo abismo,
> de onde o barulho vai longe, ao pastor, que num monte se encontra:
> tal era a grita e o trabalho dos dois combatentes exércitos.

A morte de Crétone e Orsíloco, gêmeos galhardos, filhos de Diocles e vingadores das injúrias feitas a Agamenon e Menelau, o autor da *Ilíada* descreve da seguinte maneira, no Canto V, versos 554 a 560:

> Como dois fortes leões pela mãe, com desvelos criados
> no mais espesso das matas que os picos dos montes revestem,
> que bois costumam, depois, assaltar, e vistosas ovelhas,
> e as propriedades dos homens devastam, té virem a Morte,
> por sua vez, a encontrar pela mão de robustos pastores:
> do mesmo modo eles dois, pelo braço de Eneias feridos,
> sobre o chão duro caíram, tal como dois grande abetos.

Já no Canto VI, encontramos entre os versos 146 e 149 apenas uma comparação explícita que talvez ilustre a visão homérica do fatalismo a que está sujeita a vida humana:

> As gerações dos mortais assemelham-se às folhas das árvores,
> que, umas, os ventos atiram no solo, sem vida; outras, brotam

na primavera, de novo, por toda floresta viçosa.
Desaparecem ou nascem os homens da mesma maneira.

No Canto VII, versos 63 a 66, Homero como que produz uma verdadeira pintura do encontro dos troianos e dos acaios, por meio da seguinte comparação:

> Como se dá quando Zéfiro se alça e provoca arrepios
> na superfície do mar, que se torna de pronto anegrado:
> da mesma forma ondulavam Troianos e Acaios valentes
> pela planície.

Quando Teucro, na ânsia de ferir o nobre Heitor, já havia disparado algumas flechas, sem contudo poder atingi-lo, lança mais uma que, sem alcançar novamente seu alvo primeiro, fere Gorgitíono, o grande filho de Príamo, cuja reação depois do golpe é descrita de uma forma altamente poética, no Canto VIII, versos 306 a 308:

> De um lado inclina a cabeça o ferido, tal como a papoula
> na primavera, ao ventar, sob o peso das novas sementes:
> por esse modo a cabeça inclinou, agravada pelo elmo.

A fim de externar seus sentimentos mais profundos em relação às propostas que Odisseu lhe fazia, a mando de Agamenon, Aquiles responde o seguinte, também por meio de uma construção comparativa, no Canto IX, versos 312 e 313.

> Tal como do Hades as portas, repulsa me causa a pessoa
> que na alma esconde o que pensa e outra coisa na voz manifesta.

Para descrever o estado de espírito dos acaios diante da iminência do ataque dos troianos, no Canto X, versos 183 a 189, Homero usa a seguinte comparação:

> Tal como cães que, de manso redil em penosa vigia,
> ao perceberem que há fera voraz há dos montes baixado

e pelas matas avança, despertos, enorme algazarra
de vozes de homens provocam, sem mais se lembrarem do sono:
do mesmo modo esfizera-se o sono agradável nas pálpebras
dos que velavam na noite funesta; voltados se achavam
para a planície a atentarem nos ruídos do campo troiano.

Das muitas formas comparativas encontradas no Canto XI, destacamos a dos versos 67 a 71:

Como caminhos opostos, no campo de um homem de posses,
os segadores percorrem, ceifando fileiras de trigo
ou de cevada, e abundantes espigas no chão se acumulam:
uns contra os outros, assim, digladiavam Troianos e Acaios,
sem que nenhuma das partes pensasse na fuga funesta.

A fim de conferir maior grandeza ao ato de o guerreiro Heitor, do exército troiano, ter tomado do chão uma pedra tão grande que, segundo Homero, dificilmente dois homens, dos mais robustos, seriam capazes de movê-la do chão e depô-la em um carro, é-nos oferecida a seguinte comparação no Canto XII, versos 451 a 458:

Tal como a pele de um grande carneiro o pastor facilmente
pode na mão carregar, sem que o peso lhe cause fadiga:
a pedra, Heitor, desse modo, levanta e nas tábuas atira
das duas folhas da porta elevada, que estavam fechadas solidamente.
Da parte de dentro encontravam-se duas
barras em cruz com um ferrolho, somente, a fixá-las no meio.
Junto da porta detém-se; alargando os dois pés e afirmando-se,
para maior eficiência do tiro, a atingiu bem no meio.

Descrevendo a morte de mais um guerreiro, Homero compara-o à queda de uma grande árvore, nos versos 389 a 393 do Canto XIII:

Tomba o guerreiro, qual choupo, ou carvalho, ou pinheiro frondoso,
que o carpinteiro no monte, a machado, derruba, com o intento
de um belo mastro, do tronco, fazer, de navio ligeiro:
frente aos cavalos e o carro, desta arte, caiu estendido.
Urra, apertando entre os dedos a poeira sangrenta.

O GÊNERO DA PARÁBOLA 37

Com o intento de dar maior expressividade ao momento difícil de indecisão por que passava Nestor em relação a unir-se aos seus na luta contra Agamenon, Homero apresenta, nos versos 16 a 22 do Canto XIV, a seguinte comparação:

> Do mesmo modo que o mar se escurece e os impulsos refreia,
> quando pressente o violento caminho dos ventos sonoros,
> quieto, sem que onda nenhuma permita que túmida se alce,
> té que um dos ventos furiosos não seja mandado por Zeus:
> o coração de Nestor, indeciso, igualmente, se mostra,
> entre agregar-se aos consócios, os fortes guerreiros da Acaia,
> e ir à procura do Atrida Agamenon, rei poderoso.

Certamente, o recurso poético usado por Homero, nos versos 263 a 270, do Canto XV, para desenhar literariamente a atitude e as ações de Heitor à frente do exército troiano, é impressionante:

> Como galopa um cavalo habituado no estábulo, quando
> pode do laço escapar e, fogoso, a planície atravessa,
> para ir banhar-se, impaciente, nas límpidas águas do rio:
> cheio de orgulho soleva a cabeça: por sobre as espáduas
> bate-lhe a crina, agitada; consciente da própria beleza,
> levam-no os pés para o prado onde os outros cavalos se reúnem:
> os pés e os joelhos Heitor, desse modo, movia, dando ordens
> aos seus amigos, depois de ele a voz ter ouvido de Febo.

O Canto XVI é especialmente repleto de ricas comparações. Entretanto, dentre elas, selecionamos apenas a descrita nos versos 156 a 167:

> (...) Tal como carnívoros lobos,
> que têm perfeita consciência do grande vigor que os distingue,
> quando, alcançando um veado galheiro, nos montes o prostram
> e o despedaçam; escorre-lhes sangue das fortes mandíbulas;
> em alcateia, depois, se dirigem à fonte sombria,
> e a superfície da escura corrente com as línguas delgadas
> lambem, crior estilando que as águas enturva; o intestino

se lhes dilata, mas grande coragem no peito conservam:
os conselheiros e guias, assim, dos valentes Mirmídones
se congregavam em torno do amigo prestante do neto
de Éaco. Aquiles, o herói belicoso, no meio das turmas
estimulava os guerreiros de carro e os que a pé combatiam.

Depois de haver Pátroclo morrido sob a mãos de Heitor, houve uma grande disputa pelo seu corpo, a qual fora assim descrita, no Canto XVII, versos 389 a 397:

Tal como quando um senhor a seus homens ordena que espichem
um belo couro de boi, onde muita gordura pusera,
e eles, em círculo postos, de todos os lados o esticam,
e em pouco tempo a umidade se esvai, penetrando a gordura,
de ambos os lados, assim, o cadáver puxavam de Pátroclo,
em reduzido terreno, esperando os Troianos levá-lo
para a cidade espaçosa de Príamo, e os Dânaos guerreiros
para os navios bojudos.

Ainda sobre o ardor dos troianos em levar para si o cadáver de Pátroclo, Homero escreve o seguinte, no Canto XVIII, versos 161 a 168:

Como pastores, em ronda noturna, não podem da presa
a um fulvo leão repelir, pela fome imperiosa acossado:
do mesmo modo, impossível aos dois arnesados Ajazes
era fazer que do corpo de Pátroclo Heitor se afastasse.
E, porventura, o arrastara, colhendo, com isso, alta glória,
se Íris, de pés mais velozes que o vento, do Olimpo não viesse,
da parte de Hera, às ocultas de Zeus e das outras deidades,
para dizer ao Pelida que as armas fulgentes vestisse.

Na tentativa bem-sucedida de descrever o porte grandioso do guerreiro Aquiles, no ato de vestir sua indumentária para a guerra, Homero entretece uma detalhada comparação, nos versos 375 a 383 do Canto XIX:

O GÊNERO DA PARÁBOLA   39

Tal como chega no mar, até os nautas aflitos o brilho
que, da fogueira acendida no cimo de um monte, se espalha
em solitária paragem, enquanto nas ondas piscosas
a tempestade a afastarem-se os força dos caros parentes:
do mesmo modo até o éter atinge o esplendor que do escudo
belo de Aquiles se expande. Depois, na cabeça coloca
o elmo potente adornado com belo penacho de crina,
que como estrela brilhava em torno a plumagem
de ouro que Hefesto pusera na forte e brilhante cimeira.

No Canto XX, versos 490 a 503, Homero descreve mediante duas comparações a crueldade da batalha entre teucros e aquivos:

Como nas grotas profundas de um árido monte se ateia
fogo voraz, que impetuoso devora a floresta virente,
e cujas chamas o vento, por todas as partes, impele:
do mesmo modo o Pelida, semelho a um demônio, com a lança
leva aos amigos a Morte; o chão negro se tinge de sangue.
Tal como o campônio uma junta de bois põe no jugo
para que o trigo debulhe numa eira espaçosa, pisando
logo as espigas os bois mugidores, que, presto, as separam:
guia, desta arte, o Pelida os cavalos, que o carro arrastavam
sobre cadáveres e armas. Em cima, o eixo, logo, se torna
completamente coberto de sangue e, assim, à volta do assento,
o parapeito, dos pingos que os cascos dos brutos e as rodas
em movimento jogavam. Sequioso de glória, o Pelida
vociferava, com as mãos invencíveis molhadas de sangue.

Na busca de uma descrição mais vívida da coragem de Agenor mesmo diante da reconhecida força do Pelida, Homero escreve o seguinte, nos versos 573 a 580 do Canto XXI:

Como a pantera, que sai do mais denso da selva ao encontro
de caçador varonil, sem que espanto, sequer, ou receio
o coração lhe revele, quando ouve o ladrar da matilha,
e se, adiantando-se aquele, de longe ou de perto a vulnera,
não esmorece do ardor combativo, conquanto ferida,

antes de vir a travar-se com ele e morrer ou matá-lo:
da mesma forma Agenor, de Antenor o preclaro rebento,
não repedava, disposto a lutar com o forte Pelida.

A perseguição do Pelida a Heitor é assim descrita, nos versos 139 a 144 do canto XXII:

Como no monte o gavião, a mais lestes de todas as aves,
mui facilmente se atira, a voar, contra tímida pomba,
que se escapa de esguelha, e de perto a acomete, soltando
guinchos agudos, que o peito o concita apanhar presa fácil:
do mesmo modo o Pelida, impetuoso, acomete, deitando
o ínclito Heitor a correr ao redor da muralha de Príamo.

Para mostrar a proximidade de Odisseu, na sua perseguição a Ajaz, no Canto XXIII, versos 760 a 767:

Quanto distante do seio de bela mulher se conserva
a lançadeira, quando ela habilmente a maneja, passando-a
pela urdidura, de um lado para outro, mui perto do seio:
tanto Odisseu das pegadas de Ajaz distanciado corria,
nelas pisando antes mesmo que a poeira agitada as cobrisse.
Tão perto, sempre, no encalço do Ilíada o herói se conserva,
que o hálito a nuca de Ajaz alcançava; os Aquivos, em gritos,
mais, ainda, o brio espicaçam do herói desejoso de glória.

No último canto da *Ilíada*, o de número XXIV, nos versos 33 a 43, encontramos, ainda, esta bela figura contida em uma oração que Apolo faz aos deuses:

Sois todos, cruéis, destrutores eternos! Heitor, por acaso,
nunca vos fez sacrifícios de bois e de ovelhas vistosas?
E ora não tendes coragem, sequer, de salvar-lhe o cadáver,
para que a esposa o contemple, a mãe nobre e o filhinho ainda infante,
bem como Príamo e o povo troiano, que, logo, à fogueira
o entregariam, prestando-lhe as honras funéreas devidas?
Ao invés disso, ao funesto Pelida amparais, tão somente,

O GÊNERO DA PARÁBOLA **41**

> tão destituído de humano sentir, sem razoáveis propósitos
> no coração abrigar, como o leão, cujo instinto selvagem,
> à força ingente associada e à indomável coragem, o leva
> a devastar os rebanhos dos homens a fim de saciar-se.

Desse elenco de citações dos numerosos cantos da *Ilíada* podemos observar que os fragmentos constituem de fato um poderoso recurso estilístico para conferir ao texto épico sua reconhecida grandeza ao longo dos séculos. A forma como esse recurso foi concretizado textualmente, de maneira inegável, constitui explícitos processos comparativos, sempre usando as fórmulas consagradas desse procedimento linguístico-literário, desde as mais simples tais quais o *como* e o *tal como* até variações e alternâncias com os elementos constitutivos de pares que estabelecem a comparação: *do mesmo modo que... dessa maneira; como... dessa maneira; como... tal; como... do mesmo modo; como se dá quando... da mesma forma; tal como... por esse modo; tal como... do mesmo modo; como... assim; tal como desse modo; qual.. desta arte; do mesmo modo... igualmente; como... desse modo; como... desta arte; como... da mesma forma; quanto... tanto.*

Portanto, no que diz respeito à *Ilíada*, o entendimento que o mencionado *Dicionário internacional de Teologia do Novo Testamento* (1983) tem de parábolas parece estar totalmente ligado ao processo comparativo explícito. Dessa forma, quando a referida obra menciona que na *Ilíada* há cerca de 189 parábolas devemos entender que, nesse caso, trata-se de genuínas comparações, conforme já demonstrado.

Na *Odisseia*

O mesmo processo de rastreamento realizado na *Ilíada* repetimos na *Odisseia*, na tentativa de detectarmos a forma de construção literária denominada parábola pelo *Dicionário internacional de Teologia*.

Dessa pesquisa, valiosa a começar pelo contato com um texto lerariamente riquíssimo e encantador, cabe-nos relatar que, conforme verificado na obra anterior de Homero, encontraram-se comparações alargadas que, conquanto em número inferior, não deixaram de imprimir brilho e impacto no contexto da narrativa épica.

A exemplo de nosso procedimento anterior, passaremos a transcrever algumas delas, a fim de que se possa, além de observar concretamente a sua configuração e a sua beleza poética, verificar a existência de algum fragmento que constitua exemplar do que se chamou de parábola.

Logo no início do Livro II, quando se convoca uma assembleia, a primeira depois da partida de Ulisses, descreve-se a aparência de Telêmaco, seu filho, da seguinte maneira:

> Veste-se a luz da dedirróssea aurora,
> Sai da alcova o amadíssmo Ulisseida
> Ao tiracolo a espada e aos pés sandálias,
> Fulgente como um deus, expede arautos
> A apregoar e a reunir os Gregos.
> De hasta aênea, ao congresso alvoroçado,
> Não sem dous cães alvíssimos, se agrega;
> Minerva graça lhe infundiu celeste.
> Seu porte e ar admira o povo inteiro;
> Cedem-lhe os velhos o paterno assento.

No livro IV, versos 605 a 608, no episódio em que Euricleia, uma das amas de Penélope, lhe anuncia e confirma a presença de Ulisses, o que deixa a rainha completamente desnorteada, encontra-se o excerto:

> Como temendo, em círculo doloso
> De montanheses, o leão cogita,
> Ela pensa e repensa, e recostada
> Lhe amolenta as junturas meigo sono.

Em um trecho em que se narra a luta de Ulisses pela sobrevivência, depois de nadar dois dias e duas noites no meio de uma tempestade, no momento em que o herói avista a ilha em que deveria chegar, tem-se a seguinte comparação, no Livro V, versos 290 a 294:

O GÊNERO DA PARÁBOLA   43

Como se alegra o filho, cujo enfermo
Pai dileto, por graças dos Supremos,
Sara de uma longuíssima doença,
De que um gênio odioso o atormentava;
Tal folga ele da terra e da floresta.

Já na Ilha dos Feaces, onde é lançado por violenta tempestade, Ulisses adormece e é encontrado por Nausica, filha do rei Alcino. Depois de despertado pelos ruídos da princesa e de suas amas, o trecho do Livro VI, versos 96 a 106, narra que

Com mãos inchadas quebra um denso ramo
Que os genitais encubra, e da espessura
Sai qual montês leão, que, em si fiado,
Arrosta o vento e a chuva, e de olho em brasa
Cães e ovelhas comete e agrestes corças;
Mesmo a curral seguro o ventre o impele:
Tal, em nudez forçada, à companhia
Pulcrícoma da salsugem, dele fogem
Por entre as ribas: só de Alcino a jovem,
Por Minerva animada, o encara afouta.

Na parte da narração de Ulisses a Alcino sobre as suas aventuras desde a saída de Troia, no Livro IX, versos 218 a 224, mais uma vez a figura do leão é apresentada, nesse ponto para descrever a violência com que dois soldados são mortos por um deus Cíclope, em uma das paragens por onde a expedição passou:

Ei-lo [o Cíclope], sevo e em silêncio, a dous agarra,
No chão como uns cãezinhos os machuca,
E o cérebro no chão corre espargido;
Os membros rasga, e lhes devora tudo,
Fibra, entranha, osso mole ou meduloso,
Qual faminto leão: chorando as palmas,
Em desespero e grita, a Jove alçamos.

Ainda na parte da narração de Ulisses, agora no Livro X, versos 158 a 167, o herói descreve a aproximação de seus valentes ao palácio de Circe:

> (...) este [Euríloco] parte
> Com vinte dous gementes companheiros,
> Que apartam-se de nós também gementes.
> Num vale acham marmóreo insigne paço,
> Que cercam lobos e leões, de Circe
> Com peçonhas amansado: contra a gente
> Não remeteram de unhas lacerantes,
> Sim alongando a cauda o afagaram,
> Como festejam cães o meigo dono
> Que lhes traz do banquete algum bocado;

Continuando no Livro X, versos 306 a 315, depois de a deusa Circe, a pedido de Ulisses, haver retornado os companheiros dele para a forma humana, e depois de ele haver encontrado outros consócios na praia, "a nutrir-se de choro e de suspiros":

> Quais agrários bezerros, quando as vacas
> Ao curral vêm de relva saciadas,
> Sem que os vedem redis, mugindo pulam
> Das mães em derredor; assim me cercam [a Ulisses]
> Lagrimando os consócios; cuidam quase
> Ítaca ver em mim rude, mas terra
> Onde foram gerados e nascidos,
> E dizem a gemer: "De Jove aluno,
> De rever-te folgamos, qual se aos campos
> Volvêssemos da pátria. Ora nos conta
> O infortúnio dos nossos."(...)

Já no adiantado da narrativa, no Livro LXI, versos 13 a 23, está o trecho em que, ao retornar da Lacedemônia, chega Telêmaco à casa de Eumeu que, emocionado, beija-lhe as mãos, a testa e os olhos. O reencontro é assim descrito por Homero:

O GÊNERO DA PARÁBOLA 45

Qual pai, ao décimo ano, ameiga a prole
De longes terras vinda, a só que em velho
Teve e lhe suscitou mil pesadumes;
Tal o pastor seu amo acaricia,
Como um ressuscitado, e exclama e chora:
"Eis-te, meu doce lume! dês que a Pilos
Navegaste, rever-te não contava.
Entra, meu coração deleita, ó filho,
A nós restituído: raro o campo
Visitas e os pastores; na cidade,
Contino observas os funestos procos.

Na sequência desse episódio, Telêmaco, ainda na casa do porqueiro
Eumeu, encontra-se com alguém que, inicialmente, é identificado por
ele apenas como um hóspede decrépito e mal trajado. Entretanto, depois que esse hóspede é tocado pela vara áurea de Palas, é transmudado
para sua feição original, revestido com túnica e alva capa, engrandecido
e vigorado no rosto, recebendo novamente a cor morena e a barba azul.
Nessa forma, mais uma vez é confundido por Telêmaco, agora, com
um deus celícola. É exatamente nesse momento que Ulisses se identifica declaradamente: "Não sou deus, a imortais não me equipares;/
Sou teu pai, sou quem choras, quem suspiras,/ Por quem padeces
vitupérios tantos". Depois de assim dizer, "(...) a seu filho beija, e à
terra a pares,/ Não mais contidas, lágrimas borbulham". Telêmaco,
ainda acometido por um turbilhão de dúvidas, soluçando, observa o
pai. A cena, enriquecida pela comparação, torna-se alvo de comentário
especial do tradutor Odorico Mendes (Homero, 1960, p.230) e é assim
retratada por Homero, no Livro XVI, versos 165b a 173:

(...) incita o amplexo
O desejo de lágrimas em ambos:
Seus gemidos estrugem, quantos os grasnos
De abutres e águias de recurvas unhas,
A quem pilhou pastor ninhada implume.
E o Sol cadente em prantos o deixara,
Se Telêmaco ao pai não perguntasse:

"Que nautas cá, meu pai, te conduziram?
A Ítaca a pé de certo não vieste."

Chegando ao palácio, Ulisses sofre os maiores ultrajes por parte dos pretendentes de Penélope. Um deles, apelidado pela rapaziada de Íros, depois de chamar Ulisses de velho e de desafiá-lo de várias maneiras, e de ser igualmente ameaçado pelo herói grego, em sanha lhe responde, no Livro LXIII, versos 22 a 25:

(...) "Hui!" ronca o parasito
Como velha fornalha! Se nos queixos
Lhe finco os punhos, rolarão seus dentes,
Qual se os de cerdo fossem rói-searas.

No Livro XIX, versos 159 a 164 e 182 a 185, já quando Ulisses, diante de Penélope, se finge de hospedeiro de seu marido, a narrar-lhe fatos sobre o encontro com ele e, inclusive, sobre as roupas que trajava, são usadas comparações que conferem ao texto uma beleza extraordinária:

E ela [Penélope] a chorar de ouvi-lo [Ulisses] definhava:
Qual, por Zéfiro a neve amolecida,
Liquesce do Euro ao sopro em celsos cumes,
Desata-se em arroios e incha os rios;
Tal inundava as rubicundas faces,
Anelando o marido ali sentado.

(...) "Quero, hóspede, sondar se na verdade
A Ulisses recolheste: qual seu trajo,
Qual seu porte, quais eram seus guerreiros?"
O marido prossegue: (...)
Notei-lhe ao corpo a túnica lustrosa,
fina qual seca tona de cebola
alva imitante ao Sol, macia e leve,
Que espantava as melhores tecedeiras.

O GÊNERO DA PARÁBOLA **47**

Na cena qualificada pelo tradutor Odorico Mendes de horribilíssima (idem, p.308), a carniçaria provocada pelo combate entre os gregos e seus inimigos é apresentada no Livro XXII, versos 345 a 355:

> (...) Qual, entrando
> Pombas ou tordos num vergel, da moita
> Em rede caem de estendidas asas,
> Triste poleiro e cama; assim por ordem
> Elas em laço, curto esperneando.
> Cessam de palpitar estranguladas.
> Ao vestíbulo e átrio, a sevo bronze,
> Ventas e orelhas a Melântio cortam,
> Lançam-lhe os genitais a cães famintos,
> Pés decepam-lhe e mãos. – Completa a obra,
> Vão-se purificados ao Laércio, (...)

No momento em que, já no final da narrativa épica, Penélope recebe Ulisses, na sua aparência completamente assistido pelos deuses, ele é assim caracterizado, no Livro XXIII, versos 110 a 120:

> Lava a cuidosa Eirínoma e perfuma
> O brioso Laércio, e o paramenta.
> Aformoseia-lhe a cabeça Palas;
> Majestoso e maior, na espalda a coma
> Cor de jacinto em ondas lhe esparge;
> Tamanha graça lhe vestiu Minerva,
> Quantia infunde em lavor de prata e ouro
> Dela e Vulcano artífice amestrado.
> Como um deus sai do banho, torna ao posto
> Fronteiro ao da consorte, e assim perora: (...)

Nos versos finais da *Odisseia*, ainda as comparações embelezam o texto, no Livro XXIV, versos 405 a 414:

> Furente Ulisses a bramir os segue, [os inimigos]
> Tal como águia altaneira as nuvens rasga.
> Então fulmina Júpiter, e o raio

Cai ante Palas, que ao Laércio intima:
"Dial cordato aluno, abster-te cumpre
Da discórdia civil, para que infesto
Não te seja o Tonante onipotente."
Gostoso à deusa Ulisses obedece.
A Mentor semelhando em som e em vulto,
Sela a paz a do Egífero progênie.

Como pudemos verificar por esse elenco de fragmentos selecionados da *Odisseia*, aquilo que o autor do mencionado *Dicionário internacional de Teologia* chamou de parábolas homéricas existentes nessa obra, são, na verdade, segundo nossa concepção, formas comparativas que infundem impressionante beleza ao texto.

As fórmulas para concretizar as comparações são praticamente as mesmas apontadas no corpo da *Ilíada*, conforme nossas considerações anteriores sobre essa última obra. Assim, aparecem o *como*, o *qual*, o *quantos*, o verbo *semelhando*, na forma gerundiva, e os pares *tal... como*, *qual... tal*, *como... tal* e *qual... assim*.

Obviamente, a inclusão desse tipo de linguagem figurada é apenas um dentre os vários outros artifícios literários com que é composta essa joia da literatura universal. Como cada um deles, a comparação infunde à criação artística de Homero força e encanto, simplicidade e emoção, nobreza e eloquência, e tem feito dela, pela perfeição de seu conjunto, fonte inesgotável para os ficcionistas de todas as literaturas, de todas as épocas e de todos os lugares.

Assim, na literatura clássica do gênero épico grego o que se pode encontrar são amostras de comparações que, na acepção do dicionário que tomamos como referência, são denominadas parábolas homéricas.

Nas diatribes estoico-cínicas

Por apresentar características altamente retóricas em suas formas, por ter tido uma grande influência sobre o gênero da sátira e sobre o estilo declamatório de Sêneca e, ainda, sobre as exortações cristãs de

O GÊNERO DA PARÁBOLA 49

São Paulo e até sobre escritos muito mais recentes como a *Diatribe du docteur Akakia*, de autoria de Voltaire (datada de 1752, em que o autor ridiculariza os postulados científicos do astrônomo e matemático francês Maupertius), teceremos alguns comentários sobre as diatribes estoico-cínicas, a fim de verificarmos também suas possíveis relações com o discurso da parábola. Outro dado relevante sobre essa modalidade é o que sugere certa analogia com o diálogo socrático, pelo fato de constituir um discurso que apresenta um tom de conversa informal. No entanto, segundo Massaud Moisés (1985), dele se distancia por "assumir tons mordazes e satíricos" e também pela impessoalidade com que apresenta o interlocutor, o qual representa o povo a quem o filósofo ensina e ao qual se opõe quando suas opiniões seguem caminhos diferentes das dele.

Há um consenso entre os historiadores da literatura de que a diatribe, como forma literária, foi desenvolvida primeiramente por dois gregos filiados à escola cínica: Bíon, de Borístenes (aproximadamente 280 a. C.) e Teles (aproximadamente 250 a. C.), segundo o *Dicionário de Filosofia* de Ferrater Mora (1958). Eram famosos os discursos deles em que se supunham contínuas intervenções do público e que, também, eram repletos de imagens, anedotas e comparações. Além disso, constituíam um modo popular de instrução, rico em ilustrações, as quais, tomadas das mais variadas esferas, serviam para clarificar ideias filosóficas. Nesse caso, o princípio, geralmente estabelecido no início, era então ilustrado por uma similitude, a qual era usada também, em muitos casos, como uma resposta à objeção de um oponente, mostrando que a visão deste estava muito longe da verdade. Como em outros casos, aqui o costume era usar eventos ou condições comuns como meio de ilustração. Como exemplar dessas diatribes, bem na linha do estoicismo, podemos citar aquela em que Bíon defende a ideia de que os filósofos têm que se adaptar às circunstâncias da vida: "Las mordeduras de los animales dependen de cómo los agarremos; si se coge una serpiente por el medio, nos morderá; si por la cabeza, no". Outro exemplo é o seguinte: "El hombre es como un actor, y así como el buen actor representa con igual arte el prólogo, la parte media de la acción, así el hombre bueno representará lo mejor que pueda el comienzo, el medio y el fin de su vida" (idem).

Como podemos perceber, o traço característico das diatribes parece ser o fato de constituírem, pelo menos na sua origem, um método popular de ensino que usava comparações, ilustrações e imagens retiradas da vida cotidiana. Além disso, outro elemento distintivo é sua articulação por meio de discurso oral, em tom informal, possibilitando, inclusive, a intervenção do público.

Todavia, ainda que se acionem processos de analogia, por meio de comparações e outras formas, não se fala em parábolas no *corpus* das diatribes estoico-cínicas gregas, como acontece no caso da retórica (grega e latina) e da épica grega (*Ilíada* e *Odisseia*).

Diante do exposto, além de não se verificar nem a indicação de parábolas nas diatribes estoico-cínicas, o que se chamou de parábolas homéricas, ao nosso ver, constitui uma impropriedade terminológica. Conforme comprovado em vários exemplos, essas construções não passam de processos comparativos explícitos que, nem por isso, deixam de imprimir a reconhecida beleza aos textos épicos.

Dessa forma, na literatura clássica grega, de fato, a ocorrência da parábola fica restrita apenas à retórica aristotélica, que não deixa de ser um espelho para a retórica latina. Contudo, nesse caso, não temos elementos suficientes para tratá-la como um gênero distinto da literatura, senão como uma figura de linguagem, a funcionar como uma estratégia argumentativa no interior de um discurso.

2
A PARÁBOLA
NO VELHO TESTAMENTO

Correspondência entre o *mashal* hebraico e a *parabolé* da Septuaginta

Na Septuaginta, que é a tradução dos escritos do Velho Testamento bíblico para a língua grega, o vocábulo *parabolé* aparece, salvo raríssimas exceções, como equivalente do substantivo hebraico *mashal* ou da forma verbal a que se liga esse nome, sabendo-se que a diferença entre uma forma e outra reside apenas no tipo das vogais que apresentam.

Essa literatura é a mais antiga versão grega do Velho Testamento. Trata-se do nome abreviado da forma do título *Interpretatio secundun septuaginta seniores,* baseado na antiga tradição judaica segundo a qual setenta homens tinham de traduzir a Torah para o grego, conforme ocorreu nos primórdios da história de Israel, quando Moisés subiu ao monte para estabelecer uma aliança com Deus, segundo a narrativa de Êxodos 24:1-9. Inicialmente, a abreviatura *LXX* designava apenas o Pentateuco, mas, posteriormente, passou a abranger todo o Velho Testamento. No que diz respeito à sua extensão, a *LXX* também inclui outras obras não canônicas como *I Esdras, Sabedoria de Salomão, Sabedoria de Jesus ben Sirach, Judite, Tobias, Baruque, Carta de Jeremias* e os quatro livros dos *Macabeus.* Em relação à data de elaboração, não há dados exatos, havendo uma linha que defende que o Pentateuco teria sido traduzido em Alexandria, pela metade do século II a. C., e outra que afirma que o cânon para os judeus daquela cidade, nessa data, dificilmente teria se limitado à Torah.

A *LXX* tornou-se muito popular entre os judeus da diáspora, para quem o grego era uma língua familiar falada. Na verdade, quando começou a se espalhar pelos territórios judaicos, a igreja cristã adotou a *LXX* como sua Bíblia, mesmo que houvesse alguma reação contra isso. Da Antiguidade, a recensão mais famosa foi a de Orígenes, completada em 245 d. C., em Cesareia. A mais antiga edição impressa consta de quatro volumes, publicados de 1514 a 1521, pela *Complutensian Polyglot*, sob os auspícios de Cardinal Ximenes. Entretanto, a mais conhecida é a publicada em Roma, em 1586, por ordem do Papa Sixtus V. Para as edições modernas existem duas grandes escolas: a inglesa, a *Cambridge LXX*, de 1883, e alemã, a *Societas Litterarum Göttingen*, que seguiu o plano de produção crítica de Paul de Lagarde que, por volta de 1891, inaugurou a moderna crítica da *LXX*.

A importância dessa obra reside em alguns fatos que podem ser assim resumidos: primeiramente, a crítica textual dos manuscritos originais depende largamente dos estudos da *LXX*; em segundo lugar, além de constituir um documento de tradução, também é uma valiosa fonte para a compreensão da visão teológica e ética do judaísmo de Alexandria. Some-se a isso a sua importância para a pesquisa do Novo Testamento, pois apresenta-se como uma ponte entre os dois mundos, provendo, inclusive, a visão de mundo e o vocabulário para os escritores desse último. O grego *coiné* do Novo Testamento não é simplesmente a língua popular de um povo oriental do cristianismo do primeiro século; seu vocabulário religioso deriva, em última análise, não apenas do mundo grego, mas do mundo hebraico do Velho Testamento, por meio da *LXX* grega.

É assim que, como já declarado, o vocábulo hebraico *mashal* aparece traduzido pelo grego *parabolé*, na *LXX*.

Como a analogia com outras linguagens semíticas mostra, o sentido original de *mashal é ser similar, ser como*. Assim, no hebraico, *mashal* é um vocábulo usado para todas as expressões que contêm uma comparação, tanto feitas diretamente como de maneira indireta, por meio de

O GÊNERO DA PARÁBOLA 53

uma ilustração para uma verdade geral. *Mashal* é um dito que indica um tipo de declaração que tem algo por detrás de si.

Sendo um dado estatístico e, portanto, um ponto pacífico que na Septuaginta o vocábulo *mashal* está traduzido pelo vocábulo grego *parabolé* na quase totalidade de suas ocorrências, poder-se-ia raciocinar, de maneira lógica, que uma pesquisa desses casos na língua hebraica, acompanhada de uma análise cuidadosa dos textos, daria conta de oferecer os subsídios necessários e suficientes para a constituição de um conceito definido e uniforme de *parabolé/parábola* no Velho Testamento. Com esse intuito, então, tomou-se a *Strong's Exhaustive Concordance* (1980) (a que se agrega um dicionário de palavras hebraicas e gregas) e, com base no vocábulo hebraico transliterado para *mashal*, chegou-se às seguintes constatações: nessa obra, em primeiro lugar, aparece a acepção do verbo, cujo significado é dado como "ligar, i.e. (trans.) usar linguagem figurativa (alegoria, adágio, canção ou forma semelhante); intrans. assemelhar-se: ser como, comparar, usar (como) provérbio, falar (em provérbios), proferir".[1]

Seguindo-se, verificou-se que, por sua vez, o substantivo aparece vinculado a outra palavra hebraica que se translitera exatamente como a forma verbal e que, em uma ligação com sua raiz primitiva, significa "dominar: (ter, fazer ter) domínio, governo, *de fato*, reinar (exercer, produzir, ter) domínio (dominando, dominar), ter poder".[2] Já no seu sentido próprio, o que temos na referida obra consultada é "máxima vigorosa, usualmente de natureza metafórica; daí, símile (como adágio, poema, discurso): máxima, parábola, provérbio".[3]

Como podemos claramente observar, as significações, tanto do verbo quanto do substantivo, estão intimamente ligadas ao campo semântico

---

1 *to liken, i. e. (trans.) to use figurative language (na allegory adage, song or like); intrans. to resemble: - be (come) like, compare, use (as a) proverb, speak (in proverbs), utter.*

2 *to rule- (have, make to have) dominion, governor,* indeed *reign, (bear, cause to, have) rule (-ing, -r), have power.* Essa vinculação confere ao vocábulo um sentido original de *superiority in mental action.*

3 *a pithy maxim, usually of a metaphorical nature; hence a simile (as an adage, poem, discourse): byword, like, parable, proverb.*

da comparação, da linguagem figurada, que se desdobra em adágios, alegorias, canções, provérbios, máximas de natureza metafórica, símiles, poemas, discursos e parábolas. Convém ressaltar, contudo, a ligação do substantivo *mashal* com alguma raiz primitiva que lhe acrescenta esse dado linguístico de *superioridade de ação mental*, apontando para um processo que requer, tanto do autor quanto do público-alvo desse tipo de construções, uma elaboração mental notadamente mais apurada.

Isso posto, fica evidente a razão pela qual a Septuaginta optou por traduzir *mashal* por *parabolé*: as duas formas estão essencialmente relacionadas ao universo da linguagem figurada, mais especificamente ao do elemento da comparação e, por isso, demandam um mecanismo mais elaborado, tanto na sua produção, quanto na sua recepção.

No entanto, pela consulta ao dicionário hebraico, podemos verificar que, em línguas modernas, há outras possibilidades de tradução de *mashal*, além de vocábulos vinculados ao original grego *parabolé*. Isso se confirma quando se passa a um rastreamento de suas ocorrências no texto original do Velho Testamento, tomando-se ainda como referência os dados oferecidos pela *Strong's Exhaustive Concordance* (1980).

Assim, tendo obtido o significado de dicionário da palavra hebraica em estudo, *mashal*, procedemos à pesquisa de algumas de suas ocorrências no texto original do Velho Testamento que foram traduzidas para o inglês, conforme a *Authorized and revised English version*, que tem sido considerada como um dos mais importantes textos de referência bíblica por leitores e pesquisadores, tanto na Inglaterra quanto nos Estados Unidos.

Com base nessa tradução inglesa de *mashal*, propusemo-nos estabelecer um confronto com outras respeitadas traduções do Velho Testamento, como as que seguem indicadas: a *Biblia anotada de Scofield* (1977), em espanhol, conforme a "antigua versión de Casiodoro de Reina", datada de 1569, revisada por Cipriano de Valera, em 1602, e objeto de outras revisões em 1862, 1909 e 1960; a tradução em português, de João Ferreira de Almeida, na edição revista e atualizada no Brasil (1969); a tradução também em português – com a ressalva de que ela foi realizada com base no texto francês – de *A Bíblia de Jerusalém* (1985), e outras que serão nomeadas no momento apropriado.

O GÊNERO DA PARÁBOLA **55**

O anunciado confronto será feito, pois, a partir de todas as traduções de *mashal* na *Authorized and revised English version* com as outras referidas traduções, a fim de percebermos a possibilidade de variação da concepção do vocábulo *mashal*.

O procedimento adotado será, primeiramente, apresentar a tradução de *mashal* para a versão em inglês e, subsequentemente, mostrá-la na Bíblia espanhola e, em seguida, nas traduções em português, a de João Ferreira de Almeida e a de Jerusalém.

De início, pode-se declarar que, diferente de na Septuaginta, *mashal* aparece traduzido, além de *parable*, por outros vocábulos em vários lugares do Velho Testamento segundo a versão inglesa anunciada. Percebida essa variedade, agrupamos esses vocábulos pela forma em que se apresentam nos textos, em uma tentativa de estabelecer uma espécie de tipologia do *mashal*, de acordo com suas ocorrências no Velho Testamento, apesar das traduções mais globalizantes da Septuaginta por *parabolé*.

A parábola como forma abreviada proverbial: *mashal/parabolé* como provérbio popular

Iniciamos dizendo que, no mais antigo exemplo bíblico, *mashal* é traduzido para o inglês como *proverb*, no texto de I Samuel 10:12. As outras versões anunciadas para confronto são unânimes nessa mesma tradução. É assim, pois, que se lê na referência acima indicada: "É por isso que se tornou um provérbio esta frase: 'Está também Saul entre os profetas?'".

Segundo informações textuais, esse tornou-se um provérbio para expressar surpresa, estranhamento por um fato ou pelo comportamento de alguma pessoa. Isso porque foi algo muito estranho para o povo ver o rei Saul fazendo declarações entre um grupo de profetas. Esse não era um procedimento comum, rotineiro da vida dele. Não só o fato de Saul haver profetizado foi ocasional, como também o de um homem na sua condição haver se misturado com os profetas, que deviam ser de baixa posição social. Daí a pergunta que se tornou provérbio para traduzir uma atitude de estranhamento em uma dada situação em que alguma pessoa assumia um comportamento incomum: "Está também Saul entre os profetas?".

Nessa linha, também em I Samuel 24:13 pode-se constatar uma uniformidade nas traduções do vocábulo hebraico em estudo por *provérbio*. Nesse caso específico, encontramos a indicação de um provérbio já consagrado, inventado pelos antigos: "Como diz o antigo provérbio: Dos ímpios procede a impiedade, mas a minha mão não te tocará". Ele foi atualizado por Davi, quando argumenta com o rei Saul que não tem nenhum interesse em feri-lo ou em tirar-lhe a vida. Fazendo um rápido discurso, Davi apresenta provas concretas de sua inocência e usa esse provérbio para reforçar seus argumentos e confirmar que não era culpado de qualquer conspiração contra o rei Saul.

No profeta Ezequiel, capítulo 12:22 e 23, o *mashal* também aparece traduzido por *proverb* em inglês, e tem seus correspondentes em espanhol e nas duas versões em português como *refrán* e *provérbio*, respectivamente. Segundo a versão da *Bíblia de Jerusalém* tem-se o seguinte:

> [21]A palavra de Iahweh me foi dirigida nestes termos: [22]Filho do homem, que *provérbio* é este que repetis na terra de Israel e que diz:
> "Os dias vão passando, cessa toda visão?" [23]Pois bem, dize-lhes: assim diz o Senhor Iahweh: Farei cessar este *provérbio*: já não o repetirão em Israel. (grifos nossos)

Na verdade, Ezequiel fora convocado para subverter o conteúdo desse provérbio que, em um dizer muito coloquial, "andava na boca do povo". Inclusive, os editores da *Bíblia de Jerusalém* intitularam o fragmento de Provérbios Populares. Mas, como a transcrição mostra claramente, tal dito popular deveria ser interrompido e, ao contrário, Ezequiel deveria estabelecer uma nova ordem em que, de forma iminente, as visões haveriam de se cumprir, como se pode ler: "[24]Com efeito, já não haverá visão vã nem presságio mentiroso na casa de Israel, [25]porque eu mesmo, Iahweh falarei: O que eu disser estará dito e se cumprirá; não tardará, porque será nos vossos dias, ó casa de rebeldes, que pronunciarei uma palavra e a cumprirei, oráculo do Senhor Iahweh".

O GÊNERO DA PARÁBOLA **57**

Ainda no texto do profeta Ezequiel tem-se, no capítulo 18:1-3, o seguinte:

> [1]A palavra de Iahweh me foi dirigida nestes termos: [2]Que vem a ser este *provérbio* que vós usais na terra de Israel:
> "Os pais comeram uvas verdes
> e os dentes dos filhos ficaram embotados?"
> [3]Por minha vida, oráculo do Senhor Iahweh, não repetireis jamais este *provérbio* em Israel. [4]Todas as vidas me pertencem, tanto a vida do pai, quanto a do filho.(...)

Mais uma vez o profeta havia sido convocado para proclamar uma nova modalidade de pensamento que ia de encontro àquela em que caminhava o povo de Israel. Interessante é o fato de que a forma proverbial foi a selecionada para descrever essa ordem antiga exatamente porque, nos moldes do texto anteriormente comentado, ela expressava o sentimento mais profundo da alma do povo, aquilo que realmente correspondia à forma de pensar e de reagir dos cidadãos de Israel. Segundo esse tipo de consenso popular, os filhos receberiam castigos pelos erros dos pais. Entretanto, por meio de Ezequiel, um novo estilo se estabelecia: "[20]O filho não sofre o castigo da iniquidade do pai, como o pai não sofre o castigo da iniquidade do filho: a justiça do justo será imputada a ele, exatamente como a impiedade do ímpio será imputada a ele". Esse estatuto constitui a antítese do provérbio popular e instaura o conceito da responsabilidade pessoal de cada um por seus atos cometidos tanto para o bem quanto para o mal.

Já no texto do livro de Isaías, capítulo 14, versículo 4, por meio do profeta, o povo de Israel recebe uma mensagem cujo conteúdo aponta para um momento em que a situação política será invertida. Quando a Babilônia, que naquela ocasião era a opressora, passasse a ser o oprimido, deveria ser pronunciado um provérbio, conforme a versão inglesa e a versão espanhola de Scofield. As versões bíblicas portuguesas de Almeida e Jerusalém parecem, entretanto, traduzir com mais felicidade o forte tom de zombaria que deveria acompanhar aquele *mashal*, que constituiria alguma palavra de sabedoria popular antiga, preferindo as palavras *motejo* e *sátira*, respectivamente:

58 MARCO ANTÔNIO DOMINGUES SANT'ANNA

[3]E sucederá, no dia em que Iahweh te der descanso do teu sofrimento, da tua inquietude e da dura servidão a que foste sujeitado, que [4]entoarás esta *sátira* a respeito do rei da Babilônia:
Como terminou o opressor? Como terminou a arrogância?

O verbo *entoar* nessa versão da *Bíblia de Jerusalém* intensifica ainda mais o caráter zombeteiro dessa sátira, dando a impressão de que ela deveria ser cantada. Se procedermos à leitura dos versículos 5 ao 23, perceberemos que o excerto responde as perguntas apresentadas em forma de provérbio/motejo/sátira, descrevendo a destruição total do império babilônico. A palavra final do oráculo representa uma amostra significativa do tema geral do trecho:

[22]Levantar-me-ei contra eles, oráculo de Iahweh dos Exércitos, e extirparei da Babilônia o seu nome e o seu resto, a sua descendência e a sua posteridade, oráculo de Iahweh. [23]Farei dela uma morada de ouriços e um brejo. Varrê-la-ei com a vassoura do extermínio, oráculo de Iahweh dos Exércitos.

Ainda em relação a esse tipo de provérbio popular, também considerado um *mashal* dentro da cultura judaica, podemos mencionar algumas construções citadas no *Theological Dictionary of the New Testament* (1967, p.747), apesar de não constituírem, como as anteriores, fragmentos em que a palavra aparece explicitamente no hebraico. Dessa forma, a vinculação entre esses provérbios e o assunto que vimos tratando se dá especificamente pelo tipo de composição que se apresenta fortemente marcada pelo tom populuaresco e que, como tal, era do domínio da cultura do momento histórico em que era proferida.

No contexto de II Samuel 20:18, uma citação de um dito popular que, conceitualmente, representa um provérbio, também é usada em um tipo de discurso persuasivo em que uma mulher de uma cidade chamada Abel, que estava prestes a ser invadida por vingança, pelo exército do rei Davi, tenta convencer o capitão a não levar a cabo seu intento, pois a cidade, segundo ela, não era culpada pelo procedimento de um só de seus habitantes. Dessa forma, embutido em seu discurso está o seguinte provérbio que, também segundo a mulher, antigamente se costumava dizer naquela localidade: "Peça-se conselho em Abel".

O GÊNERO DA PARÁBOLA **59**

Com a prática desse dito popular, "se davam cabo das questões[4]" em Abel. Convencido, o capitão pede, então, apenas a cabeça daquele que havia levantado a mão contra o rei Davi, e a cidade é poupada.

Outro provérbio é mencionado em I Reis 20:11: "Não se gabe quem se cinge como aquele que vitorioso se descinge" (segundo a versão de Almeida). Isso foi enviado como mensagem do rei Acabe, de Israel, ao rei Ben-Hadade, da Síria, que, ameaçando invadir Israel com um exército muito mais numeroso, já contava vantagens de sua vitória.

Assim, têm-se dois grupos de construções proverbiais populares: o primeiro, em que há tanto a ocorrência explícita da palavra *mashal* quanto a citação do próprio dito popular; o segundo, em que, apesar do não aparecimento do vocábulo hebraico, o conceito está presente e a citação do provérbio em si é realizada.

Além deles encontram-se, ainda, no Velho Testamento, textos em que há apenas a menção da palavra *mashal* – traduzida com certa diversidade nas versões que selecionamos e indicamos para consulta – constituindo mais um dado de que, de fato, fazia parte da cultura popular de Israel a citação de provérbios, como acontece em muitas outras comunidades. Dentre esses, passamos a citar, segundo a versão de Jerusalém, os textos de Deuteronômio 28:37, Salmo 69:11,12 e Jeremias 24:9, nessa ordem:

> Serás motivo de assombro, de *provérbio* e de caçoada em meio a todos os povos onde Iahweh te houver conduzido.

> Se me aflijo com jejum,
> isto se torna motivo de insulto;
> se me visto com pano de saco,
> torno-me para eles uma *fábula*.

> Eu farei deles um objeto de horror, uma calamidade para todos os reinos da terra; uma vergonha, uma *fábula*, um escárnio e uma maldição em todos os lugares, para onde eu os expulsar. (grifos nossos)

O primeiro desses textos faz parte de um bloco mais extenso em que são pronunciadas, por meio de Moisés e dos sacerdotes levitas,

---

4 Segundo a versão de Almeida.

tanto as bênçãos quanto as maldições para o povo de Israel em caso de obediência ou falta desta dos estatutos de Iahweh. Caso se incorresse na segunda alternativa, uma das maldições seria constituir motivo de chacota, por meio de um *mashal* em forma de provérbio.

Na sequência, o texto do Salmo 69:11 faz parte de uma súplica angustiada de Davi, clamando a Iahweh por livramento, dada sua situação calamitosa diante dos próprios compatriotas. Segundo comentários da versão de Jerusalém, o versículo está incluído na segunda das duas lamentações reunidas nesse salmo que retrata o grito de angústia do fiel, vítima do seu próprio zelo. Uma das expressões de lamento de Davi era que, mesmo se humilhando – o que podia ser constatado pelas vestimentas de pano de saco –, ele se tornaria para os que o odiavam um *mashal*, traduzido aqui, na versão de Jerusalém, por *fábula*.

O texto de Jeremias 24:9, que também traduz *mashal* por *fábula* na mesma versão acima citada, refere-se diretamente a "Sedecias, rei de Judá, aos seus príncipes e ao resto de Jerusalém: aqueles que restarem nesta terra e os que habitam na terra do Egito", conforme o versículo 8 do mesmo capítulo.

Mesmo com essa diversidade nas traduções, o que há de comum entre essas citações é o fato de elas indicarem algo que poderia constituir uma fala do povo, em todas as ocorrências uma fala depreciativa, de escárnio, com uma carga elevada de negatividade.

Dessa forma, fica estabelecida essa possibilidade de o *mashal* constituir textos que são verdadeiras falas, ditos, provérbios de cunho explicitamente popular, de domínio de uma comunidade, que foram levantados em situações particulares da cultura judaica e tinham pertinência nos contextos citados com todos os seus elementos composicionais.

Mashal/parabolé como provérbio do Círculo da Sabedoria

Entretanto, desses usos populares que vimos apresentando até aqui, o vocábulo hebraico *mashal*, traduzido para o grego da Septuaginta por *parabolé*, ganha espaço nos círculos da sabedoria. Nesse

O GÊNERO DA PARÁBOLA **61**

sentido de provérbios de sabedoria, ele se transforma em um gênero da literatura de sabedoria e passa por um rico desenvolvimento. Tanto na forma quanto no tema, a sabedoria de Israel é muito relacionada à do Antigo Oriente de que foram grandes centros o Egito e a Assíria, ainda que tenha florescido, também, em Edom, na Arábia, na Babilônia e na Fenícia. Os provérbios nesse círculo continham exemplos da vida, regras de prudência e cortesia, conselhos vocacionais, admoestações morais e orientações religiosas. A Bíblia, muitas vezes, faz alusão à sabedoria e aos sábios desses vizinhos de Israel, como se pode constatar nas seguintes referências: Isaías 19:11, que fala dos sábios egípcios: "Na verdade, os príncipes de Soã [uma cidade do delta], os mais sábios conselheiros do faraó"; Jeremias 49:7, sobre a sabedoria de Edom, em um oráculo que deve ser situado por volta do ano 605 a. C., conforme comentários da *Bíblia de Jerusalém*: "A Edom. Assim diz Iahweh dos Exércitos. Não há mais sabedoria em Temã, perdeu-se o conselho dos inteligentes, desapareceu a sua sabedoria?"; Daniel 1:20, onde se lê sobre a Babilônia: "Ora, em todas as questões de sabedoria e discernimento sobre as quais os consultava [a Daniel, a Ananias, a Misael e a Azarias, de Israel], o rei [Nabucodonozor] os achava dez vezes superiores a todos os magos e adivinhos do seu reino inteiro [a Babilônia]"; Ezequiel 28:3 a 5, que menciona a sabedoria do príncipe de Tiro, na Fenícia antiga:

> [3]Certo, és mais sábio do que Daniel,
> nenhum sábio há que se iguale a ti.
> [4]Por tua sabedoria e inteligência adquiriste riqueza
> e acumulaste ouro e prata nos teus tesouros.
> [5]Tão notável é a tua sabedoria nos negócios
> que multiplicaste a tua riqueza
> e o teu coração se orgulhou dela.

Além dessa apresentação, o modo rápido de a reputação do israelita Salomão se espalhar, bem como o grande número de visitantes estrangeiros que vinham ouvi-lo, podem ilustrar o clima intelectual daqueles tempos, tanto fora como dentro de Israel. Na verdade, o rei Salomão é tido, na perspectiva judaica, como o mais apurado modelo

62 MARCO ANTÔNIO DOMINGUES SANT'ANNA

de sábio e é louvado em algumas passagens do Velho Testamento por sua habilidade de cunhar *mashal-provérbios*, como, por exemplo, a do primeiro livro dos Reis, capítulo 4, versículos 29 a 34, que segue transcrita, conforme a versão de Almeida:

> Deu também Deus a Salomão sabedoria, grandíssimo entendimento e larga inteligência como a areia que está na praia do mar. Era a sabedoria de Salomão maior do que a de todos os do Oriente e do que toda a sabedoria dos egípcios. Era mais sábio do que todos os homens, mais sábio do que Etã, ezraíta, e do que Hemã, Calcol e Darda, filhos de Maol; e correu a sua fama por todas as nações em redor. *Compôs três mil provérbios*, e foram os seus cânticos 1005. Discorreu sobre todas as plantas, desde o cedro que está no Líbano até o hissopo que brota no muro; também falou dos animais e das aves, dos répteis e dos peixes. De todos os povos vinha gente a ouvir a sabedoria de Salomão, e também enviados de todos os reis da terra que tinham ouvido da sua sabedoria. (grifos nossos)

Entretanto, como já se mencionou anteriormente, a sabedoria de Salomão não era a única e nem a primeira que floresceu no Antigo Oriente. Mais especificamente relacionada à forma de seus provérbios *(mashal)* de que alguns exemplos serão citados adiante, há uma história que data de tempos mais distantes de que os do rei Salomão. Por exemplo, conforme Derek Kidner (1980), citando os *Sumerian proverbs*, editados por E. I. Gordon, em 1959, duas grandes coletâneas de aforismos datados de cerca de dois mil anos a. C. foram desenterradas em Nipur, perto da Babilônia, compostos com uma mistura de moralidade sadia, humor astuto e simples bom senso, como o que segue, falando sobre o viver dentro das possibilidades: "Edifica como um senhor, anda como um escravo! Edifica como um escravo, anda como um senhor!" (p.17).

Além desses, os manuais egípcios de conselhos, como por exemplo, *Os ensinos de Ptahhotep*, que datam de cerca de 2.500 a. C., são receitas para o sucesso na vida, algumas delas relativas a aspectos supostamente banais até como o do comportamento de uma pessoa em um jantar com um superior: "Aceita aquilo que ele te der, quando é colocado diante do teu nariz... Não o crives com muitas olhadas...Ri depois

O GÊNERO DA PARÁBOLA **63**

de ele rir, e será muito agradável ao coração dele"; e como tratar com quem traz uma petição: "O peticionário gosta da atenção que se presta às palavras dele mais do que do cumprimento daquilo em prol do qual veio... escutar bem acalma o coração" (p.18, 19).

Mais especificamente quanto ao livro dos Provérbios de Salomão, desde 1923, pesquisadores têm debatido a relação entre a seção III da obra – que compreende os textos de 22:17 a 24:24 – e o livro egípcio *Ensinos de Amenemope*, publicado naquele ano por Wallis Budge, conforme Kidner (1980, p.23). Os pontos de contato entre as duas obras são por demais estreitos e numerosos para tratar-se de mera coincidência. Quase a totalidade de Provérbios 22:17 a 23:14 tem paralelos quase exatos em ditados que se espalham largamente em *Amenemope*. Um exemplo desse fato pode ser o de Provérbios 23:4 e 5 que, na versão da *Bíblia de Jerusalém*, aparece citado abaixo, seguido do capítulo 7:15, de *Amenemope*:

> Não te fatigues por adquirir a riqueza,
> não apliques nisso a tua inteligência.
> Nela pousam os teus olhos, e ela não existe mais,
> pois certamente fará asas para si,
> como águia, e voará pelos céus.
>
> Fizeram para si asas como de ganso
> e saíram voando para o céu.

Mesmo que haja uma séria discussão entre os pesquisadores sobre qual texto teria influenciado o outro, a evidência cronológica tem fortalecido o argumento de que Provérbios fez uso de Amenemope desde que se tem, no Museu do Cairo, uma prova arqueológica de que a data deste último material deve ser bem anterior ao tempo de Salomão. Segundo citação de Kidner, W. F. Albright sugere o século XII a. C. e J. M. Plumley cerca de 1.300 anos a. C., nas respectivas obras da autoria deles – *Wisdom in Israel and the ancient Near East* (*A sabedoria em Israel e no Oriente Próximo Antigo*), editado por M. Noth e D. W. Thomas, em 1955, e *Documents from Old Testament Times* (Documentos do Antigo Testamento), editado por D. W. Thomas, em 1958.

Com base em todos esses fatos e comentários, o que se pode apurar é que, desde muitos séculos, mesmo antes de o livro de *Provérbios de Salomão* haver sido escrito, havia toda uma tradição oriental incluindo muitos países, além de Israel. Havia todo um ambiente em que florescia e se desenvolvia esse tipo de literatura sapiencial. E foi exatamente nesse ambiente que o *mashal* passou a indicar construções proverbiais em território israelita.

Da autoria de Salomão, tem-se a primeira coleção que vai de 10:1 a 22:16, contendo 375 sentenças proverbiais, intitulada *Provérbios de Salomão*, e a segunda, introduzida pela frase "Também são estes provérbios de Salomão", que vai de 25 a 29, contendo 128 sentenças proverbiais que foram transcritas pelos homens do rei Ezequias.

Formalmente, muitos deles usam o comparativo *como*, o que se pode constatar, por exemplo, em 25:11-13; 26:18 e seguintes e em 27:17, conforme citados respectivamente a seguir, com grifos nossos:

> *Como* maçãs de ouro em salvas de prata, assim é a palavra dita a seu tempo. *Como* pendentes e joias de ouro puro, assim é o sábio repreensor para o ouvido atento. *Como* o frescor da neve no tempo da ceifa, assim é o mensageiro fiel para com os que o enviam, porque refrigera a alma dos seus senhores.

> *Como* o louco que lança fogo, flechas e morte, assim é o homem que engana o seu próximo e diz: Fiz isso por brincadeira.

> *Como* o ferro com o ferro se afia, assim, o homem, ao seu amigo.

Em muitos outros provérbios, um "mas" é usado, especialmente no fragmento que vai desde o capítulo 10:3 até o 14:23, do qual extraímos, aleatoriamente, alguns exemplos, também com grifos nossos:

> O ódio excita contendas, *mas* o amor cobre todas as trangressões. (10:11)

> No muito falar não falta transgressão, *mas* o que modera os seus lábios é prudente. (10:19)

O GÊNERO DA PARÁBOLA   65

A esperança que se adia faz adoecer o coração, *mas* o desejo cumprido é arvore de vida. (13:12)

O que retém a vara aborrece a seu filho, *mas* o que o ama, cedo o disciplina. (13:24)

O ânimo sereno é a vida do corpo, *mas* a inveja é a podridão dos ossos. (14:30)

Continuando nesta análise da apresentação formal dos provérbios, observa-se que, em um número razoável deles, a comparação é feita mediante justaposição, como é o caso de 15:16; 16:8 e 17:1, que seguem citados nessa ordem:

Mais vale o pouco com temor de Iahweh,
do que grandes tesouros com sobressalto.

Mais vale pouco com justiça,
do que muitos ganhos sem o direito.

É melhor um pedaço de pão seco e a tranquilidade
do que uma casa cheia de sacrifícios de discórdia.

Por um lado, de acordo com esses exemplos extraídos do livro de Provérbios, como nós o temos atualmente, a apresentação formal comparativa não é característica única do *mashal*. O paralelismo, usado de diferentes maneiras, chega a ser predominante. Por outro, em termos de tema, os provérbios de Salomão, seguindo a linha oriental, são em sua maioria ditos ou sentenças contendo sabedoria prática. Assim, encontramos exemplares falando sobre questões tais como a humildade, a insensatez, a preguiça, a amizade, o uso da palavra, a família, a bebida, a vida e a morte:

Vês um homem sábio aos seus olhos?
Espera-se mais do insensato do que dele. (26:12)

Uma repreensão causa mais impressão no homem inteligente
do que cem golpes em um insensato. (17:10)

A porta gira em seus gonzos,
e o preguiçoso no seu leito. (26:15)

Há amigos que levam à ruína,
e há amigos mais queridos do que um irmão. (18:24)

A língua suave é arvore de vida,
a língua perversa quebra o coração (15:4)

Encontrar uma mulher é encontrar a felicidade,
é obter um favor de Iahweh. (18:2)

Ensina a criança no caminho que deve andar,
e mesmo quando for velho não se desviará dele. (22:6)

Um irmão ofendido é pior do que uma fortaleza,
e as querelas são como batentes do portal. (18:19)

Não olhes o vinho: como é vermelho,
como brilha no copo,
como escorre suave!
No fim ele morde como a cobra
e fere como a víbora.
Teus olhos verão coisas estranhas,
e teu coração dirá disparates.
Serás como alguém deitado em alto-mar
ou deitado no topo de um mastro.
"Feriram-me... e eu nada senti!
Bateram-me... e eu nada percebi!
Quando irei acordar?
Vou continuar a beber!" (23:31-35)

O temor de Iahweh é fonte de vida
para evitar os laços de morte. (14:27)

Quando morre o ímpio, acaba seu anseio,
e a esperança nas riquezas perece. (11:7)

Nesse estudo sobre as formas de apresentação do *mashal* – lembrando que é o vocábulo hebraico traduzido por *parabolé* na Septuaginta – no Velho Testamento, já pudemos perceber, primeiramente, a sua ocorrência para determinar a forma de um provérbio popular, do domínio da comunidade, que já está engastado na tradição e na cultura de um povo. Em seguida, observou-se que o *mashal*, com uma forma diversificada e com um conteúdo de sabedoria prática, pode também configurar um provérbio dentro do círculo sapiencial de Israel que, por sua vez, insere-se em um universo muito mais amplo, tanto temporal quanto geograficamente falando, desde que há provas arqueológicas de que esse universo floresceu antes dos tempos de Salomão, por exemplo, e se estendeu por todo o Oriente Antigo.

Todavia, o *mashal* também pode ser encontrado em uma forma de comparação mais desenvolvida, usada em livros históricos, sapienciais, poéticos e proféticos do *corpus* bíblico do Velho Testamento.

Mashal/parabolé como forma desenvolvida não proverbial

Para oferecer uma amostragem das referências em que o *mashal* hebraico se apresenta como forma desenvolvida, inclusive sendo traduzido na já mencionada *Authorized and revised English version* por *parable*, adotamos o procedimento de partir mais uma vez da *Strong's Exhaustive Concordance* e fazermos um cotejamento das versões bíblicas espanhola e portuguesa (Almeida e de Jerusalém). Dessa maneira, pensamos estar confrontando importantes traduções do vocábulo *mashal* e, sobretudo, apurando mais uma possibilidade de sua apresentação no Velho Testamento, a fim de vislumbrarmos as suas correlações com o gênero parabólico.

Nos livros históricos

Iniciamos, pois, com o texto de Números 23:7:

> (...) and he took up his *parable* and said: (...)
> (...) Y él tomó su *parábola*, y dijo: (...)
> (...) Então proferiu sua *palavra* e disse: (...)
> (...) E pronunciou o seu *poema*: (...)

Os fragmentos de Números 23:18; 24:3, 20, 21 e 22, em que também aparece o vocábulo *mashal*, são exatamente como os acima citados, com mínimas alterações justificadas por força das adaptações linguísticas exigidas pelo contexto em que aparecem.

Observa-se nesses casos que a palavra hebraica *mashal* aparece traduzida em inglês por *parable*, em espanhol por *parábola* e em português tanto por *palavra* quanto por *poema*. A fim de que se tenha um pleno contato com o texto que recebeu essas variadas designações, passamos a citá-los também, depois de situá-los contextualmente.

Apesar das conhecidas discussões acerca da autoria do livro de Números, as descobertas arqueológicas têm demonstrado a antiguidade das leis, instituições e condições de vida descritas nesse documento, conferindo a Moisés os direitos autorais, o que nos leva a um período de pelo menos 1.300 anos antes de Cristo, conforme comentários do Dr. Russel Shedd, na *Bíblia vida nova* (1980). Historicamente, o livro cobre um período de aproximadamente quarenta anos da história do avanço do povo de Israel em direção à Palestina. Nesse avanço muitas batalhas foram travadas, sendo uma delas com o povo dos moabitas cujo rei era Balac. Na tentativa de evitar um confronto direto com os israelitas, o que certamente daria a estes a vitória, por tudo que vinha acontecendo até aquele ponto, Balac manda chamar o profeta Balaão, na esperança de que ele amaldiçoasse o povo de Israel, trazendo sobre eles a derrota. Entretanto, segundo a narrativa bíblica, Deus foi ter com Balaão e lhe ordenou que não amaldiçoasse um povo que era por Ele abençoado. Assim, nas três tentativas de Balac, Balaão frustrou as suas expectativas proclamando mensagens que foram designadas por *mashal, parable, parábola, palavra, poema* que têm os seguintes conteúdos em Números 23: 7-10 e 18-24; 24:3-9 e em 24:15-24, respectivamente, conforme a versão portuguesa de Almeida:

O GÊNERO DA PARÁBOLA **69**

> Balac me fez vir de Arã,
> o rei de Moabe dos montes do Oriente:
> vem, amaldiçoa-me a Jacó,
> e vem, denuncia a Israel.
> Como posso amaldiçoar a quem Deus não amaldiçoou?
> Como posso denunciar a quem Deus não denunciou?
> Pois do cume das penhas vejo Israel
> e dos outeiros o contemplo:
> eis que é povo que habita só,
> e não será reputado entre as nações.
> Quem contou o pó de Jacó,
> ou enumerou a quarta parte de Israel?
> Que eu morra a morte dos justos e o meu fim seja como o dele.

Na segunda tentativa de persuadir Balaão, o rei suplicou-lhe que fosse para outro lugar, de onde veria somente a parte mais próxima do povo de Israel e não o veria todo, sendo assim, na sua concepção, mais fácil para o profeta amaldiçoar os judeus. Entretanto, o resultado não foi outro senão o seguinte:

> Levanta-te, Balac, e ouve,
> escuta-me, filho de Zipor:
> Deus não é homem, para que minta;
> nem filho do homem, para que se arrependa.
> Porventura, tendo ele prometido, não o fará?
> ou tendo falado, não o cumprirá?
> Eis que para abençoar recebi ordem;
> ele abençoou, não o posso revogar.
> Não viu iniquidade em Jacó,
> nem contemplou desventura em Israel;
> o Senhor seu Deus está com ele,
> e no meio dele se ouvem aclamações ao seu Rei.
> Deus os tirou do Egito;
> as forças deles são como as do boi selvagem.
> Pois contra Jacó não vale encantamento,
> nem adivinhação contra Israel;
> agora se poderá dizer de Jacó e de Israel:

Que cousas tem feito Deus!
Eis que o povo se levanta como leoa,
e se ergue como leão;
não se deita até que devore a presa,
e beba o sangue dos que forem mortos.

Vendo mais uma vez seus planos não concretizados, Balac procura uma terceira investida e leva o profeta a outro lugar, ainda pensando que dali talvez aos olhos de Deus parecesse bem a maldição desejada. Contudo, apesar dos esforços, a mensagem (*parable, parábola, palavra, poema*) de Balaão foi a seguinte:

Palavra de Balaão, filho de Beor,
palavra do homem de olhos abertos;
palavra daquele que ouve os ditos de Deus,
que tem a visão do Todo-Poderoso
e prostra-se, porém de olhos abertos:
Que boas são as tuas tendas, ó Jacó!
as tuas moradas, ó Israel!
Como vales que se estendem,
como jardins à beira dos rios,
como árvores de sândalo que o Senhor plantou,
como cedros junto às águas.
Águas manarão de seus baldes,
e as suas sementeiras terão águas abundantes;
o seu rei se levantará mais mais do que Agague ,
e o seu reino será exaltado.
Deus tirou do Egito a Israel
cujas forças são como as do boi selvagem;
consumirá as nações, seus inimigos,
e quebrará seus ossos,
e com suas as suas setas os atravessará.
Este abaixou-se, deitou-se como leão,
e como leoa: quem o despertará?
Benditos os que te abençoarem,
e malditos os que te amaldiçoarem.

O GÊNERO DA PARÁBOLA 71

Como já foi explicitado anteriormente, esse confronto de traduções das ocorrências de *mashal* tem por objetivo tentar apurar mais uma possibilidade de sua apresentação no Velho Testamento e, a partir daí, estabelecer as suas correlações com o gênero parabólico. É por essa razão que optamos por transcrever os fragmentos que sucedem o aparecimento do vocábulo em estudo que, por sinal, apresenta possibilidades variadas de abordagem.

Entretanto, sem deixar de reconhecer essa riqueza textual, a fim de cumprirmos o nosso propósito, nos limitaremos apenas a fazer uma observação de aspectos mais estruturais do texto, que abram caminho para reflexões sobre a constituição do gênero da parábola no Velho Testamento. Não se pode perder de vista também o fato de que já estamos tratando de um terceiro tipo de texto denominado de *mashal* e traduzido por *parabolé* na Septuaginta: aquele a que se convencionou apontar o caráter desenvolvido de comparação, especificamente em relação aos dois últimos, o provérbio popular e o provérbio do Círculo da Sabedoria do Oriente Antigo.

Assim, iniciando essa mencionada observação, esclarecemos que a qualificação de *desenvolvidos* para os três fragmentos textuais transcritos indica objetivamente a sua extensão mais longa e a sua estrutura diferenciada da dos provérbios. Em relação à extensão desses *mashal* não há absolutamente nenhuma dificuldade em se admitir o fato, dada a sua evidência inegável. Por isso, dizemos serem textos mais desenvolvidos no que diz respeito à sua extensão. Estruturalmente falando, caso não se possa afirmar que esses *mashal* são mais desenvolvidos do que os provérbios, ao menos se pode admitir que apresentam uma estrutura mais variada.

A começar do *mashal* de Números 23:7-10, percebe-se uma divisão interna do texto que ficaria assim sugerida: uma primeira parte que compreende o versículo 7, em que é possível detectar-se um esquema mínimo de narrativa: um narrador, que é o próprio Balaão, um fato narrado, que é o texto em si delimitado, e alguém a quem se narra, que é o rei Balac, dos moabitas. Pode-se detectar, ainda, nesse esquema, uma mudança de voz, quando o narrador Balaão cede a palavra a Balac para, por meio dele, contar o que estava se passando. Fora isso, os aspectos da marcação espacial nessa pequena narrativa são todos históricos e podiam ser localizados geograficamente sem nenhuma dificuldade. O mesmo se pode dizer em relação aos personagens Balac, Balaão (que está contido no pronome *me*) e Israel, que é tomado metonimicamente pelo nome de Jacó.

Em seguida, pode-se perceber uma segunda subdivisão, que se estende do versículo 8 até a primeira parte do versículo 10, em que se observa uma mudança de tipo de texto que deixa de ser narrativo, nos moldes do antecedente. Mesmo que Balaão continue sendo o detentor da voz no texto, e que Balac continue sendo a pessoa a quem ele se dirige, não há mais um fato a ser narrado. Agora, o texto parece assumir um forte caráter argumentativo e pode ser, ainda, seccionado.

No versículo 8, a argumentação é expressa por meio de duas perguntas retóricas em que Balaão declara objetivamente a sua impossibilidade total de proferir uma maldição e uma denúncia contra o povo de Israel. Depois disso, a argumentação remete ao fato histórico da eleição da nação de Israel, no versículo 9, quando, colocado em uma posição estratégica, Balaão focaliza o povo e demonstra esse fato, especificamente nas expressões "povo que habita à parte" e nação "não classificada entre as nações". Como decorrência da eleição, na primeira parte do versículo 10, indica-se o aspecto do alto índice de numerosidade populacional, também por meio de duas perguntas do tipo retórico, aliadas a uma linguagem marcada por um forte teor figurativo.

> Assim, depois de situar mediante a forma narrativa o contexto dos acontecimentos; depois de apresentar os argumentos claros da não possibilidade de maldição para um povo que Deus abençoou, do fato histórico da eleição desse povo e, como decorrência dele, o aspecto do número incontável da população israelita, Balaão parte para aquilo que constituiria a única conclusão possível diante de todo o quadro colocado, que representa a terceira parte da estrutura.

Essa conclusão apresenta-se na segunda metade do versículo 10 de uma forma figurada que demanda certo grau de interpretação: "Que eu [Balaão] morra a morte dos justos! / Que seja o meu fim como o deles!"

O GÊNERO DA PARÁBOLA **73**

Isto é, seria completamente injusto proferir qualquer maldição sobre um povo abençoado por Deus, eleito por ele e que constitui uma nação numerosíssima. Assim, em uma linguagem mais trabalhada e indireta, Balaão se nega a cumprir a convocação do rei Balac. A tudo isso se acrescenta o fato linguístico do traço suprassegmental da exclamação que aparece ao final de cada uma das declarações acima transcritas, em uma indicação de força, de ênfase e de convicção daquilo que se estava declarando nessa conclusão.

Por essa rápida apresentação da estrutura do texto, é possível notar a variação com que é constituída. Se, entretanto, fosse necessário estabelecer uma tipologia geral do fragmento, poder-se-ia dizer que, no todo, trata-se de um texto de caráter argumentativo composto de uma parte apresentativa, por meio de uma narração, de uma parte estritamente marcada pela argumentação e, finalmente, de uma conclusão naturalmente decorrente das anteriores. Todavia, é importante distinguir que essa argumentação é expressa em forma de versos e não em prosa, o que lhe confere um acentuado matiz poético.

Além disso, mesmo sendo um excerto que contém elementos de linguagem figurada de interpretação não muito complexa, não se constitui, na sua totalidade, como alegórico. É bom observar que nem mesmo a primeira parte da estrutura geral, a narrativa, é de caráter imaginativo, ficcional. Ao contrário, aponta para aspectos factuais e históricos que compõem o contexto do oráculo.

Assim, diante da definição já apresentada do que seja um *mashal*, o que justificaria tal designação para o texto em questão talvez fosse a sua estrutura discursivo-poética, cujo conteúdo é concebido mediante o uso de linguagem figurada. Trata-se, então, de um texto de natureza mista em que um discurso argumentativo, com as suas divisões internas já indicadas, é apresentado na forma versificada da poesia, incluindo o uso de linguagem figurada.

Isso posto, no que diz respeito à questão das traduções nas versões selecionadas, pode-se verificar que *parable* e *parábola* – as possibilidades respectivamente escolhidas pela *Authorized and revised English version* e pela *Scofield*, talvez por influência de *parabolé*, da Septuaginta – apresentam por um lado as seguintes características:

74 MARCO ANTÔNIO DOMINGUES SANT'ANNA

mesmo contendo uma narrativa, o texto em estudo não se apresenta como tal, no seu todo; as suas personagens, os seus espaços são todos mencionados nominalmente e são históricos e referenciais. Além disso, mesmo apresentando um jogo de vozes no texto, a narrativa não é em si mesma ficcional, mas sim histórica e factual.

Por outro lado, é possível perceber o uso de linguagem figurada, mesmo que o texto não seja alegórico e não encerre nenhum princípio moral, religioso ou de qualquer outra natureza, nem implícita e muito menos explicitamente.

Por sua vez, a tradução de Almeida por *palavra* parece muito ampla e indefinida. Talvez, então, o *poema*, da versão de Jerusalém, tenha sido o que mais se aproximou do *mashal*, ainda que com certa restrição, dados a sua configuração poética e o trabalho realizado com a linguagem figurativa.

O texto de Números 23:18-24, que representa o segundo oráculo de Balaão, também acima transcrito, parece seguir o mesmo caminho do anterior, respeitando-se, é claro, a sua estrutura particular.

Dada a sua razoável extensão, pode-se dizer também que é um texto desenvolvido. Como se trata de um segundo momento de uma mesma situação histórica, o enunciador do texto continua sendo Balaão e o seu destinatário direto continua sendo Balac, que se encontra agora junto com todos os príncipes de Moab, conforme informações explícitas do versículo 17 que diz o seguinte: "Voltou então [Balaão] para junto de Balac; encontrou-o ainda de pé junto dos seus holocaustos, com todos os príncipes de Moab. 'Que disse Iahweh?' [depois da consulta que Balaão fizera], perguntou-lhe Balac." Tudo indica que a presença desse grupo da liderança política dos moabitas constituía uma forma de pressão e coação sobre o profeta.

Outro dado que se apura diretamente desse versículo 17 é que Balaão fora interpelado por Balac e, só a partir daí, apresentaria a sua resposta. A recuperação do versículo 18 ajuda-nos a perceber isso claramente: "E Balaão pronunciou o seu poema: (...)"

Em termos de estrutura e de conteúdo, há uma semelhança muito estreita entre este e o primeiro oráculo. Todavia, uma diferença que se pode apontar é que este não contém nenhuma parte narrativa

O GÊNERO DA PARÁBOLA **75**

introdutória. Em vez disso, o texto já inicia com uma conclamação direta do profeta para que o rei de Moab se levante, incline o ouvido e escute. Tal conclamação é expressa textualmente por meio de um vocativo, como segue: "Levanta-te, Balac, e escuta,/ inclina o teu ouvido, filho de Sefor." Mesmo que os verbos "levantar" e "inclinar" sejam usados no sentido figurado, no intuito de chamar a atenção de Balac, eles sugerem até um movimento físico para que essa chamada fique bem estabelecida.

Depois dessa veemente convocação introdutória do versículo 18, do 19 ao 23 mais uma vez é apresentado um esquema argumentativo para se exporem os motivos pelos quais o profeta não amaldiçoará o povo de Israel. O primeiro argumento encontra-se no versículo 19, em que o caráter de Deus é delineado de duas maneiras: a primeira, afirmativamente, dizendo-se que, na sua essência, ele é totalmente diferente do ser humano no que diz respeito ao cumprimento de sua palavra. Ele não volta atrás. A segunda, por meio de duas perguntas, cujas respostas já estão nelas mesmas pressupostas, reafirmando o aspecto da fidelidade no caráter divino.

Como segundo elemento da cadeia argumentativa, Balaão simplesmente declara que estava cumprindo ordens do Deus, cujo caráter fora acima descrito em uma de suas particularidades. "Se o Deus a quem estou servindo é fiel e não mentiroso, eu também o serei" poderia muito bem ter sido a linha de raciocínio seguida por Balaão. Essa busca da obediência total é caracterizada como, de fato, a única alternativa do profeta, desde que o próprio Deus já havia, segundo ele, pronunciado a bênção. Como ele, um simples mortal poderia revogar um ato que havia partido de um Deus que não volta atrás?

O elemento seguinte que compõe o esquema argumentativo do texto é o que evoca o fato de que esse Deus de caráter tão elevado não havia encontrado iniquidade alguma em Israel para que fosse amaldiçoado. No texto da versão de Jerusalém, pode haver certa confusão em se perceber esse fato, porque, em vez de usar a palavra *ele* e os verbos conjugados segundo essa pessoa verbal, a tradução optou pela forma *eu*. Mesmo assim, ela indica em nota de rodapé que, no hebraico e na tradução grega, realmente o pronome é de terceira pessoa, referindo-se a Deus. "Ora, se Deus que é Deus não encontrou pecado algum que merecesse subsequente maldição, quem sou eu para fazer o contrário?" teria raciocinado Balaão.

Na sequência, outro argumento que se pode detectar é que Iahweh, que é o Deus do povo israelita, está com ele e é aclamado por ele como rei, símbolo de poder e de autoridade. Com que esperança de sucesso alguém se insurgiria contra um povo cujo rei é o próprio Deus? Além disso, o profeta remete a um fato histórico passado, de significação muito grande, que foi a libertação do jugo egípcio. Esse feito é reputado como proveniente das mãos de Deus. Em última análise, então, trata-se de um povo fortíssimo, como aponta mais claramente a tradução de Almeida para o versículo 22, que diz: "(...) as forças deles são como as do boi selvagem".

Continuando na apresentação das razões pelas quais não se poderia profetizar contra Israel, Balaão declara implicitamente que, mesmo que quisesse desobedecer os oráculos divinos, isso de nada adiantaria pois contra Jacó não existe presságio, augúrio ou encantamento que prevaleça. Seria, então, inútil qualquer tentativa de sua parte, ainda que isso fosse uma hipótese impossível, dado o contexto geral.

Como um último elemento desse quadro de argumentos, pode-se perceber com mais clareza na versão de Almeida e na espanhola que Balaão alude ao fato de que há um reconhecimento externo da atuação divina no seio do povo de Israel, por tudo que já tem demonstrado até esse ponto. A forma exclamativa das duas versões apontadas anteriormente parece mais apropriada para expressar essa mensagem, na segunda metade do versículo 23: "(...) agora se poderá dizer de Jacó e Israel: Que coisas tem feito Deus!"

No último fragmento do oráculo, o versículo 24, depois de elencar essa série longa de argumentos, o profeta lança mão de uma construção alegórica para declarar que haverá um momento em que, sem que haja possibilidade de inversão da ordem dos fatos, Moab será completamente destruído pelos israelitas. Inclusive, com base em uma leitura dos versículos que sucedem a esse segundo oráculo, pode-se verificar que, mesmo que Balac tivesse entendido o oráculo na sua totalidade como uma expressão de bênção e não de maldição, parece não ter sido

O GÊNERO DA PARÁBOLA **77**

capaz de compreender essa forte profecia final, talvez mesmo pelo caráter altamente figurado e enigmático que a caracteriza.

Uma vez apresentada a estrutura e o tema geral do excerto, não há como negar o seu caráter essencialmente argumentativo. Mais uma vez, contudo, esse caráter é expresso na forma própria da poesia, isto é, em versos. Da mesma maneira que o outro, portanto, este oráculo constitui uma forma mista.

Também seguindo o mesmo modelo do primeiro, ele não é alegórico na sua totalidade, ainda que apresente várias expressões em linguagem figurada e, de uma forma especial, seja encerrado com um versículo inteiramente simbológico: "eis que um povo se levanta como uma leoa,/ e se levanta como um leão:/não se deita até que tenha devorado sua presa/ e bebido o sangue daqueles que matou".

Assim, a explicação para que esse trecho receba a designação de *mashal*, no contexto do Velho Testamento, segue exatamente a mesma linha do primeiro, por ser concebido em uma estrutura discursivo-poética versificada e com formas indiretas mediante a linguagem figurativa.

Na mesma direção também caminha o aspecto das traduções já que, como em relação ao primeiro, os vocábulos *parable*, *parábola* e *palavra* continuam sendo termos usados para caracterizar um texto que, em essência e estrutura, se aproxima bastante do que seja um poema, tendo a *Bíblia de Jerusalém* (1985) optado exatamente por essa tradução.

Tomando-se agora o pronunciamento de Números 24:3-9, podem-se verificar ainda alguns aspectos apontados nos dois anteriores. É desenvolvido (segundo o critério de extensão a que já se referiu), apresenta uma estrutura particular, é expresso em forma de versos e contém linguagem figurada, apesar de também não ser essencialmente alegórico.

Não obstante todos esses aspectos de identificação entre esses três oráculos, é possível perceber pelo menos dois de maior relevância que são inéditos. O primeiro deles se relaciona com os versículos 1 até a primeira parte do 3, que introduzem o oráculo em si. Depois de Balaão ter sido tomado pela percepção de que Deus se agradava de que abençoasse Israel, ele "não foi, *como as outras vezes*, em busca de presságios, mas voltou a face para o deserto. Levantando os olhos, Balaão viu Israel acampado segundo suas tribos; o espírito de Deus veio sobre ele e ele pronunciou o seu poema" (grifos nossos).

Tanto a informação da busca de encantamento nos outros dois trechos é nova quanto o fato da inspiração direta do espírito de Deus também o é. Talvez tenha sido esse contato direto com o sobrenatural que tenha levado Balaão a se assumir como verdadeiro porta-voz da divindade e apresentar declaradamente o seu credenciamento para a posição que estava ocupando, inclusive, como se fosse uma terceira pessoa que não ele próprio.

Dessa maneira, a segunda metade do versículo 3 e o versículo 4 por inteiro constituem esse tipo de introdução oracular que Balaão não ousou apresentar em nenhum dos dois anteriores e com que pretende conferir ao trecho um caráter de veracidade e de legítima autoridade. Se não, veja-se mais uma vez a sua configuração:

> Oráculo de Balaão, filho de Beor,
> oráculo de homem de olhar penetrante,
> oráculo daquele que ouve as palavras de Deus.
> Ele vê aquilo que Shaddai faz ver,
> obtém a resposta divina
> e os seus olhos se abrem.

O segundo aspecto que distingue esse dos outros textos já comentados é que, depois da introdução, neste último não se tem, a rigor, a apresentação de um elenco de argumentos caracterizando-o essencialmente. Em lugar dessa estrutura argumentativa, do versículo 5 até a primeira metade do 9 encontra-se uma verdadeira lista de exaltação e de louvores da beleza, da força, do domínio, da realeza, da primazia, do vigor e da coragem do povo israelita, além de ele ter sido alvo da libertação de Deus da terra do Egito. Como já apontado anteriormente, a forma poética da versificação continua sendo a escolhida para exprimir também essa referida louvação da nação de Israel, na segunda seção da estrutura geral do oráculo.

Como última parte do fragmento, a segunda metade do versículo 9 apresenta uma espécie de bênção final que garante a própria inclusão do

O GÊNERO DA PARÁBOLA 79

profeta no alcance de seu conteúdo. Diante da grandiosidade de Israel em todos os aspectos, e até como decorrência disso, serão "benditos todos os que o abençoarem e malditos todos os que o amaldiçoarem". Dessa forma, a situação se coloca quase como dois caminhos dentre os quais Balaão tem de escolher: o caminho da inspiração divina, ou o caminho dos clamores insistentes e dos subornos de Balac; o de abençoar e ser bendito ou, ao invés disso, o de amaldiçoar e ser maldito. A própria essência do oráculo é a expressão da decisão do profeta.

Mais ainda do que nos outros dois casos, a prevalência da tradução de *mashal* por *poema* faz-se sentir. Dado o caráter altamente poético do excerto, fica-lhe muito conveniente – de modo especial em relação às outras (*parable, parábola* e *palavra*) – a designação de *poema*, sendo este de tipo laudatório.

Assim, a explicação para que esse trecho oracular seja também designado de *mashal* reside no fato de ele apresentar essa forma poética, com conteúdo poético, expresso em muitas figuras de linguagem. Mais uma vez ainda, não se tem uma forma narrativa completa e, neste caso específico, nem como componente estrutural do fragmento como foi o que ocorreu no primeiro oráculo. Mesmo que, como já foi mencionado, contenha linguagem figurativa, também não se pode dizer que o trecho é alegórico, visto o seu caráter referencial contendo, inclusive, elementos de ligação direta com o tempo e a geografia histórica. Isso sem se referir a Balac, aos príncipes de Moab e a Balaão que, a rigor, não são personagens ficcionais, fruto do imaginário de nenhum escritor, mas sim agentes de uma história real, se, em uma perspectiva judaica, tomarmos o livro bíblico de Números também como uma fonte histórica fidedigna, que contém expressões artístico-literárias como o *mashal*, por exemplo.

Especialmente depois do pronunciamento desse último oráculo, a reação do rei Balac não poderia ser outra senão de muita cólera. O texto de 24:10 e 11 cobre esse episódio mostrando que, além de essa cólera ter sido acompanhada de um gestual que lhe conferiu mais expressividade ainda, a indignação de Balac tomou forma também nas suas palavras dizendo a Balaão que o próprio Iahweh o havia privado de receber todas as honrarias prometidas, caso cumprisse o oráculo da maldição.

Diante dessa explosão de ira, o profeta que, como visto, já havia assumido cabalmente o seu papel de porta-voz da divindade, reage de forma contundente com uma dupla resposta. A primeira, reafirmando a sua fidelidade acima de todas as coisas a Iahweh, da seguinte maneira: "Não disse eu aos teus mensageiros: 'Ainda que Balac me desse a sua casa cheia de prata e de ouro, eu não poderia transgredir a ordem de Iahweh e fazer por mim mesmo bem ou mal; aquilo que Iahweh disser, isso eu direi?'" Depois disso, como se já não bastasse a não maldição proposta por Balac, no momento de sua partida, Balaão declara que comunicará profeticamente o que o povo de Israel faria com o povo de Moab.

Assim, os últimos fragmentos proferidos por Balaão, antes que voltasse para sua terra, estão englobados em um bloco mais geral que vai do versículo 15 ao 24 de Números 24. Esse bloco pode ser subdividido em quatro porções menores, todas introduzidas, no hebraico, por *mashal*, recebendo as traduções conforme elencadas anteriormente, nas diversas versões da Bíblia: *parable, parábola, palavra e poema*. É de observar que nestes últimos casos, a extensão do *mashal* é bem menor que a dos anteriores, especialmente nas três referências derradeiras, em que o antepenúltimo (v.20b) representa metade de um versículo, o penúltimo um versículo e meio (v.21b e 22) e o último (v.23 e 24) apenas dois deles. Para que o fato seja verificado concretamente, passamos a transcrever e comentar esses últimos oráculos declaradamente proféticos:

> [15]Então [Balaão] pronunciou o seu poema. Disse:
>
> Oráculo de Balaão, filho de Beor,
> oráculo do homem de visão penetrante,
> [16]oráculo daquele que ouve as palavras de Deus,
> daquele que conhece a ciência do Altíssimo.
> Ele vê aquilo que Shaddai faz ver,
> alcança a resposta divina
> e os seus olhos se abrem.
> [17]Eu o vejo – mas não agora,
> eu o contemplo – mas não de perto:
> Um astro procedente de Jacó se torna chefe,
> um cetro se levanta, procedente de Israel.
> E esmaga as têmporas de Moab

O GÊNERO DA PARÁBOLA 81

e o crânio de todos os filhos de Set.
[18]Edom se torna uma possessão;
e possessão, também, Seir.
Israel manifesta o seu poder,
[19]Jacó domina sobre os seus inimigos
e faz perecer os restantes de Ar.

Quanto aos aspectos introdutórios do trecho, tudo que já foi dito sobre o terceiro oráculo pode ser repetido em relação a este. Balaão encontra-se no auge de seu ministério profético e, nesse ponto, assume-o, na sua plenitude. Essa plenitude, entretanto, precisa ser compreendida na sua perspectiva teológica que, na verdade, encerra uma verdadeira tensão dialética entre o ser humano e o ser divino.

Balaão apresenta-se para pronunciar o oráculo, do polo de sua humanidade, como alguém que tem uma identidade histórica: tem um nome pessoal (Balaão), tem um nome de família (filho de Beor), é um ente humano (oráculo do homem).

Do polo de sua ligação com o divino, ele possui "visão penetrante", ele "ouve as palavras de Deus", ele "conhece a ciência do Altíssimo", ele "vê aquilo que Shaddai faz ver", e ele "alcança a resposta divina". Enfim, assumindo a sua identidade humana e histórica, é um agente que vê, que ouve e que fala da parte do divino e do eterno.

Mais uma vez a introdução e todo o restante do trecho em questão são apresentados na forma versificada de poema, e em uma linguagem comprovadamente trabalhada.

A segunda e última parte, que vai do versículo 17 ao 19, compreende, propriamente dita, a profecia contra Moab e, ainda, contra todos os adversários de Israel nas fronteiras de Canaã. Não se pode desprezar o já mencionado contexto histórico do livro de Números que cobre um período de quarenta anos do avanço do povo de Israel em direção à Terra Prometida de Canaã, em que houve inúmeras batalhas contra os habitantes daquele lugar.

Além de se ver repetido o elemento da poeticidade expresso nos versos e na linguagem, nessa segunda seção do fragmento constata-se também o elemento enigmático. Tratando-se de uma profecia escatológica,[5] o fato pode ser encarado como característico dessa modalidade de expressão. Assim, há alguns componentes textuais que exigem interpretação, como é o caso do versículo 17: "Um astro procedente de Jacó se torna chefe,/ um cetro se levanta, procedente de Israel". Naturalmente questões como *quem é este astro?* ou *o que significa este cetro?* saltam do texto. Na tentativa de solucionar o problema, a versão de Jerusalém sugere que o astro, a estrela, no Antigo Oriente simbolizava um sinal de Deus e, por consequência, um rei divinizado. Daí concluir que o vocábulo parece evocar a monarquia davídica e, para um futuro mais distante, a monarquia messiânica, de um reino espiritual e também histórico.

Nessa mesma linha, Russel Shedd, exegeta de uma das versões de Almeida, acrescenta textos paralelos mostrando que, de fato, o astro, a estrela, é Cristo, como se pode comprovar na segunda carta de Pedro 1:19: "Temos, também, por mais firme a palavra dos profetas, à qual fazeis bem em recorrer, como a uma luz que brilha em lugar escuro, até que raie o dia e surja *a estrela d' alva em nossos corações*" (grifos nossos).

Em relação ao cetro, Shedd confirma a interpretação do reino davídico apontando, inclusive, o episódio narrado em II Samuel 8:2, 11 a 14, em que a profecia se cumpriu contra Moab e contra Edom, dentre muitos outros:

> [2]Ele [Davi] venceu também os moabitas e os mediu com cordel, fazendo-os deitar no chão: mediu com cordéis para os condenar à morte, e um cordel bem medido para os deixar com vida, e os moabitas ficaram sujeitos a Davi e lhe pagaram tributo. (...) [11]O rei Davi *os consagrou (os objetos de prata, de ourar e de bronze)* também a Iahweh, com a prata e o ouro que ele tinha consagrado, proveniente de todas as nações que tinha subjugado, [12]Aram, Moab, os amonitas, os filisteus, Amalec, e proveniente também do despojo tomado a Adadezer, filho de Roob, rei de Soba. [13]Davi aumentou a sua fama quando venceu os edomitas no vale do Sal, em número de dezoito mil. [14]Estabeleceu os governadores em Edom, e todos os edomitas ficaram sujeitos a Davi. Por toda a parte aonde chegava, Deus concedia a vitória a Davi.

---

5 O termo é usado na sua acepção de algo relativo à escatologia que, segundo o *Novo dicionário Aurélio da Língua Portuguesa* (1986), é a "doutrina sobre a consumação do tempo e da história".

O GÊNERO DA PARÁBOLA 83

Na sequência, depois de um cumprimento direto no reino davídico, na mesma direção da versão de Jerusalém, Shedd amplia sua interpretação para o reino do Messias de Israel que, segundo a escatologia não só do oráculo de Balaão, como também de muitas outras porções bíblicas, muito especialmente as do Apocalipse, se constituirá no final dos tempos, no "Rei dos reis e Senhor dos senhores" (Apocalipse 19:16).

Os outros três oráculos, de menor extensão, são também apresentados em forma de verso, em linguagem figurada, em tom profético e sentencioso, que demanda interpretação. Como nossa intenção é verificar o comportamento diferenciado do *mashal* que na Septuaginta e na *Authorized and Revised English Version* foi traduzido, respectivamente, por *parabolé* e *parable*, e estes últimos seguem o mesmo modelo do antecedente, privamo-nos de tecer comentários específicos sobre eles. Apenas confirmamos que, embora considerados desenvolvidos em relação à extensão dos provérbios populares e dos provérbios do círculo sapiencial do Antigo Oriente, são, em relação aos outros oráculos já estudados, consideravelmente mais curtos e com uma estrutura simples, sem as subdivisões verificadas especialmente nos três primeiros. Se não podemos afirmar que são de uma estrutura unitária, que contém apenas a proclamação profética, declararemos que são de composição dual, sendo a primeira parte apenas subentendida – e não concretizada textualmente – como a introdução da segunda parte do versículo 15, que trata da já analisada apresentação formal e dialética de Balaão e, a segunda, a sentença profética em si.

Uma vez analisados os oráculos do profeta já nomeado, localizados no texto bíblico de Números 23 e 24, podemos, a partir daqui, começar a esboçar uma tipologia do *mashal*, aqui indicado como o desenvolvido.

Quanto ao aspecto da extensão, tomando-se como referência os provérbios já estudados, tanto os populares quanto os do Círculo da Sabedoria oriental antiga, tem-se usado até este ponto o designativo de desenvolvido. Esta é uma matéria que parece não demandar qualquer problema, dado que sua constatação pode ser imediata em um possível confronto empírico.

84 MARCO ANTÔNIO DOMINGUES SANT'ANNA

Entretanto, essa extensão desenvolvida não deve ser entendida em termos de hierarquia qualitativa entre os dois grupos. Não se pode dizer que, por ser mais curto, o provérbio da sabedoria, por exemplo, seja qualitativamente menos desenvolvido que os oráculos de Balaão. Na verdade, é possível que, de outro ponto de vista, diga-se que exatamente por ser mais curto, mais compacto, é que o provérbio, passando por um processo mais rígido de apuramento, é mais denso e qualitativamente mais profundo.

Além de tudo isso, é preciso observar que, mesmo dentro do quadro do chamado *mashal* desenvolvido, pode-se verificar certa variação quanto à sua extensão. É facilmente perceptível – e inclusive já apontado – que os quatro primeiros oráculos são mais longos que os três últimos.

Todavia, o aspecto que ora discutimos precisa ainda ser abordado em relação às implicações diretas que ele traz. Pressupõe-se que, em um tipo de *mashal* como esse, o fator do desenvolvimento também apresente algum desdobramento na complexidade do texto em si. Isto é, por ser mais longo, esse tipo de *mashal* tende a apresentar uma variabilidade textual mais rica. E esse realmente é um fato que pode ser verificado. Contudo, quando partimos para essa faceta na abordagem do *mashal*, pensamos estar já adentrando o domínio do que convencionamos denominar de estrutura geral da composição.

Na verdade, do nosso ponto de vista, há uma íntima relação entre um aspecto e outro, pois, sendo um determinado texto mais longo, há pelo menos mais chance de ele apresentar uma variação maior na sua composição.

Assim, somente por questões didáticas, dizemos que a estrutura dos textos-*mashal* mais desenvolvidos é mais variada, isto é, apresenta um esquema composicional mais diversificado. É o que pode ser comprovado especialmente com os três primeiros oráculos que puderam ser submetidos a uma subdivisão em partes distintas. Cada um, de modo particular, contém uma apresentação que se deu tanto por meio de uma porção narrativa histórica, como no primeiro caso, quanto por um excerto vocativo, de chamamento, como no segundo, e, ainda, por um verdadeiro credenciamento do porta-voz do oráculo, como se vê no terceiro.

O GÊNERO DA PARÁBOLA **85**

Na sequência dos textos, configurando uma segunda parte na divisão geral, se nos dois primeiros o que pudemos verificar estruturalmente foi a discussão de um aspecto do ministério profético, nos outros ficou evidente a própria realização desse tipo de ministério, na sua plenitude.

Quanto ao último segmento, apresentou-se uma variação um pouco maior. No primeiro oráculo, o profeta dá vazão às suas convicções pessoais por meio de uma explosão emocionada no que diz respeito ao exercício de seu ministério profético; no segundo, ele apresenta uma verdadeira profecia escatológica e enigmática; no terceiro pronuncia uma legítima bênção final.

Tocando em seguida no aspecto formal, ao longo de toda a estruturação dos textos, é patente a sua apresentação em forma de versos, conferindo a eles um caráter distinto de poeticidade. Assim, tanto a primeira parte de cada um deles – narrativa, vocativa e de credenciamento – quanto a segunda – de discussão do ministério profético e de execução do texto – e também a terceira – convicções pessoais, profecia enigmática e bênção final – são revestidas de uma carga formal de poesia graças a um processo intenso de versificação. Assim, evidentemente caberia a esta altura um estudo dos vários elementos desse processo, tais como o ritmo, a rima e outros mais. Entretanto, como se trata de um reconhecido estudo de traduções do hebraico, a riqueza desses aspectos, que certamente há, seria perdida. Mesmo assim, podemos aproveitar algumas notas de estudiosos da língua original para perceber alguns fatos como o que aponta a versão de Jerusalém, ao discorrer sobre o penúltimo oráculo que ficou dessa forma traduzido:

[21]Depois viu os quenitas e pronunciou o seu poema. Disse:

"A tua morada está segura, Caim,
e o teu ninho firme sobre o rochedo.
[22]Contudo o ninho pertence a Beor;
até quando serás cativo de Assur?"

Conforme a versão nomeada, existe nesses versos um jogo de palavras entre *qyn*, *Caim* e *qen*, *ninho*, mediante o qual se estabelece o ritmo da composição.

Além disso, em uma observação da obra *The interlinear Hebrew-Greek-English Bible* (1980), pode-se perceber que há também uma relação entre a palavra *qen* e a palavra *quenitas*. A primeira é traduzida por *ninho* por duas vezes na versão de Jerusalém, no versículo 21 e, depois, no 22. A segunda, *quenitas* no português, aparece apenas no versículo 21. Entretanto, no inglês da obra consultada, ela é exibida tanto nesse texto mencionado quanto no lugar de *ninho*, da tradução em português do versículo 22. Para uma visualização mais concreta do procedimento, apresentamos as duas opções: "But the Kenites", em inglês e, "Contudo, o ninho", em português.

Aproveitando-se o ensejo de recorrer a essa obra interlinear, apura-se que ela lançou mão da *King James II Version*, na quarta edição, para o texto inglês, a qual apresenta a palavra *parable* em todas as ocorrências por nós estudadas no livro de Números, a respeito dos oráculos de Balaão.

De qualquer maneira, mesmo sem adentrar mais verticalmente em aspectos particulares do processo de versificação, por razões já mencionadas, pode-se declarar que, de um modo mais global, a forma escolhida pelo profeta para concretizar suas mensagens é muito significativa na medida em que parece pôr em ação aquilo que Alfredo Bosi chama de poesia resistência, na obra *O ser e o tempo da poesia*. Tal designação advém do fato de o autor dizer que "a poesia *resiste* à falsa ordem, que é, a rigor, barbárie e caos, 'esta coleção de objetos de não amor' (Drummond)" (grifo nosso) (1977, p.146). No contexto da obra trata-se claramente de uma resistência no plano linguístico, no aspecto formal, pois a poesia moderna, que é o objeto central de estudo de Bosi, sendo descomprometida por natureza com o modelo discursivo do sistema capitalista, busca formas de expressão para negá-lo e opor-se a ele. É por isso que, ainda na página citada, o ensaísta literário diz que "o ser da poesia contradiz o ser dos discursos correntes", depois de já haver declarado anteriormente que "A poesia há muito que não consegue integrar-se, feliz, nos discursos correntes da sociedade" que, no universo do ensaio, é a sociedade capitalista. Em uma linguagem de símbolos, o autor denuncia que, "em termos quantitativos, nunca foram tão acachapantes o capital, a indústria do veneno e do supérfluo,

O GÊNERO DA PARÁBOLA **87**

a burocracia, o exército, a propaganda, os mil engenhos da concorrência e da persuasão" (idem, ibidem).

Bosi vai mostrando assim que, diante desse quadro caótico, a poesia moderna, sobretudo no plano formal, representa um instrumento de oposição aos discursos correntes da época. É por essa razão que ela busca caminhos para existir historicamente no interior do processo de domínio e de consumo e se atualiza em poesia-metalinguagem, poesia-mito, poesia-biografia, poesia-sátira e poesia-utopia. Reconhece, contudo, que essas formas estranhas do poético não representam a sua essência e sim as saídas encontradas para a sua sobrevivência em um meio hostil e adverso.

Respeitadas as evidentes diferenças históricas de tempo e espaço – e de todos os desdobramentos culturais que isso acarreta – entre a poesia moderna de um modo geral, descrita por Bosi, e a poesia de Balaão, é possível ainda afirmar que esta última também representa, no seu contexto, com seu conteúdo específico, uma forma agonizante de tentativa de resistência. E resistência no sentido que o ensaísta contemporâneo empresta ao vocábulo em sua obra sobre a poesia. Em última análise, uma resistência contra aquilo que, desde os tempos mais remotos, constitui miticamente o ídolo dominante a que se dobram culticamente os seres humanos: a mais-valia, o primitivo bezerro de ouro.

Se não, veja-se o texto inicial do episódio que envolveu Balaão, o profeta, e Balac, o rei de Moab. Quando este último percebeu o iminente avanço do povo israelita para suas terras, enviou mensageiros a Balaão pois, segundo consta do texto bíblico, ele sabia que aquele a quem o profeta abençoasse seria abençoado e aquele a quem ele amaldiçoasse, seria amaldiçoado. Informado das conquistas recentes de Israel, do seu poderio, de sua capacidade bélica, Balac estava tentando um meio, fosse ele qual fosse, para derrotar e expulsar o inimigo que se aproximava. Assim, opta por convocar Balaão, já conhecendo certamente sua fama e, para tanto, diz o texto, "os anciãos de Moab e os anciãos de Madiã partiram, *levando na mão o preço do augúrio*" (grifos nossos). A versão de Almeida, neste versículo 7, de Números 23, traz a expressão "o preço do encantamento" e a *King James II*, "the rewards of divination" que, traduzido para o português, significa "as gratificações pela profecia".

Para perceber como esse valor trazido pelos anciãos exerceu uma forte sedução sobre o profeta, pode-se observar que, depois de ele haver sido assediado pelos emissários do rei, pede para que eles passem a noite com ele a fim de que esperem a resposta a uma consulta que faria a Iahweh sobre o assunto em questão. A revelação divina foi duplamente radical e clara: "Não irás com eles. Não amaldiçoarás este povo, pois é bendito" (v.12). Na manhã seguinte, Balaão comunica o resultado aos anciãos. Entretanto, já nesse processo de comunicação pode-se entrever uma sorrateira manifestação da cobiça do profeta na medida em que ele comunica apenas parcialmente a revelação divina: "Tornai à vossa terra, pois Iahweh recusa-se deixar-me ir convosco" (13b). Em primeiro lugar, observa-se que a outra parte da palavra divina foi omitida, muito provavelmente para não descartar de vez a oportunidade de enriquecimento fácil que lhe estava sendo oferecida. Tanto é que a mensagem repetida pelos anciãos a Balac reproduzia essa parcialidade do profeta: "Balaão recusou-se a vir conosco". É notória a diferença entre relatar-se apenas essa mensagem ao rei e, em um plano que corresponderia à realidade total da declaração de Iahweh, expor integralmente o já mencionado "Não irás com eles" e mais o "Não amaldiçoarás este povo, pois é bendito", do versículo 12.

Em segundo lugar, fica textualmente evidente que a justificativa de Balaão configura mesmo uma desculpa deslavada pois, na verdade, o que ele deixa transparecer é que apesar de ter insistido na causa com Iahweh, infelizmente, na perspectiva dele, Deus havia se recusado a deixá-lo ir. Em outras palavras: Balaão estava jogando nas costas de Iahweh a culpa por não poder acompanhar o grupo de anciãos. Acabara de instalar-se o conflito mítico entre o Desejo e a Consciência. A sua declaração formal parece até apresentar um grave matiz de revolta e indignação contra a própria figura de Iahweh porque, afinal, ele era o único culpado pelas coisas não estarem dando certo. Por isso, nas tramas mais profundas do texto, é possível que se perceba uma maneira velada de ele querer, em um desagravo, infamar o caráter de Iahweh diante dos moabitas.

O texto paralelo de Judas 11, no Novo Testamento, pode explicitar muito bem a sedução que se impôs sobre Balaão quando, em uma crí-

O GÊNERO DA PARÁBOLA **89**

tica a pessoas tidas como ímpias, diz o seguinte: "Ai deles! Porque (...) *movidos de ganância, se precipitaram no erro de Balaão*" (grifos nossos).

Então, os anciãos voltam a Balac que, por sua vez, inconformado com o mau sucesso de seus projetos, envia, de novo, "outros príncipes, em maior número e mais importantes do que os primeiros" (v.15) que levaram a seguinte mensagem do rei: "Eu te suplico, não recuses vir ter comigo" (v.16). Entretanto, essa súplica de Balac a que o profeta não recusasse comparecer à sua presença foi acompanhada de uma proposta bastante atraente: "Pois te concederei *grandes honrarias*, e *tudo* o que me disseres eu o farei" (v.17).

Assim, Balaão vivenciou um momento de grandes possibilidades. Agora, pela segunda vez, estava sendo visitado por uma comitiva real, mais numerosa e mais nobre ainda. Imagina-se que só isso já tivesse um grande peso pois, de qualquer forma, significava o acesso ao poder. Talvez, mais do que isso. Era o poder que se colocava em posição de dependência dos serviços proféticos. Entretanto, além dessa circunstância extremamente vantajosa, foram-lhe ofertadas honrarias e tudo o mais que ele pudesse desejar. Tomando-se como referência a primeira visita e sabendo-se que o número e a nobreza dos componentes da segunda comitiva era maior, pode-se calcular que o preço dessa segunda também o era. Por isso, "grandes honrarias" significa, além de posições de destaque e de distinção, valores materiais, tesouros e bens. Fora que o texto também diz que seriam concedidas não só honrarias, mas também "tudo" o que Balaão pudesse desejar no seu coração. Esse "tudo" abria um mundo de infinitas chances de ascensão para o profeta.

Entretanto, o que realmente chama a atenção no processo de análise do texto que narra esse episódio é fato de que Balaão, em face dessa segunda investida sedutora, dá uma resposta aparentemente inflexível: "Ainda que Balac me desse a sua casa cheia de prata e de ouro, eu não poderia transgredir a ordem de Iahweh, meu Deus, em coisa alguma, pequena ou grande" (v.18). Mesmo que todas as letras dessa declaração apontassem para mais uma negativa, o que de fato fez, Balaão demonstra, ainda que sutilmente, o quanto ele fora abalado por aquela oportunidade única em sua vida: "Agora, ficai aqui esta noite, vós também, e ficarei sabendo o que Iahweh poderá me dizer ainda" (v.19). Ora, o que mais Balaão poderia vir a saber de Iahweh? A Sua revelação já não era muito clara? E ele mesmo já não havia assumido uma posição extremada em relação aos acontecimentos? Já não havia drasticamente recusado as ofertas dos príncipes do rei Balac, mesmo que elas significassem um palácio cheio de ouro e de prata? A sua profissão de fé já não havia sido declarada publicamente, em alto e bom som e em detalhes? Não havia um impedimento legítimo de Iahweh, o seu Deus, que não poderia ser infringido por nenhum expediente, por mínimo que fosse? Não fora isso que ele dissera momentos antes? Por que, então, o convite para que o séquito real permanecesse uma noite? O profeta mesmo responde: "e ficarei sabendo o que Iahweh poderá me dizer ainda?" (v.19b). O que mais Iahweh poderia acrescentar que alterasse a sua revelação anterior, impedindo tanto a sua ida com os príncipes quanto a sua maldição a um povo bendito?

Todavia, depois da insistência de Balaão na tentativa de demover a Iahweh de sua posição inicial, em relação ao caso dos moabitas, diz o texto que o Senhor veio até ele permitindo que acompanhasse os homens de Moab. Entretanto essa permissão pode ser entendida quase como um *lavar as mãos para o caso*. Era como se Iahweh houvesse perscrutado o íntimo do coração do profeta e percebido que ele já estava completamente seduzido pelo desejo sôfrego do ouro e que, fizesse Balaão o que fizesse, ou fosse ou ficasse, aquilo que é a fonte de tudo, o seu coração, já estava corrompido. Tanto essa interpretação é possível que a narrativa bíblica acrescenta que, após Balaão ter-se levantado de manhã, ter selado a sua jumenta e ter partido com os príncipes de Moab, "a sua partida excitou a ira de Iahweh e o Anjo de Iahweh se colocou na estrada, para barrar-lhe a passagem" (v.22).

Em seguida, tem lugar uma história *mais colorida e mais popular que a precedente*, segundo o julgamento da versão de Jerusalém (1985, p.251), em que os animais possuem a capacidade da fala. Para resumi-la, depois de Balaão haver espancado por várias vezes a sua jumenta, pelo fato de ela insistentemente desviar-se da estrada e ir em direção ao campo, chegando até a comprimir o pé do profeta contra um muro que ladeava o caminho, ela finalmente cai. Então, Balaão enfurecido

O GÊNERO DA PARÁBOLA **91**

espanca mais uma vez a jumenta a golpes de bordão. Nesse momento, em um tom totalmente fantástico do texto, a boca da jumenta se abre e argumenta de forma consistente a sua fidelidade ao profeta até aquele dia. É aí que se abrem os olhos de Balaão e ele vê o anjo que, por sua vez, explica a sua missão de impedi-lo de prosseguir viagem, fazendo com que a jumenta se desviasse por três vezes. Diz mais ainda que, caso a jumenta – a qual, sobrenaturalmente, enxergava o Anjo de Iahweh com uma espada desembainhada – não tivesse se desviado, ele já teria matado a Balaão e poupado a vida da jumenta. Sem entrar em maiores detalhes sobre o texto para explicar neste momento a sua configuração parabólica, pode-se depreender com Shedd o princípio de que até mesmo uma jumenta tem mais visão que um homem cego pela cobiça.

Dessa forma, a narrativa, que originalmente não é das mais curtas, funciona como uma espécie de concretização material da ira de Deus contra a ida de Balaão aos territórios de Moab. Essa posição pode, inclusive, ser confirmada por outra passagem paralela do Novo Testamento em que o apóstolo Pedro, na sua segunda carta, capítulo 2, ao discorrer sobre os falsos mestres, suas obras e castigos, declara nos versículos 15 e 16: "*Deixando o caminho reto, desviaram-se e seguiram o caminho de Balaão, filho de Beor, o qual se deixou levar por uma recompensa injusta, mas foi repreendido por sua maldade. De fato, uma besta muda, falando com voz humana, conteve a loucura do profeta*" (grifos nossos).

Entretanto, mesmo diante de todos os acontecimentos, e apesar da confissão explícita do profeta ao anjo – "Pequei. Não sabia que tu estavas parado diante de mim, no caminho (v. 34)" – e ainda sob o consentimento de Iahweh, Balaão segue o seu caminho com os príncipes enviados por Balac. Nem mesmo essa experiência fantástica da fala da jumenta e do fenômeno da epifania foram suficientes para que o poder da sedução da prata e do ouro fosse quebrado.

Assim, Balaão encontra-se com Balac que, inclusive, repreende a sua primeira recusa, lembrando-lhe, também, que os serviços encomendados não seriam feitos gratuitamente. Haveria um salário para tudo aquilo. Porventura, não estaria ele, o rei de Moab, em condições de honrá-lo? Foi a pergunta que acompanhou a repreensão.

De sua parte, Balaão responde: "Eis-me aqui, junto de ti. Poderei eu agora dizer alguma coisa? A palavra que Deus puser na minha boca, eu a direi" (v. 39). Quanta tenacidade em indiretamente declarar-se como prisioneiro de Deus nesta forma de expressão que é, por excelência, o seu instrumento de trabalho: a palavra. Foi como se Balaão tivesse dito ao rei que ele estava ali, pronto para cumprir a tarefa para a qual fora convocado, mas que ele já adiantava que não poderia se responsabilizar pelo seu resultado, visto que era Deus quem pronunciaria a última palavra. Mais uma vez, o desejo interior do profeta, ainda que com sutileza, deixa-se perceber na tessitura do texto.

Assim, partem Balac e Balaão e fazem todos os preparativos para que a consulta seja finalmente realizada. Sob a instrução do profeta, o rei permanece de pé junto dos holocaustos, enquanto ele se retira para uma colina desnuda, pois "talvez Iahweh permita ao profeta encontrá-lo" (23:3). A dúvida expressa por meio dessa sentença demonstra que nem o próprio Balaão sabia mais se receberia ou não alguma revelação divina, por causa de sua cobiça.

O fato é que, voltando Balaão e encontrando Balac e os príncipes de Moab junto aos holocaustos, pronuncia *o seu mashal, his parable, a su parábola, a sua palavra, o seu poema,* conforme as versões com que vimos trabalhando. Como já foi discutido, do nosso ponto de vista a tradução mais adequada nesse contexto é a última da lista: *o seu poema.* Constitui um fato de alta significação essa escolha, pois, como já foi dito, além de ela se adequar muito mais à forma de composição apresentada, essa forma literária representa uma tentativa de Balaão resistir à sedução do prêmio pelo encantamento. Em última análise, era uma maneira de ele tentar resistir ao discurso corrente da corrupção, do suborno, da falsa ordem: uma forma de ele tentar resistir à cobiça do coração, de resistir a si mesmo.

A razão que talvez possa explicar essas nossas declarações é que o *mashal* por si só é uma forma que introduz um tipo específico de construção que remete ao universo figurativo por meio de suas diversas possibilidades de atualização, como já foi visto na própria conceituação do vocábulo. Assim, um *mashal,* seja em forma de provérbio popular, de provérbio da sabedoria, de discurso, de adágio, de máxima, de canção,

O GÊNERO DA PARÁBOLA 93

de declaração, de comparação, de símile, de parábola, seja em forma de poema, como é o caso em questão, contém, na sua essência, o germe do figurativo, de outro elemento que não apenas aquele que está concretizado no texto, seja esta figuração em maior ou menor intensidade, seja ela baseada no texto em sua totalidade ou somente em algumas expressões ou vocábulos usados na produção. É por isso também que, de maneira bem geral, diz-se que o sentido original de *mashal* é *ser similar, ser como* e a palavra é usada para todas as expressões que contêm uma comparação, de maneira direta ou de um modo em que ela ilustra uma verdade geral por comparação com outros elementos não mencionados.

Nesse sentido, o *mashal* apresentado por Balaão seria uma tentativa formal de transportar toda a situação para um plano, o do poético, em que ele pudesse resistir ao sistema de dominação em que fora envolvido, sistema em que a mais-valia era a voz que gritava mais alto.

Retomando ainda uma vez mais as mesmas palavras de Bosi (1977), "o ser da poesia contradiz o ser dos discursos correntes". Em um contexto em que a prata e o ouro eram o valor maior, o simples fato de se tomar como recurso verbal a construção poética configura uma tentativa de oposição a esse sistema dominante. Isso porque a poesia, na sua essência, move-se em um domínio em que a alma e o espírito do homem, o próprio ente é a riqueza máxima em função de quem todas as outras coisas são ou deixam de ser valorizadas.

Além desse aspecto da busca de uma saída formal, não se pode deixar de levar em conta que Balaão era um profeta e, como tal, era distinguido por desenvolver um tipo característico de proclamação. Ainda, no dizer do literato supracitado, sobre essa questão, temos o seguinte:

> Há um denominador comum que sustenta o imaginário profético e o apocalíptico: é o eixo presente-futuro com a sua vigorosa antinomia, pela qual o presente é o cenário da maldição, objeto de escarmento, e o futuro é antecipado pelo sentimento como o reino da justiça e da liberdade. (idem, p.161, grifos nossos)

Por isso é que Balaão fora chamado. Para, naquele momento presente de Balac e dos moabitas, pronunciar imprecações contra a nação de Israel já que, segundo Shedd, "na época, [havia] a crença popular que o próprio fato de um profeta pronunciar algo traria o efeito profetizado" (1980, p.173).

Assim, ao tocarmos nesse último aspecto, estamos adentrando outro terreno que não é o puramente formal e sim o que trata das questões do tema. De fato, não poderíamos continuar desenvolvendo o aspecto da forma poética sem que tocássemos nessa outra categoria compositiva.

Para que a poesia, como uma forma de tentativa de resistência, cumprisse de maneira plena o seu propósito, teria que se aliar a um tema que também se opusesse ao sistema de valores de Balac, que também atingiu contundentemente a Balaão.

Uma análise dessa dimensão dos oráculos proféticos juntamente com sua forma poética, denominada por nós, a partir daqui, de poema-tentativa de resistência, dará a ideia da luta interior travada por Balaão contra a sua própria ganância. Como visto anteriormente no estudo do aspecto estrutural, os dois primeiros oráculos, depois da parte introdutória, apresentam cada um uma seção que já foi chamada de argumentativa. Nessa seção, o profeta faz um elenco de razões pelas quais não poderia amaldiçoar Israel.

O que se percebe é que, no plano temático, nesses dois primeiros oráculos, Balaão ainda está quase se desculpando com Balac e com os príncipes de Moab pelo fato de não satisfazer os pedidos do rei e, consequentemente, se lamentando porque não receberia as recompensas materiais correspondentes ao cumprimento de sua tarefa. O elenco de argumentos apresentados por ele em forma de poema é uma tentativa de resistência ao meio hostil, às garras do domínio. Dizemos ser uma tentativa porque, a nosso ver, na verdade, a forma poética de resistência não está integrada a um conteúdo à altura, pelo menos nos dois primeiros oráculos. Esse último plano da poesia não parece ter grande intensidade enquanto ainda desliza na apresentação de justificativas pelas quais não se poderiam declarar as imprecações contra Israel.

Por um lado, é possível dizer que Balaão, por não ter cumprido as expectativas de Balac, tenha resistido ao seu esquema e à sua própria cobiça também na dimensão do tema. Entretanto, se observarmos com

O GÊNERO DA PARÁBOLA **95**

mais profundidade o texto, perceberemos que, mesmo que não tenha pronunciado as imprecações encomendadas, o profeta se limitou a apresentar uma série de argumentos pelos quais tenta persuadir a Balac que o único responsável por aquilo estar acontecendo é Iahweh.

Por isso é que Balaão torna-se a configuração mítica de um verdadeiro campo de batalha entre o Desejo e a Consciência. E o poema reflete essa cisão de maneira muito evidente. Enquanto a forma poética representa a tentativa de resistência contra os esquemas de dominação da mais-valia, o tema, em outra direção, ainda se limita a uma busca de explicações para o fato de Balaão ser impedido de pronunciar as maldições contra o povo de Deus, em uma demonstração de que a sedução ainda exerce uma força muito grande.

É apenas no episódio do terceiro oráculo que a poesia-resistência começa a esboçar a constituição de sua plenitude. É somente ali que se pode perceber o início de uma unidade entre forma e tema. É só naquele excerto que a força da forma poética começa a ser aliada à força de um tema que proclama a bênção para um povo a quem se havia encomendado uma maldição. É exatamente por essa razão que, como já mostrado anteriormente, Balaão "não foi, como das outras vezes, em busca de presságios, mas voltou a face para o deserto". E por que Balaão não foi, como das outras vezes em busca de presságios? O texto responde: "Porque então percebeu que Iahweh se comprazia em abençoar Israel". Percebeu um pouco tardiamente, mas o fato é que percebeu.

Nessa modulação do tema do texto, é a partir do quarto oráculo que se atinge uma unidade total entre forma e tema no caminho da resistência dos esquemas de corrupção que subjugam o ser humano. É nesse bloco, já apresentado em relação à sua estrutura, que a forma poética se junta a um tema imprecatório, que subverte por completo as expectativas de Balac. Talvez até por que ele mesmo, percebendo o rumo que as coisas estavam tomando, despede Balaão de maneira não muito cordial, como se pode conferir pelo texto de Números 24:11: "E agora foge e vai para o teu lugar. Disse que te cobriria de honras. Contudo, Iahweh te privou delas."

Vendo que não tinha mais nada a perder, Balaão passa a pronunciar verdadeiras imprecações. Entretanto, elas não se voltavam contra Israel, mas sim contra Moab e todos os inimigos que constituíam obstáculo na conquista da Terra Prometida. A característica particular desses últimos oráculos pode ser sentida na fala de Balaão que os antecede: "Agora que eu parto para os meus, vem e eu te comunicarei [a Balac] o que este povo [o de Israel] fará a teu povo [o de Moab], no futuro".

Como o tema subsequente de alguma forma já foi explorado anteriormente, limitamo-nos a reafirmar o seu caráter profético tanto em relação a um futuro próximo, como aconteceu sob o reinado de Davi, quanto a outro mais remoto que projeta a constituição histórica do reino do Messias, que ainda está por vir.

Se não fossem outras ocorrências bíblicas que reportassem ao episódio de Balaão e Balac no período da conquista de Canaã, diríamos que a história havia acabado por aí, depois de o profeta, a partir de um determinado ponto que sabemos ser o terceiro oráculo, haver desempenhado o papel de poeta-profeta, para usar uma nomenclatura de Alfredo Bosi.

Entretanto, ainda que a poesia-resistência tenha sido um instrumento agudo para contrapor a *falsa ordem*, o discurso corrente da prata e do ouro, naquele momento da carreira de Balaão, textos paralelos, como o do próprio livro de Números 31:16 e até de Apocalipse 2:14 mostram que, depois de tudo o que aconteceu, o profeta se deixa corromper e leva também o povo de Israel ao desvio. A história bíblica dá conta de que cerca de 24 mil homens morreram, vítimas de uma praga ocasionada pela mistura dos israelitas com as mulheres moabitas e com seus cultos pagãos. O mentor de toda infidelidade foi o próprio Balaão que, sorrateiramente, aconselhou Balac a que expusesse as mulheres de seu povo para que corrompessem os israelitas.

Enfim, Balaão é morto, não da maneira como havia profetizado para si mesmo, no final do primeiro oráculo: "Que eu morra a morte dos justos! Que seja o meu fim como o deles!" Pelo contrário, a narrativa mostra que, junto com os reis dos midianitas, os filhos de Israel mataram Balaão ao fio da espada (Números 31:8).

Assim, encerrando a análise desse tipo de *mashal*, podemos dizer que se trata de um texto com as seguintes características: quanto à extensão, desenvolvido; quanto à estrutura, diversificado, contendo

O GÊNERO DA PARÁBOLA **97**

fragmentos narrativos, argumentativos e escatológicos; quanto à forma, poético, fazendo uso de linguagem figurada, e, quanto ao tema, de caráter histórico, visto que os casos estudados remetem a um episódio da conquista da terra de Canaã pelo povo de Israel.

Isso posto, o tipo de forma literária que, por parte de algumas traduções bíblicas, recebe a designação de parábola apresenta, em alguns fragmentos, uma narrativa que mantém uma ligação direta com elementos históricos e factuais. Além disso, ainda que se tenha feito um uso razoável de linguagem figurada, não se pode dizer que os textos constituam uma alegoria. Como visto, em alguns casos, pela estrutura e pela essência da composição, a tradução mais apropriada é, na verdade, o vocábulo *poema*.

Por essas razões, constatamos que, nos textos do *Livro de Números*, pode-se verificar certa amplitude e generalidade em relação ao conceito de parábola. Mesmo aceita como uma das possibilidades do termo original hebraico *mashal* pelas razões já apresentadas, o termo *parábola* não configura um gênero com características específicas e recorrentes.

Nos livros sapienciais

Em uma análise do texto de Jó, tanto no capítulo 27:1 quanto no 29:1, o *mashal*, que tem tradução por *parable* na versão inglesa, é traduzido por *discurso* na versão em espanhol da *Bíblia de Scofield* e na portuguesa, de Almeida, e por *sentenças* na *Bíblia de Jerusalém*.

Ao que parece, as três últimas traduções se atêm mais ao aspecto do tema do excerto que segue tanto a referência de Jó 27:1 quanto a de 29:1. O primeiro deles constitui uma resposta apresentada por Jó a um dos amigos que tentou convencê-lo de sua iniquidade, como motivo de seu sofrimento, discordando veementemente das posições dele. A essência do trecho poderia muito bem ser resumida pelos versículos 5 e 6 (citações segundo a versão da *Bíblia de Jerusalém* (1985): "[5]Longe de mim dar-vos [a Baldad, de Suás] razão! Até o último alento manterei minha inocência, [6]fico firme em minha justiça e não a deixo; a consciência não me envergonha por meus dias". Trata-se de uma apresentação de convicções muito bem firmadas e de posições das quais Jó não se deixará remover por nenhuma tentativa externa de convencimento de maldade em sua conduta.

No capítulo 29, a direção é um pouco diferente, na medida em que as palavras de Jó assumem um tom de lamento e de saudade da condição em que vivia pouco tempo antes de suas desgraças começarem.

Pelo apresentado, não se pode negar que, de fato, os textos constituem discursos e sentenças. Já a tradução inglesa para *parables* segue a linha da Septuaginta, ampliando mais ainda o conceito de *parábola*, nesse contexto. Entretanto, quando se tem o conhecimento de que no original hebraico o vocábulo empregado é *mashal*, que aponta para o uso de linguagem figurada, o que podemos observar é que os discursos, as sentenças, apesar de não constituírem uma linguagem de símbolos, sem dúvida, no interior deles, podem ser encontradas representações desse tipo de procedimento literário, como, por exemplo, as do texto de Jó 29: "[2]Quem me dera voltar aos anos de antanho, (...) [3]quando *sua* (de Deus) *lâmpada brilhava sobre minha cabeça (...)* [6]*(...) e a rocha me dava rios de azeite (...)* [25]*minhas palavras ficavam gotejando sobre eles (...)*". Além desses, no referido capítulo ainda se encontram algumas comparações explícitas como as que seguem:

[23] esperavam-nas [as palavras de Jó] *como* chuvisco,
   como quem abre a boca ávida para a chuva tardia.

[25] Sentado *como* chefe, eu escolhi seu [dos concidadãos] caminho;
   como um rei instalado no meio de suas tropas,
guiava-os e eles se deixavam conduzir.
(grifos nossos)

De qualquer maneira, poder-se-ia observar que, se existe certa generalidade na tradução de *mashal* por *parable*, na versão inglesa, por sua vez, a tradução por sentença, na *Bíblia de Jerusalém*, limita razoavelmente a forma com que Jó se expressou diante de um de seus três amigos, em 27: 2-10, e no seu lamento, em 29: 2-20. A impressão

O GÊNERO DA PARÁBOLA **99**

inicial que se tem, antes de qualquer leitura do excerto, é de que se trata de sentenças isoladas, cujos sentidos estariam limitados pelos seus pontos finais. Todavia, logo em uma primeira leitura pode-se perceber que há um vínculo de significado entre todo o texto selecionado que lhe confere o *status* de uma unidade coerente.

Entretanto, se fizermos uma abordagem do texto de Jó como o faz a *Bíblia de Jerusalém* (1985), considerando-o como um dos cinco livros do Velho Testamento que fazem parte do rol dos livros denominados *sapienciais* que, por sua vez, estão incluídos no círculo muito mais amplo da literatura sapiencial de todo o Antigo Oriente – desde o Egito até a Mesopotâmia e, é claro, incluindo Israel –, o nosso foco terá de ser um tanto redimensionado. Deixaremos de ater-nos apenas ao tratamento dado ao vocábulo *mashal* para designar especificamente nos trechos citados de sua ocorrência um tipo peculiar de escritura, para pensarmos no Livro de Jó como uma obra literária inteira. Assim, tal obra discutiria o problema da retribuição, como decorrência da preocupação dominante dos sábios da época, que era a questão do destino do homem. Contradizendo a tese tradicional de que Deus recompensa os bons e pune os maus, representada pela encarnação dos três amigos do protagonista, Jó expõe de maneira dramática o relato dos terríveis sofrimentos de um homem considerado o mais justo entre todos os seus contemporâneos.

Na mesma linha desse tipo de interpretação, Northrop Frye não tem dúvidas em apontar o Livro de Jó como um "drama imaginativo" e como "mais importante e mais próximo do hábito de Cristo de revelar por intermédio da parábola" (1973, p.318). Nessa concepção, pois, mesmo sem qualquer indicação textual direta, o livro inteiro seria um *mashal* na forma de uma parábola, como a que será estudada posteriormente aqui.

No entanto, na tentativa de estabelecimento de mais uma variedade na tipologia do *mashal,* se fôssemos aplicar aos textos de Jó os mesmos critérios aplicados aos oráculos de Balaão, no livro de Números, poderíamos chegar ao seguinte resultado: quanto à extensão, os excertos são notoriamente desenvolvidos, tendo o primeiro cerca de 12 versículos e o segundo, indo desde o versículo 1, do capítulo 29, adentrando todo o capítulo 30 e também o 31, em uma soma total de 71 versículos.

No que diz respeito ao aspecto estrutural, pode-se dizer que o fragmento de 27:1 a 12 constitui, tanto na forma de afirmações (v.1 a 7) quanto na de perguntas retóricas (v.8 a 12), um texto declarativo da total inocência de Jó.

Por sua vez, o texto de 29:1-20 estabelece um confronto com o de 30:1-31, cujo eixo se concretiza em um visível jogo temporal. O primeiro inicia com a expressão: "Quem me dera voltar aos meses de antanho", e o segundo, "Mas agora". Por mais duas vezes, no versículo 9 e no 16, o marcador de tempo "agora" repete-se para indicar um estágio presente em contraste com "os meses de antanho".

Além dessa marcas, observa-se que os verbos do primeiro bloco estão todos no pretérito imperfeito do indicativo, enquanto os do segundo encontram-se conjugados no presente, também do indicativo. De qualquer maneira, quanto à estrutura geral, constituem textos descritivos, o primeiro retratando uma fase de completa felicidade, anterior àquela presente, de desgraças, que se está vivendo.

Já o texto de 31:1-40 compreende uma série argumentativa que será comentada no momento em que tratarmos mais especificamente da questão do tema.

Com relação ao aspecto formal, os textos destacados constituem verdadeiros discursos de defesa inseridos em um contexto maior de um debate, em que Jó estava sendo acusado de haver pecado, sendo essa a verdadeira causa de seu terrível sofrimento, na visão de seus arguidores. Todavia, não há como negar que tais discursos estão marcados por uma intensa carga poética, concretizada textualmente pelo rico trabalho com a linguagem, do qual, inclusive, alguns exemplos já foram apontados anteriormente.

De maneira especial, o fragmento de 29:1 a 20 configura um comportamento semelhante àquele caracterizado por Alfredo Bosi como mito-poético, quando ele trata especificamente da poesia moderna, citando como exemplos na literatura brasileira Manuel Bandeira e Jorge de Lima, em cujas poesias "a memória, como forma de pensamento concreto e unitivo, é o impulso primeiro e recorrente da atividade poética" (1977, p.152). De uma maneira quase escatológica, Bosi acrescenta que não deve haver admiração caso os poetas lancem mão da memória como instrumento de defesa e como resposta ao "desencantamento do mundo" que, no contexto em que escreve, é o mundo capitalista.

Apesar das diferenças contextuais, pode-se sugerir que o discurso poético de Jó, ao fazer uso do recurso da memória, constitui uma espécie de modelo de procedimento mítico que veio, séculos depois, a ser adotado por outros autores, inclusive brasileiros. A fim de que o fato fique bem caracterizado, passamos a citar o mencionado fragmento mito-poético de Jó:

[2]Quem me dera voltar aos meses de antanho,
  aos dias em que Deus velava por mim;
[3]quando sua lâmpada brilhava sobre minha cabeça
  e à sua luz eu andava na escuridão!
[4]Pudesse eu rever os dias do meu outono,
  quando Deus protegia minha tenda
[5]e Shaddai ainda estava comigo
  e meus filhos me rodeavam!
[6]Banhava meus pés em creme de leite,
  e a rocha me dava rios de azeite.

[7]Quando me dirigia à porta da cidade
  e tomava assento na praça,
[8]os jovens ao ver-me se retiravam,
  os anciãos se levantavam e ficavam de pé,
[9]os chefes interrompiam suas conversas,
  pondo a mão sobre a boca;
[10] emudecia a voz dos líderes
  e a sua língua se colava ao céu da boca.
[21]Ouviam-me com grande expectativa,[6]
  e em silêncio escutavam meu conselho.
[22]Quando acabava de falar, ninguém replicava,
  minhas palavras ficavam gotejando sobre eles;

---

6 Como adotamos a versão de Jerusalém para a citação, seguimos a sua forma textual em cuja nota de rodapé justifica-se que a transposição dos versículos 21-25 antes do 11 ocorre pelo fato de eles serem a continuação natural do versículo 10 e o 11 parece ser a conclusão deles. No julgamento da versão adotada, deve tratar-se de um deslocamento acidental na transmissão manuscrita.

^{23}esperavam-nas como chuvisco,
como quem abre a boca ávida para a chuva tardia.
^{24}Sorria para eles, mal o acreditavam
e não perdiam nenhum gesto favorável.
^{25}Sentado como chefe, eu escolhi seu caminho;
como um rei instalado no meio de suas tropas,
guiava-os e eles se deixavam conduzir.
^{11}Quem me ouvia falar felicitava-me,
quem me via dava testemunho de mim;
^{12}porque eu livrava o pobre que pedia socorro
e o órfão que não tinha auxílio.
^{13}A bênção do moribundo pousava sobre mim,
e eu alegrava o coração da viúva.
^{14}A justiça vestia-se como túnica,
o direito era meu manto e meu turbante.
^{15}Eu era olhos para o cego,
era pés para o coxo.
^{16}Era o pai dos pobres
e examinava a causa de um desconhecido.
^{17}Quebrava as mandíbulas do malvado,
para arrancar-lhe a presa dos dentes.
^{18}E pensava: "Morrerei na minha altivez,
depois de numerosos dias como areia;
^{19}minhas raízes estendidas até a água,
o orvalho pousando em minha ramagem,
^{20}minha honra ser-me-á sempre nova,
em minha mão o meu arco retomará força."

Sabendo-se que a poesia de que Bosi fala é aquela que se insurge contra o modelo capitalista em que a individualidade é quase totalmente extirpada, sugerimos que o texto de Jó também constitui uma expressão do desencantamento existencial, no seu caso e do seu ponto de vista, por causa das desgraças e das tragédias que lhe sobrevieram inesperadamente e sem causa alguma.

A porção mito-poética acima transcrita é uma perfeita reprodução da memória de Jó acerca de uma fase em que ele vivia de maneira digna, em unidade total com o mundo. Essa unidade se concretiza, então, na

O GÊNERO DA PARÁBOLA **103**

completa comunhão em que vivia com Deus, pois dizia que nos meses de antanho, Deus velava por ele (v.2), a sua lâmpada brilhava sobre a cabeça dele (v.3), a sua luz iluminava a escuridão dele (v.3), Ele lhe protegia a tenda (v.4) e Shaddai estava com ele (v.5).

É interessante perceber a esta altura que, mesmo recorrendo ao recurso da memória de tempos felizes, Jó dá indícios que tais períodos não eram isentos de desafios e dificuldades. Se não, vejamos se o verbo *velar* não tem aqui a acepção de *estar alerta, vigiar*, por causa da iminência de um ataque de um inimigo. Se a palavra *escuridão* não constitui uma metáfora de um momento de conflitos e de aflições e se, ainda, o verbo *proteger* não significa *defender, resguardar*, pressupondo a presença do mal e do adversário. Assim, ainda que passível às circunstâncias próprias do mundo terreno, Jó declara que Shaddai estava com ele, em unidade com ele, do lado dele, garantindo-lhe a integridade total.

Todavia, a unidade se estendia também aos círculos sociais desde os mais restritos, como o da família, até os mais abrangentes, como o da comunidade nos seus diversos setores. Em relação ao primeiro, o texto diz que os filhos o rodeavam (v.5), em uma retomada da concepção tradicional judaica de que os filhos representavam uma verdadeira herança de valor inestimável. Sobre isso, Salomão escreve no Salmo 127:3-5:

> Sim, os filhos são a herança de Iahweh,
> é um salário o fruto do ventre!
> Como flechas na mão de um guerreiro
> sãos os filhos da juventude.
>
> Feliz o homem
> que encheu sua aljava com elas:
> não ficará envergonhado frente às suas portas,
> ao litigar com seus inimigos.

Sobre a grandeza do relacionamento de Jó com a comunidade, o texto é rico em oferecer detalhes em relação ao grau de respeitabilidade que alcançou, não só pela reconhecida capacidade de liderança e de proferir palavras de sabedoria, como também pela profunda compaixão e sensibilidade às necessidades dos menos favorecidos. Dessa forma, quando comparecia aos lugares públicos, representados textualmente pelas figuras da porta da cidade e da praça, em uma legítima demonstração de respeito, os jovens se retiravam, os velhos se levantavam, os chefes paravam de conversar, os líderes ficavam emudecidos e ouviam-no em silêncio e com grande expectativa. Sobre sua palavra não havia réplica; ao contrário, era esperada com muita avidez e seguida de felicitações e elogios. As decisões finais passavam por suas mãos pois ele escolhia, como chefe, o caminho do povo: "Como um rei instalado no meio de suas tropas,/ guiava-os e eles se deixavam conduzir" (v.25).

Além disso, sua fama também advinha do cuidado que dispensava ao pobre, ao órfão, à viúva e ao moribundo, símbolos das classes mais desprivilegiadas e desprotegidas em Israel. Ele era considerado "os olhos para o cego" (v.15), "os pés para o coxo" (v.15), "o pai dos pobres" (v.16). Por outro lado, era duro com os iníquos, descrevendo o seu comportamento para com eles de uma forma bastante sugestiva, conforme o versículo 17: "Quebrava as mandíbulas do malvado,/ para arrancar-lhe a presa dos dentes". Assim, nas relações sociais, "a justiça vestia-se como túnica, e o direito era seu manto e seu turbante" (v.14).

As figuras da natureza usadas para simbolizar a abundância e a fartura falam de um tempo de graça ilimitada, de unidade plena: "Banhava os meus pés em creme de leite,/ e a rocha me dava rios de azeite".

A plenitude da unidade em que Jó vivia consigo mesmo não poderia ser melhor descrita do que pelos versículos 18 a 20: "Morrerei na minha altivez,/ depois de numerosos dias como areia;/ minhas raízes estendidas até a água,/ o orvalho pousando em minha ramagem,/ minha honra ser-me-á sempre nova/ em minha mão o meu arco retomará força". A *altivez* retrata a posição de máximo reconhecimento social, político e econômico de que ele gozava em sua comunidade; os *numerosos dias* apontam para a longevidade, um valor caríssimo na sociedade judaica antiga; as *raízes* e a *ramagem* indicam uma descendência garantida e assistida, algo extremamente prezado entre os judeus. Todos esses elementos cooperam para construir a imagem de um homem honrado diante da sociedade e, também, honrado diante de si mesmo. Um homem fortemente marcado pela consciência de seu valor e de sua força pessoal.

Alfredo Bosi, com muita precisão e acuidade, descreveu no seu ensaio sobre "o mito como resistência" esse procedimento formal já usado por Jó, de buscar na memória a defesa e a resposta ao desencantamento do mundo, dizendo que "o que move os sentimentos e aquece os gestos rituais é, sempre, um valor: a comunhão com a natureza, com os homens, com Deus, a unidade vivente da pessoa e mundo, o estar com a totalidade" (1977, p.153).

Tendo muito bem registrado nos arquivos da lembrança o estágio de completa felicidade e comunhão que experimentara nos tempos antigos, Jó busca neles a substância para reinstalar instantes de plenitude corpórea e espiritual, a fim de não ser ferozmente tragado pelo presente adverso em que perdera a consciência da presença de Deus, o aconchego da família, o prestígio da comunidade, a comunhão com a natureza e a unidade interior consigo próprio.

Em relação ao tema, acreditamos que alguns aspectos já foram tocados na medida em que vimos tratando da forma em virtude da intersecção que esses dois níveis sofrem entre si. Entretanto, selecionamos o texto de 31:1-40 para, de uma maneira mais concreta, percebermos a maneira como Jó estabelece uma cadeia de argumentos para demonstrar sua inocência em todas as áreas da vida.

Nesse procedimento, apresenta-se uma grande variedade de temas que vão desde os desejos secretos de um homem em relação a uma virgem, passando pela questão das fraudes nas trocas e nos mercados, pela cobiça e pela apropriação indébita do alheio, pelas relações entre servo e patrão, pela administração e cuidado com a terra, pela atitude e comportamento em relação aos carentes de um modo geral, pelas questões propriamente religiosas ligadas ao deus Mamon e aos astros, e pelo posicionamento assumido diante da vingança, da hospitalidade e da transparência de vida. Em tudo isso Jó se declara inocente e limpo, usando figuras de linguagem que configuram um desafio a Deus e, por extensão, aos seus acusadores:

> ^{35b} Esta é minha última palavra: que me responda Shaddai!
> O meu libelo redigido por meu adversário
> ^{36} levá-lo-ia sobre meus ombros,
> atá-lo-ia como um diadema.
> ^{37} Dar-lhe-ia conta de meus passos
> e aproximar-me-ia dele, como um príncipe.

Segundo sua própria consciência, nada podia trazer vergonha e culpa a Jó. Nem Shaddai seria capaz de acusá-lo de alguma coisa. Aquilo que para os adversários constituía um auto de acusação e condenação, para Jó era um ornamento próprio de um soberano. Por isso, a sua atitude não refletia o mínimo temor servil, mas ao contrário, a galhardia de um príncipe que detém o poder nas suas mãos. Era o símbolo de um homem livre na sua alma. Os argumentos que apresentara eram, na sua visão, irrefutáveis. Resumidamente, pode-se então dizer que, quanto ao tema, os textos de Jó transitam por aspectos variadíssimos para fortalecer o extenso elenco de argumentos em favor de sua pureza.

Sobre o trabalho com a linguagem em si, mesmo que alguma coisa já tenha sido dita anteriormente, é bom reforçar que o texto está impregnado, do começo ao fim, de figuras muito ricas. Além dos exemplos já apresentados, dentre os muitos outros existentes, podemos ainda destacar aquele que consta da descrição da tribulação que Jó estava experimentando, dando a ela maior força e expressividade:

> ^{18}Ele me agarra com violência pela roupa,
> segura-me pela orla da túnica.
> ^{19}Joga-me para dentro do lodo
> e confundo-me com o pó e a cinza (...)
> ^{21}Tu te tornaste meu verdugo
> e me atacas com teu braço musculoso.

O quadro é construído de maneira muita significativa para externar a brutalidade com que Jó sentia estar sendo tratado por

Deus. A descrição ganha a plasticidade de uma cena de violência em que alguém musculoso e forte espanca outro frágil e indefeso, reduzindo este último a um estado tal de destruição que ele chegava a ser confundido com pó e cinza. Dessa forma, na visão de Jó, Deus desempenhava figurativamente o papel de um legítimo carrasco infligindo-lhe maus-tratos, os mais brutais que se podia imaginar.

Além disso, os elementos do pó e da cinza, no contexto judaico do Velho Testamento, apresentam uma forte carga semântica de humilhação e impotência. É exatamente esse o sentimento que o texto transmite estar invadindo a alma de Jó naquela situação.

Como essa, muitas outras figuras poderiam ser exploradas e analisadas na construção do discurso de Jó. Entretanto, pensamos que o que já foi comentado acerca do trabalho realizado com a linguagem é suficiente para demonstrar, de uma maneira geral, a sua dimensão altamente poética, além do elemento dramático que atravessa o livro e que o faz semelhante a uma tragédia.

Assim, os textos-*mashal* do *Livro de Jó* apresentam-se, quanto à extensão, como desenvolvidos; quanto à estrutura, como descritivos e argumentativos; quanto à forma, como discursivos, poéticos e mito-poéticos; quanto ao tema, variadíssimos e, quanto à linguagem, ricamente trabalhados.

Isso posto, conforme a versão inglesa já indicada, nesse contexto do livro de Jó, a tradução de *mashal* por *parable* é responsável por ampliar um pouco mais ainda o conceito de parábola no Velho Testamento, ficando evidente a influência da Septuaginta para essa tradução.

Já que, conforme suficientemente demonstrado, a configuração do texto de Jó está muito mais para um discurso, conforme a tradução de Almeida e também a da *King James II*, o elemento de ligação de *mashal* com *parabolé* e *parable* só se explica pelo fato de os textos serem riquíssimos no trabalho com a linguagem, e por apresentarem uma forma discursivo-mito-poética.

Assim, o conceito de parábola ganha, nesse universo, o matiz de um discurso poético, com as características míticas já mencionadas no desenvolvimento de nossa demonstração do fato.

Nos livros poéticos

Passando para o texto do Salmo 49:4 e retornando ao assunto da tradução do vocábulo hebraico *mashal*, observa-se que ele aparece como *provérbio* na Bíblia espanhola e na de Jerusalém, e como *parábola* na de Almeida. Assim, há um empate nas formas de tradução: de um lado a inglesa e a de Almeida, de outro, a espanhola e a de Jerusalém. Para quebrar esse equilíbrio, verifica-se que a *King James II* traz também o vocábulo *parable*.

Todavia, se olharmos com maior verticalidade para o conteúdo geral do texto, perceberemos algumas características distintivas que podem auxiliar em uma melhor opção entre as traduções vigentes e em uma possível indicação de mais uma nuance do conceito de parábola no Velho Testamento.

Em primeiro lugar, em termos de sua construção formal, não se pode desprezar o fato de que se trata de um texto que faz parte de uma coleção bíblica denominada como poética. Esse fato torna-se relevante na medida em que aponta para uma das possibilidades de atualização do *mashal* hebraico e de sua tradução como *poema*, como é o caso dos oráculos de Balaão. Entretanto, mesmo que em nenhuma tradução se tenha optado por esse caminho, a forma poética está presente de maneira concreta no excerto, em virtude do processo de versificação, de estrofação, da linguagem de símbolos e de outros elementos constitutivos da poesia.

Ainda ligado a aspectos formais, deve-se levar em conta que se preservou apenas a letra de um texto que, originalmente, foi escrito para ser cantado em uma situação específica da liturgia religiosa que era parte não só integrante como também essencial da cultura judaica. Assim, a sua carga artística é evidentemente intensificada.

Além disso, em segundo lugar, em termos temáticos, observa-se que a primeira estrofe do salmo conclama a que "todos os povos", os "habitantes do mundo, gente do povo, homens de condição, ricos e indigentes, todos juntos" ouçam aquilo que, na sua versão original, era uma canção. A versão de Jerusalém (1985) aponta para um texto paralelo no Livro de Provérbios que parece bem sugestivo para a constituição do sentido global deste salmo: "a vós, homens, eu chamo,/ dirijo-me aos filhos de Adão". É interessante saber que o "eu" que aparece de maneira clara no texto e implícito nas formas verbais é a personalização da Sabedoria que clama, que levanta a sua voz no cume dos montes, ao lado nos caminhos, nas encruzilhadas das veredas, junto às portas, à entrada da cidade para chamar a atenção de todos os passantes. Ela é porta-voz de uma mensagem a ser anunciada.

Dessa maneira, a relativa identificação entre os dois gritos convocatórios começa a dar o tom desse salmo que, em vez de constituir uma legítima adoração musicada, como a maioria deles, configura um recurso pedagógico para instruir os homens acerca de um determinado tema. Esse caminho assumido pelo salmo é confirmado de maneira enfática na segunda estrofe em que, inclusive, se encontra o vocábulo *mashal*:

> Minha boca fala com sabedoria
> e meu coração medita a inteligência;
> inclino meu ouvido a um
> *mashal*/ parable/parábola/provérbio
> e sobre a lira resolvo o meu enigma.

Os vocábulos *sabedoria, coração, medita, inteligência e enigma*, além do *mashal*, traduzido de forma variada como visto acima, pertencem todos a um campo semântico característico do círculo dos Sábios do Oriente Antigo. Era no ambiente da meditação, dos pronunciamentos embebidos de sapiência, do ouvir atento às mínimas declarações, da inteligência adestrada acuradamente para resolver um enigma que se desenvolviam os grandes tratados de sabedoria em território israelense e em outros do mundo antigo.

Assim, tanto os aspectos formais quanto os temáticos das duas primeiras estrofes apontam para um domínio específico da cultura oriental israelense que é o das elocubrações sobre um determinado assunto por um grupo especializado nessas tarefas. E é isso o que se obterá na análise do texto.

Como o salmo 37 e o 73, o próprio livro de Jó e o de Eclesiastes, este salmo também passa a discutir um tema central do círculo dos Sábios: o problema da retribuição e da felicidade aparente dos ímpios, conforme se observa resumidamente nos versículos 6 e 7:

> Por que vou temer nos dias maus,
> quando a maldade me persegue e envolve?
> Eles confiam na sua fortuna
> e se gloriam de sua imensa riqueza.

A solução para essa questão marcada pela perplexidade é tomada também da doutrina tradicional dos Sábios e construída sobre um dito irônico que é repetido duas vezes no poema, nos versículos 13 e 21. O consolo e a esperança dos salmistas, em conformidade com a linha do círculo sapiencial, é de que a sorte final dos justos deverá ser diferente da dos ímpios, segundo se pode perceber com clareza também na estrofe abaixo transcrita, que compreende os versículos 13 ao 21:

> [13]Mas o homem com seu luxo não entende,
> é semelhante ao animal mudo...
> [14]E assim caminham, seguros de si mesmos,
> e terminam contentes com sua sorte.
>
> [15]São como o rebanho destinado ao Xeol,
> a Morte os leva a pastar,
> os homens retos vão dominá-los.
>
> Pela manhã sua imagem desaparece;
> o Xeol é a sua residência.
> [16]Mas Deus resgatará a minha vida
> das garras do Xeol, e me tomará.
>
> [17]Não temas quando um homem enriquece,
> quando cresce a glória de sua casa:
> [18]ao morrer nada poderá levar,
> sua glória não descerá com ele.
>
> [19]Enquanto vivia, Ele se felicitava:
> – "Eles te aplaudem, pois tudo vai bem para ti!"

O GÊNERO DA PARÁBOLA **111**

[20]Ele vai juntar-se à geração dos seus pais,
que nunca mais verá a luz.

[21]Mas o homem com seu luxo não entende,
é semelhante ao animal mudo...

Outro dado importante a que se pode referir é que se tem também no versículo 5 outro vocábulo que alude diretamente à característica do *mashal* de constituir linguagem figurada e a uma prática difundida entre o círculo sapiencial do Antigo Oriente: decifrar enigmas que eram construídos por meio do jogo com as palavras: "e sobre a lira resolvo o meu *enigma*" (grifo nosso).

No mesmo procedimento de aplicar os critérios como realizado com os outros textos em que o *mashal* aparece no Velho Testamento, verifica-se que o salmo 49 quanto à extensão é desenvolvido, quanto à estrutura trabalha com a discussão de um tema nos moldes do círculo dos Sábios orientais, quanto à forma é nitidamente poético (constituindo a letra de uma canção que era entoada no contexto litúrgico judaico), quanto ao tema trata do problema da retribuição e da felicidade dos ímpios e quanto à linguagem, ela também é ricamente trabalhada como se pode comprovar pelo fragmento acima transcrito, de que se destacam expressões como "a Morte os leva a pastar, das garras do Xeol (Deus) me tomará" e "é semelhante ao animal mudo", que dispensam comentários adicionais.

Pelo exposto e pelo tom que domina o texto, dados os aspectos de extensão, de estrutura e de forma, a opção da *Bíblia de Jerusalém* (1985) e da versão espanhola em adotar o termo *provérbios* parece a mais adequada, no contexto em estudo.

Na verdade, esse fato só confirma a possibilidade já verificada anteriormente de o termo *mashal*, traduzido por *parábola*, poder designar um *provérbio*, tanto popular quanto do Círculo da Sabedoria do Antigo Oriente.

Ainda no *Livro dos Salmos*, no de número 78, versículo 2, somente a Bíblia espanhola traz a palavra *provérbio*, ao passo que as outras usadas para confronto apresentam *parábola*. Conforme a versão de Jerusalém, a tradução é a seguinte: "vou abrir minha boca numa parábola, vou expor enigmas do passado". Cabe destacar que para a palavra *parábola* os comentaristas da versão em uso puxam uma nota para explicar que, nesse texto, ela indica "sentença ritmada em versos paralelos", além de confirmar o original *mashal*. Só essa observação seria suficiente para demonstrar que, quanto à forma, o texto já apresenta aspectos poéticos. Entretanto, fica também evidente o processo de versificação e estrofação com que é construído, visto que, no total, o poema é composto de 36 estrofes com um número de versos que variam entre 3, 4, 5, 6 e 7.

Quanto à extensão, trata-se de um salmo bem longo, com cerca de 72 versículos, e é, portanto, um texto desenvolvido.

À primeira vista, estruturalmente falando, pelas semelhanças da introdução da primeira estrofe com o início do texto anteriormente abordado, tem-se a impressão de que o texto seguirá o mesmo caminho da discussão de um tema do Círculo dos Sábios orientais. Vejamos concretamente essa identificação:

> Povo meu, escuta a minha lei,
> dá ouvidos às palavras de minha boca;
> [2]vou abrir minha boca num *mashal*/ numa parábola,
> vou expor enigmas do passado.

A estrutura dessa abertura é praticamente a mesma da do Salmo 49, contendo uma convocação geral concretizada nesse texto pelo vocativo *Povo meu*. Em seguida, os vocábulos *lei*, *ouvido*, *palavras*, *boca*, *enigmas*, além do *mashal*/parábola também instalam o mesmo clima da sabedoria antiga que perpassa todo o Salmo 49. Entretanto, sem que, de fato, esse tom deixe de ter a sua intensidade, parece que a estrofe subsequente é que indicará a verdadeira direção seguida no texto:

> [3]O que nós ouvimos e conhecemos,
> o que contaram nossos pais,
> [4]não o esconderemos a seus filhos;
> nós o contaremos à geração seguinte:

O GÊNERO DA PARÁBOLA **113**

De início, destacamos dessa estrofe os verbos flexionados *contaram* e *contaremos*, pelo que eles possuem de carga semântica ligada à pratica de se narrarem histórias. Por outros elementos da própria estrofe, pode-se ficar sabendo que as histórias de que se fala aqui pertencem à tradição do povo judeu, desde o seu cativeiro no Egito até a subida do rei Davi ao trono de Israel, resumida aqui pelas expressões "os louvores de Iahweh e seu poder, / e as maravilhas que realizou" (v.4). Além disso, nos versos imediatamente posteriores, pode-se perceber uma forte ênfase no ato de *contar* que constituía, na realidade, uma lei de Iahweh:

> [5]ele [Iahweh] firmou um testemunho em Jacó
> e colocou uma lei em Israel,
>
> ordenando a nossos pais
> que os *transmitissem* aos seus filhos,
> [6]para que a geração seguinte os conhecesse,
> os filhos que iriam nascer
>
> Que se levantem e os *contem* a seus filhos (...)
> (grifos nossos)

Se esses indicativos não fossem suficientes para se demonstrar o caráter narrativo que atravessa o salmo, a sua própria concretização falaria por si, dado que, do versículo 9 até o último, o de número 72, são relembrados fatos e mais fatos que compuseram a história de Israel. Daí se poder dizer que uma característica distinta desse processo narrativo é o fato de ele ser eminentemente histórico e não ficcional.

Em relação ao aspecto do tema, ainda nos comentários de rodapé da versão de Jerusalém, encontramos uma explicação para o título que os editores lhe deram – *As lições da história de Israel* – mostrando que se trata de uma meditação didática, baseada no livro de Deuteronômio, sobre a história, as falhas e o castigo da nação de Israel. Mesmo que essa explicação não tenha incluído o caráter positivo do final do texto – que apresenta metaforicamente a escolha do rei Davi para dirigir a nação, exaltando, inclusive, sua liderança –, ela acena para a configu-

114 MARCO ANTÔNIO DOMINGUES SANT'ANNA

ração de um texto estruturalmente narrativo, com sua forma poética de sentenças ritmadas em versos paralelos, que cumpre pelo seu tema uma função didática, observada no seguinte fragmento:

> (...) Que se levantem e os contem a seus filhos,
> [7]para que ponham em Deus sua confiança,
> não se esqueçam dos feitos de Deus
> e observem os seus mandamentos;
>
> [8]para que não sejam como seus pais
> uma geração desobediente e rebelde,
> geração de coração inconstante,
> cujo espírito não era fiel a Deus.

Portanto, toda a tradição histórica do povo de Israel estava sendo recuperada em um cumprimento de uma lei, com um objetivo muito específico: que essa memória nacional constituísse uma fonte de lições que ensinasse especialmente o que não deveria ser repetido pelas gerações futuras. Dessa forma, o caráter didático do conteúdo fica explicitamente estampado.

No que diz respeito ao trabalho com a linguagem, mais uma vez, tratando-se de um texto que faz parte de uma coleção considerada pela tradição judaico-cristã como poética, já se pode inferir o seu feitio artístico. Há vários exemplos no texto que podem demonstrar o fato, dos quais os que seguem transcritos cumprem bem o nosso propósito de amostragem.

Em primeiro lugar, podemos citar aqueles que remetem ao fato milagroso do envio do maná e das codornizes no deserto, narrado originalmente no texto de Êxodo 16. Nesse contexto, o salmo declara que Deus "fez chover o maná", que ele deu para o povo o "trigo dos céus" e que cada um comeu o "pão dos Fortes", visto que a palavra *Fortes*, grafada com maiúscula, faz uma referência aos anjos, de acordo com comentários de rodapé da versão de Jerusalém e com a própria tradução de Almeida. Especificamente sobre as codornizes, o texto anuncia que Deus "fez chover carne como pó" sobre o seu povo e "aves numerosas como areia do mar". Em construções explicitamente

O GÊNERO DA PARÁBOLA 115

comparativas, para exprimir o cuidado de Deus na libertação do jugo egípcio, o salmo diz que Deus "fez seu povo partir como um rebanho e como ovelhas conduziu-os no deserto". Com a intenção de caracterizar com propriedade os sentimentos de Deus quando seu povo se desviou de seus caminhos, o texto traz a palavra *Ira*, grafada com maiúscula, depois de relatar que Iahweh havia se enfurecido e um fogo havia sido aceso contra Jacó.

Num episódio posterior, quando os mesmos caminhos de infidelidade foram trilhados pelo povo, a reação de Deus é assim descrita: "E o Senhor acordou como um homem que dormia, / como um valente embriagado pelo vinho".

Dessa forma, fica traçado o perfil do Salmo 78. Quanto à extensão, constitui um texto desenvolvido; quanto à estrutura, trata-se de uma narrativa eminentemente histórica; quanto à forma, configura um poema com estrofes e versos compostos por sentenças ritmadas; quanto ao tema, é essencialmente didático e quanto à linguagem, é intensamente trabalhado.

Com tais observações, verifica-se mais uma possibilidade da atualização do que seja a *parábola*, no Velho Testamento, destacando-se o fato de esse salmo de Asaf constituir uma espécie de narrativa histórica e de apresentar uma função eminentemente didática.

Livros proféticos

Também para os textos proféticos de Ezequiel 17:2; 20:49[7] e 24:3 há uma uniformidade dos tradutores em escolherem a forma *parábola* para substituir o termo hebraico. Desses três textos, apenas o primeiro e o último trazem, após a referência ao vocábulo *parábola*, um bloco, transcrito em seguida conforme a versão de Jerusalém. Antes disso, todavia, deve-se observar o tom que acompanha a citação de 20:49 quando, após Ezequiel haver não apenas recebido a palavra profética,

---

7 Observar que a *Bíblia de Jerusalém* (1985) reorganiza a divisão de capítulos e versículos e o texto correspondente ao de Ez.20:49 nesta versão é o de Ez.21:5.

mas também a ordem de comunicá-la ao povo, ele expressa a sua reação, conforme a citação textual: "[49]Então disse eu [Ezequiel]: Ah! Senhor Iahweh! Eles estão a dizer de mim: "Não está ele a repetir *mashal/parábolas?*"

Parece que Ezequiel estava sentindo certo constrangimento e apresentando certa restrição em comunicar a profecia ao povo de Israel, temendo os comentários que já corriam de que ele estava repetindo *mashal/parábolas*. Tais constrangimento e restrição parecem atribuir, especificamente nesse trecho, àquilo que o profeta chama de *mashal* e que foi traduzido consensualmente por *parábolas*, um matiz de história não muito confiável, do tipo inventada, sem grande fundamento e, portanto, não digna de ser levada em consideração ou tomada como não tendo relevância.

Talvez esse sentimento de Ezequiel tenha surgido por causa da situação de certo modo embaraçosa que deveria emoldurar a própria profecia a ser comunicada. Conforme o texto, ele deveria dirigir-se diretamente ao bosque da região do Negueb – que, em uma espécie de processo de personificação do inanimado, assumiria características humanas – e proferir as imprecações contra ele, conferindo àquele momento um toque de teatralização dramática. Isso fica mais claro ainda nos versículos posteriores quando Ezequiel recebe a ordem de profetizar também contra Jerusalém, acompanhando a sua fala de gemidos, clamores, uivos, socos no peito, palmas e vibrações da espada. Imagina-se que todo esse desempenho teatral tenha cooperado para que o povo andasse comentando que Ezequiel estaria repetindo *parábolas*, isto é, do seu ponto de vista, histórias que nada mais eram do que fruto da imaginação do profeta.

Ainda que nesse caso o vocábulo *parábola* apareça com certo traço semântico de negatividade, ligado à demência ou algum tipo de desequilíbrio mental e/ou emocional, é interessante já perceber algum aceno para a possibilidade de a parábola constituir um texto inventado e, portanto, ficcional. Até este ponto, todos os outros trechos examinados não apresentaram essa característica, mesmo sendo a sua linguagem ricamente trabalhada, a sua forma a poética em quase a totalidade dos casos e, em alguns fragmentos, o componente alegórico detectado.

O GÊNERO DA PARÁBOLA **117**

Voltando a Ezequiel 17:2 e 24:3 em que, como já visto, o vocábulo *parábola* aparece como tradução de *mashal* em todas as versões em uso, e seguido de trechos completos, podemos acrescentar que no primeiro caso o tom enigmático do texto aparece explicitado na sua apresentação, feita da seguinte maneira: "[1]A palavra de Iahweh me foi dirigida nestes termos: [2]Filho do homem, propõe à casa de Israel um enigma, sugere-lhe uma parábola".

Mesmo tratando-se de duas palavras diferentes no original hebraico – *chîydah* e *mashal* – e que não são sinônimas, parece haver respaldo no texto para que se possa concluir que há uma espécie de interferência entre os conceitos de enigma e parábola, no caso específico. Além do traço de linguagem figurada que o *mashal* já tem em si mesmo como característica essencial, ele ganha o peso de se constituir como enigmático. O significado dado para *chîydah* na *Strong's Exhaustive Concordance* (1980) é, em inglês: *a puzzle; hence a trick, conundrum, sententious maxim: dark saying (sentence, speech), hard question, proverb, riddle.* O significado que possivelmente mais se encaixa no caso do texto em questão é o de, traduzindo para o português, discurso obscuro. Assim, o conceito completo da forma de texto que segue abaixo pode ser aceito como um *discurso enigmático* :

[3]Eis o que deves dizer-lhe [à casa de Israel]: Assim fala o
Senhor Iahweh:
A grande águia de grandes asas,
de larga envergadura,
coberta de uma rica plumagem,
veio ao Líbano
e apanhou o cimo de um cedro;
[4]colhendo o mais alto dos seus ramos,
trouxe-o para a terra dos mercadores,
onde o depôs em uma cidade de negociantes.
[5]Em seguida apanhou uma dentre as sementes da terra
e a plantou em uma terra preparada,
junto a uma corrente de águas abundantes,
plantando-a como um salgueiro.
[6]Ela brotou e transformou-se em videira luxuriante,

embora de estatura modesta,
com a sua copa voltada para a águia,
enquanto as suas raízes estavam debaixo dela.
Tornou-se assim uma vinha,
produziu sarmentos e lançou renovos.
[7]Ao lado desta, existiu outra grande águia,
também de grandes asas e de plumagem abundante.
Prontamente a videira estendeu para ela as suas raízes,
voltou para ela a sua copa
desde o canteiro em que estava plantada,
a fim de que esta a regasse.
[8]Estava plantada
em um campo fértil,
junto a águas abundantes,
para formar ramos e produzir frutos,
tornando-se uma videira magnífica.

Tentando explicar a classificação feita há pouco de que se trata de um discurso enigmático, podemos apresentar as seguintes observações. Em primeiro lugar, tem-se indiscutivelmente um texto narrativo. É possível detectar a figura de um narrador, apresentado como o *Senhor Iahweh*; de um narratário, apontado como *a casa de Israel*, e de um objeto narrado, o próprio excerto acima transcrito. Além desses, percebem-se também outros elementos constitutivos da narrativa como os de tempo, de espaço e de personagens.

Mesmo que não haja uma marcação específica do aspecto temporal, conclui-se que se trata de um tempo característico da narrativa, o pretérito. É o trabalho com a linguagem o recurso utilizado para que isso se torne explícito. Quase a totalidade das formas verbais está flexionada no pretérito, apontando para fatos já ocorridos.

Quanto ao aspecto do espaço, a não ser pela existência do designativo específico de lugar do nome *Líbano*, e pela expressão também locativa *a terra dos mercadores*, que contém certa definição transmitida pelo artigo *a*, as outras indicações são todas indefinidas: *uma cidade de negociantes, uma terra preparada, junto a uma corrente de águas abundantes, um campo fértil.*

O GÊNERO DA PARÁBOLA **119**

Sobre os personagens, o que se pode observar é que aparecem no texto duas águias. A primeira delas é apontada como *a grande águia*. Essa construção com o artigo definido parece indicar para uma águia específica, possível de ser reconhecida pelo público. Além disso, o outro elemento determinante do sintagma nominal, o vocábulo *grande*, caracteriza o porte avantajado da ave. Intensificando esse aspecto, a descrição continua mostrando que ela possuía *grandes asas* e que era de *larga envergadura*. Uma vez que a própria espécie de ave escolhida para protagonizar a narrativa seja notável pelo seu tamanho e força, nesse caso específico esses aspectos são superdimensionados pelos elementos já apontados.

Somando-se à sua característica de grandeza, essa águia é *coberta de rica plumagem*. Assim, constrói-se a figura de uma personagem animal, da espécie das aves, de porte grandioso, de grande vigor, jovem, e de beleza marcante, pela riqueza de suas penas.

Entretanto, o texto menciona ainda *outra grande águia*, também de *grandes asas e de plumagem abundante*, apresentando, na realidade, então, duas personagens que pertencem ao reino animal e que são marcadas pela grandeza, pela jovialidade, pela força e pela beleza. De qualquer forma, a começar pelo fato de não se tratar de humanas, essas personagens não recebem nomes ou qualquer outra característica que lhes pudesse atribuir alguma identidade mais marcante. Ver-se-á mais adiante que elas são, na verdade, símbolos de elementos que serão desvendados não só com base em explicações que o próprio fragmento subsequente oferece, como também por meio de dados do contexto mais amplo do livro de Ezequiel.

Por sua vez, as personagens desempenham uma ação que constitui a fábula narrativa que se apresenta alegoricamente, como se poderá constatar tanto pela simples leitura do texto transcrito quanto também pelos comentários sobre o seu tema realizados a seguir.

De fato, percebe-se um tom misterioso e enigmático atravessando toda a construção, que atinge a sua plenitude nos versículos colocados após a *Parábola da águia*. A forma interrogativa em que todos eles são apresentados configura propriamente o enigma anunciado na introdução no texto:

9Dize-lhe que assim fala o Senhor Iahweh:
Acaso vingará?
Acaso a águia não arrancará as suas raízes?
Não estragará os seus frutos,
fazendo secar todos os seus brotos novos,
de modo que não haja necessidade de braço forte e de muita gente
para arrancá-la pela raízes?
10Ei-la que está plantada; vingará ela?
Acaso ela não murchará ao toque do vento oriental,
no mesmo canteiro em que brotou

A fim de que todas as questões sejam elucidadas e que seja apresentado o significado do dito oracular que se refere à ação judicial de Deus, exige-se até uma segunda revelação que se encontra nos versículos 11 a 24 do mesmo capítulo de Ezequiel. Sem transcrever a passagem, dada a sua extensão, pode-se resumir o significado do discurso enigmático, tomando-se fatos históricos da época e construindo, a partir daí, uma interpretação possível. Assim, tudo indica que o rei Nabucodonosor – que, em 597 a. C. colocou no trono de Jerusalém a Sedecias, depois de haver deportado Joaquim – e a poderosa e gloriosa Babilônia podem estar representadas pela grande águia. Inclusive o versículo 12 torna isto explícito: "Como sabeis, o rei da Babilônia veio a Jerusalém, tomou o seu rei e os seus príncipes, conduzindo-os para a Babilônia". Os versículos seguintes também confirmam essa posição.

Quanto ao "ramo mais alto dos seus ramos", do versículo 4, a nação mais viçosa das que habitavam o território da Palestina (simbolizada pelo seu ponto mais alto, o Líbano) era Judá, que foi levada para a antiga Babilônia, caracterizada como "a terra dos mercadores". Pesquisas arqueológicas descobriram inscrições comerciais da região que não somente mostram que o comércio se desenvolvera de maneira poderosa naquela época, mas que também os judeus, transportados para lá, se desenvolveram de maneira idêntica. A declaração "apanhou uma dentre as sementes da terra e a plantou em uma terra preparada", do versículo 5, aponta para o propósito de o rei Nabucodonosor transferir para a sua capital os melhores elementos da cultura dos judeus para tornar seu império mais glorioso ainda, conforme indicam

O GÊNERO DA PARÁBOLA **121**

alguns textos bíblicos paralelos, como Daniel 1:3-7 e II Reis 24:10-17. Somente depois de muita rebelião dos que ainda haviam permanecido na Palestina é que Nabucodonosor invadiu e destruiu totalmente Jerusalém, no ano de 587 a. C.

Fazendo-se um confronto entre os versículos 7 e 15, pode-se chegar à conclusão de que a *outra grande águia* é o Egito, sobre o qual Sedecias sempre teve a tentação de apoiar-se contra a Babilônia.

Como é possível observar por meio dessas rápidas investidas interpretativas sobre o texto, há muitos elementos que reclamam por elucidação a fim de que a mensagem profética seja esclarecida de maneira satisfatória. Esse aspecto é um elemento particularizante desse tipo de discurso encontrado no livro do profeta Ezequiel que é, como já visto, um *mashal*, traduzido por *parábola* que apresenta um forte componente enigmático. Em vista disso, Russel Shedd (1980) aponta a necessidade de uma classificação específica desses *mashal/parábolas* de Ezequiel, que demandam uma pesquisa de todas as minúcias do texto para buscar os seus correspondentes em algum objeto, pessoa ou acontecimento real, como uma genuína alegoria.

Em um resumo das características compositivas do texto, é possível dizer que, quanto à sua extensão, é um *mashal* desenvolvido e, quanto à sua estrutura, compreende um processo narrativo com todas as suas particularidades, conforme já apontado anteriormente. Ainda em relação à narrativa, mesmo que tenhamos dito que seja um *mashal* desenvolvido, pode-se observar que, em relação à narratividade em si, é um texto bem curto.

No que diz respeito ao tema, é inegável que seja completamente alegórico, conforme considerações anteriores. Sobre a forma, observa-se que se trata de uma narrativa apresentada em versos poéticos, inclusive com uma linguagem intensamente trabalhada.

Assim, mesmo havendo unanimidade por parte das traduções confrontadas, o fato de que aqui se deve estabelecer uma correlação entre cada elemento do texto e o seu representado faz-nos concordar com Shedd (1980) que o fragmento está mais para uma genuína alegoria.

Talvez pelo tratamento alegórico do tema, pela apresentação em forma poética e, especialmente, pelo aspecto narrativo do texto tenha havi-

122 MARCO ANTÔNIO DOMINGUES SANT'ANNA

do um consenso entre as traduções que vimos confrontando do *mashal* por *parábola*. Todavia, pelo que se acaba de expor, sugerimos que a intitulada *Parábola da águia* seja tomada sim como a *Alegoria da Águia*.

O outro texto em que se menciona explicitamente o vocábulo *parábola*, na tradução de *mashal*, em que parece haver o mesmo tipo de ocorrência de discurso é o do capítulo 24:1-14, com a ressalva de que nesse caso não aparece a indicação explícita da assunção do texto como um enigma:

[1]No nono ano, no décimo mês, no décimo dia do mês, a palavra de Iahweh me foi dirigida nestes termos: [2]Filho do homem, anota este dia, este dia exatamente, porque exatamente no dia de hoje o rei da Babilônia atacou Jerusalém. [3]Pronuncia, pois, uma *parábola* a esta casa de rebeldes, dize-lhes: Assim diz o Senhor Iahweh:

Põe no fogo a panela,
põe-na e deita-lhe água.
[4]junta-lhe pedaços,
tudo quanto é pedaço bom, como coxa e espádua,
enche-a de ossos escolhidos,
[5]toma o que há de mais escolhido do rebanho.
Por baixo amontoa a lenha,
ferve muito bem,
até que fiquem cozidos os ossos que ela contém.
[6]Portanto, assim diz o Senhor Iahweh:
Ai da cidade sanguinária,
da panela toda enferrujada,
cuja ferrugem não sai!
Tira dela pedaço por pedaço, mas não lances sorte sobre eles.
[7]Com efeito, o seu sangue está no meio dela;
ela o pôs sobre a rocha descalvada,
não o derramou sobre a terra para que o cobrisse a poeira.
[8]A fim de excitar a ira, a fim de tirar vingança,
pus o seu sangue sobre a rocha descalvada e não o cobri.
[9]Por isso, assim diz o Senhor Iahweh:
Ai da cidade sanguinária!
Também eu vou fazer uma grande pilha.

O GÊNERO DA PARÁBOLA **123**

[10]Amontoa lenha bastante, acende o fogo.
Cozinha bem a carne, prepara as especiarias.
Fiquem os ossos bem queimados.
[11]Coloca a panela vazia sobre as brasas,
para que ela fique quente
e o seu cobre chegue a arder,
de modo que se derretam as suas impurezas
e a sua ferrugem se consuma.
[12] Mas a sua ferrugem não sairá com fogo. [13]As suas impurezas são uma infâmia. Com efeito, procurei purificar-te, mas tu não ficaste pura das tuas impurezas. Pois bem, agora não ficarás pura, enquanto eu não acalmar a minha cólera contra ti. [14]Eu, Iahweh, o disse e certamente há de acontecer. Eu agirei, não desistirei, não terei dó, nem me arrependerei. De acordo com os teus caminhos e com as tuas ações te julgarão, oráculo do Senhor Iahweh.

Ainda que, como já observado, nesse caso específico, não tenha aparecido explicitamente o vocábulo *enigma* como no texto anterior, mais uma vez o texto assume um forte tom enigmático e obscuro e fica evidente o alto grau de complexidade e de dificuldade de compreensão imediata do seu significado. Na verdade, fica praticamente impossível uma interpretação sem que se leve em conta o contexto geral do livro. Por exemplo, é no capítulo 11 que se obtém alguma informação sobre quem é a *panela* e quem são os *ossos*. Segundo o texto, Ezequiel recebe uma visão sobrenatural em que aparecem alguns príncipes do povo de Israel, identificados no fragmento como "homens que maquinam vilezas, e aconselham perversamente" (v.2) e que, assumindo a voz, dizem: "esta cidade (Jerusalém) é a panela, e nós a carne". O fato de Jerusalém ser tomada como uma panela deve-se à total confiança que seus príncipes depositavam na sua segurança física ante a iminente possibilidade de invasão e sitiamento da cidade. Dentro dessa *panela* – que tudo indica ser uma resistente panela de cobre – estariam os *ossos* e a carne conservados contra as chamas que ardem ao seu redor.

A indicação temporal que o texto oferece no versículo 1 – o nono ano – é a do nono ano depois do cativeiro do rei Joaquim, que ocorreu em março de 597 a. C. no calendário judaico, o que corresponderia ao nosso ano 588 a. C. Esse dado também pode ser conferido extratextualmente, a começar no segundo livro dos Reis 25:1 e, em seguida, nos excertos do capítulo 39:1,2 e 52:4, do livro do profeta Jeremias que, respectivamente, trazem as seguintes informações:

> No nono ano de seu reinado [de Sedecias], no décimo mês, no dia dez, Nabucodonosor, rei da Babilônia, veio atacar Jerusalém com todo o seu exército; acampou diante da cidade e levantou trincheiras ao seu redor.

> [1]No nono ano de Sedecias, rei de Judá, no décimo mês, Nabucodonosor, rei da Babilônia, atacou Jerusalém com todo o seu exército, e sitiaram-na. [2]No décimo primeiro ano de Sedecias, no quarto mês, no nono dia, foi aberta uma brecha na cidade.

> E aconteceu no nono ano de seu reinado [de Sedecias], no décimo mês, no décimo dia do mês, que Nabucodonosor, rei da Babilônia, veio, ele e todo o seu exército, contra Jerusalém.

O "ferver bem" do versículo 5 indicaria a violência do sítio rígido, tão típico da época, que sofrera a cidade de Jerusalém, nesse período já mencionado. Já a "panela vazia" do versículo 11 apontaria para a destruição dos restos físicos de Jerusalém, depois de serem consumidos os defensores da cidade, morrendo um por um, sem distinção, segundo o versículo 6, incluindo a eliminação dos próprios líderes, os "ossos queimados" do versículo 10.

Poderíamos seguir tentando algumas outras interpretações dos elementos enigmáticos do texto – o que não constituiria uma tarefa das mais fáceis – para, assim, chegar ao seu significado global que, em resumo, seria o julgamento da cidade de Jerusalém, a morte de sua liderança e o exílio babilônico.

Apresentadas as considerações sobre o tema do texto, pode-se continuar buscando uma abordagem de seu aspecto formal. No início, sugerimos que parecia ocorrer o mesmo tipo de discurso do oráculo anterior, o que a esta altura podemos refutar, sob a apresentação de alguns argumentos. Em primeiro lugar não se pode afirmar que essa profecia de Ezequiel 24 configura uma estrutura narrativa. Mesmo que, como

O GÊNERO DA PARÁBOLA **125**

na anterior, se tenha um elemento assumindo a voz, outro recebendo o oráculo, respectivamente Iahweh e a casa de Israel, aqui designada *casa de rebeldes* – isto é, os mesmos do texto anterior – não se pode dizer que se tem um objeto narrado. Definitivamente, não há nem uma história contada, nem os constituintes característicos do processo narrativo. O que parece haver são instruções configurando um simbolismo das ações a serem realizadas por Deus, por causa da rebeldia de seu povo.

Pelo exposto, não se pode falar também nem de tempo, nem de personagens, nem de espaço próprios da narrativa. Mesmo que, de alguma forma, essas categorias apareçam na composição do texto elas não estão atreladas a um processo narrativo, mas, sim, a um conteúdo notadamente profético.

Outra ocorrência de tradução de *mashal* por *parabolé* na Septuaginta e por *parable* na *Revised and authorized English Bible*, que têm sido as referências com base nas quais empreendemos a pesquisa em outras versões, é a de Miqueias 2:4. Diferentemente dessas mencionadas referências, as versões espanhola, de Almeida e a de Jerusalém trazem, respectivamente, as traduções por *refrán, provérbio* e *sátira* para clas-sificar o texto que segue transcrito na versão de Jerusalém:

> Naquele dia, entoarão sobre vós uma *sátira*,
> cantarão uma lamentação e dirão:
> "Fomos completamente devastados,
> uma parte do meu povo será alienada,
> ninguém lha devolve;
> ao que nos pilha, são distribuídos os nossos campos."

Inicialmente, um dado relevante para uma boa caracterização desse fragmento é apontado nas notas de rodapé do texto de referência em relação a um procedimento literário adotado para a composição do que foi denominado *refrán, provérbio* e *sátira*: a assonância, no texto original hebraico, entre *fomos (...) devastados: nesaddunû, ao que nos pilha: shobênû* e *nossos campos: sadênû*.

Primeiramente, esse fato parece justificar a tradução do *mashal* por *refrán*, em espanhol, sendo este um "*dicho agudo y sentencioso de uso*

126 MARCO ANTÔNIO DOMINGUES SANT'ANNA

vulgar", segundo o *Dicionário Ilustrado Aristos de la Lengua Española* (1985). A repetição dos sons em *nû*, no final de cada fragmento indicado, parece conferir ao texto a agudez, a gravidade e, ainda, o tom popular. O mesmo pode-se dizer da tradução por *provérbio* uma vez que, em espanhol, as palavras são dadas como sinônimas, no dicionário acima referido.

O vocábulo *sátira* da versão de Jerusalém é que pode, talvez, apresentar alguma dificuldade, dado o tom sentencioso do texto. Entretanto, se entendermos que esta *sátira* será entoada por um grupo de pessoas que, não sendo o alvo final do conteúdo da mensagem, o assumem como se fossem – o que se pode observar mediante um discurso em primeira pessoa –, identificaremos o mecanismo indireto por meio do qual se pretende atingir o verdadeiro alvo.

Além disso, em segundo lugar, o fato de se ter um tema sentencioso, grave, veiculado por meio de uma cantiga populuaresca que, inclusive, faz uso de um processo de ressonância, parece também contribuir para o estabelecimento de uma sátira.

Percebe-se que esse processo indireto cumprirá o seu propósito, na medida em que se pode constatar uma veemente reação dos atingidos, nos versículos 6 e 7, que traz o seguinte:

> 6Não vaticineis, eles vaticinam,
> eles não devem vaticinar assim!
> O opróbrio não nos atingirá.
> 7Será maldita a casa de Jacó?
> Perdeu Iahweh, por acaso, a paciência?
> É este o seu modo de agir?
> Não são boas as suas palavras
> para o seu povo de Israel?

Os ouvintes do profeta levantam um forte protesto baseado em uma aliança que eles bem conheciam entre Deus e o seu povo. Trata-se de uma espécie de reivindicação de aspectos do caráter já conhecido de Iahweh como a paciência, a misericórdia e a bondade de suas revelações. Firmados nesse conhecimento, os israelitas, mesmo que não tivessem cumprido a sua parte na aliança, conforme esclarece o contexto geral

O GÊNERO DA PARÁBOLA **127**

do livro de Miqueias, contam com o não cumprimento da profecia do escárnio por outros povos. Essa reação contrária é mais que suficiente para provar que os israelitas entenderam perfeitamente o significado do oráculo sentencioso, pronunciado em forma de canção satírica.

Exatamente as mesmas traduções de *refrán*, *provérbio* e *sátira* para *mashal* são apresentadas no texto de Balac 2:6, o que pode nos isentar de tecer maiores comentários sobre ele. Contudo, não se pode deixar de observar que o texto em destaque encontra-se inserido em um bloco maior que apresenta maldições contra opressores que, em última análise, não são outros senão os conquistadores babilônios. A introdução do excerto também é construída por meio de linguagem altamente metafórica e, portanto, de maneira indireta. É no final desse prelúdio que se tem a palavra objeto de nosso estudo: "⁶Não entoarão, todos eles, uma *sátira* contra ele?/ não dirigirão epigramas a ele?"

Constatando a presença de termos como *mashal/sátira* e *meliçah/epigrama* no texto, a versão de Jerusalém sugere que o entrecruzamento deles caracteriza o gênero literário das cinco imprecações subsequentes. Tratando-se de textos proféticos contra o maior inimigo de Israel naquela época, o seu conteúdo é eminentemente de maldição. Assim, no processo de comunicação, o profeta lança mão de alguns recursos com uma dupla intenção: por um lado, a fim de assumir uma posição de total isenção no pronunciamento, tentando garantir, inclusive, a sua integridade física; por outro, para buscar uma maneira de chamar a atenção dos destinatários, a fim de que pelo menos ouçam o que ele tem a dizer.

Assim, as imprecações pronunciadas em forma de epigrama, isto é, em forma de enigma, exigem interpretação cuidadosa. Além disso, a versão de Jerusalém (1985) apresenta de maneira declarativa que o *mashal/sátira* indica "uma caçoada que emprega a metáfora" (p.1790). Dessa forma, combinam-se dois mecanismos que usam linguagem indireta e metafórica.

Tudo isso ganha ainda mais peso se percebermos que o *ele* do prelúdio do texto acima transcrito é indicativo de um homem arrogante que é um grande conquistador de povos e nações. Isto é, a sátira e o epigrama serão entoados sobre tal homem que inicialmente aparece com um caráter indefinido no texto.

128 MARCO ANTÔNIO DOMINGUES SANT'ANNA

Entretanto, há pelo menos mais uma tentativa de isenção do enunciador do texto em relação aos seus destinatários diretos, os babilônios. Além de as cinco imprecações constituírem um texto velado, metafórico, enigmático, cujo tema diz respeito a um homem indefinido, todas elas são construídas exatamente com a mesma fórmula, no início: "Ai daquele que (...)". O pronome *aquele* sugere um distanciamento sutil do público-alvo da profecia, como se a mensagem não fosse para ele. Essa parece ter sido mais uma estratégia de se afastar pessoalmente da mensagem e de absorver a atenção sem chocar ostensivamente com o vigor das ameaças contidas no interior das mensagens. Inclusive, dois dos cinco oráculos, o III (versículo 12 a 14) e o V (versículo 18 e 19), são totalmente metafóricos, sem qualquer alusão direta ou indireta aos babilônios. O mesmo não acontece com os outros três em que há, no interior dos textos, certo direcionamento por meio das formas verbais e dos pronomes que só aludem a eles metaforicamente, pois, de fato, estão se dirigindo a uma pessoa que é identificada como *aquele*, no início de cada oráculo. Assim, a conclusão de que se estaria dirigindo, na verdade, aos babilônios só seria possível após um intenso trabalho de desvendamento do texto. O procedimento pode ser constatado nos fragmentos seguintes, dos oráculos I, II e IV, respectivamente:

I
[7]Não se levantarão, de repente, os *teus* credores,
não despertarão os *teus* exatores?
Tu serás a sua presa.

II
[10]*Decidiste* a vergonha para a *tua* casa:
destruindo muitas nações,
pecaste contra *ti* mesmo.

IV
[16]*Tu te saciaste* de ignomínia e não de glória!
Bebe, pois, *tu* também, e *mostra* o *teu* prepúcio!
Volta-se contra *ti* a taça da direita de Iahweh,
e a infâmia vai cobrir a *tua* glória!

O GÊNERO DA PARÁBOLA **129**

Dada a característica singular dos outros dois oráculos de ser completamente metafóricos e enigmáticos sem apresentarem sequer um indício do que de fato simbolizam, passamos a citá-los em ordem de aparecimento no texto:

III
[12]Ai daquele que constrói uma cidade com sangue
e funda uma capital na injustiça!
[13]Não é de Iahweh dos Exércitos
que os povos trabalhem para o fogo
e que as nações se esforcem para o nada?
[14] *Porque a terra era repleta do conhecimento da glória de Iahweh, como as águas cobrem o fundo do mar!*[8]

V
[19]Ai daquele que diz à madeira: "Desperta!"
E à pedra silenciosa: "Acorda!"
(Ele ensina!)
Ei-lo revestido de ouro e prata,
mas não há sopro de vida em seu seio.
[18]De que serve uma escultura para que seu artista a esculpa?
Um ídolo de metal, um mestre de mentira,
para que nele confie o seu artista,
construindo ídolos mudos?

[20]Mas Iahweh está em seu Santuário sagrado:
Silêncio em sua presença, terra inteira!

Se nos ativermos aos detalhes, poderíamos registrar que esses *mashal*/sátiras de Miqueias 2 e Habacuc 2 possuem o germe da resistência de que fala Alfredo Bosi. Segundo ele, a sátira constitui um dos modos de resistir dos que preferem o ataque à defesa. Em uma tentativa de classificação, os casos em estudo parecem configurar sátiras revolucionárias, que são o ataque ao presente em nome do que há de vir, do *ainda não*. Na verdade, esse é um comportamento típico da literatura profética.

---

8 Grifos da versão de Jerusalém.

No caso específico de Miqueias, a expressão literal "naquele dia", do versículo 4, marca explicitamente a projeção da sátira para um futuro em que o estado de coisas vigente no presente reverterá e a justiça será feita. Os projetos malignos, o roubo declarado dos bens do outro, a usurpação da herança alheia, enfim, a opressão dos homens será castigada e o opressor passará a oprimido. Conforme as próprias palavras textuais, "será um tempo de desgraça" que sofrerá um processo de intensificação maior ainda pelo fato de o vingador entoar um *mashal*/sátira descrevendo a situação.

Nesse sentido, usando-se uma terminologia de Northrop Frye (1973, p.21), podemos afirmar que o satirista lança mão de "uma alta regra moral", a fim de construir com impessoalidade a sua imprecação. Não há leitor que não se identifique com a denúncia da total situação de injustiça presente e que não concorde com o critério moral do satirista de uma punição para esse procedimento.

O fato de o castigo vir acompanhado de um *mashal*/sátira cantado permite ao leitor um envolvimento emocional ainda mais intenso no critério moral do satirista, pois confere um peso ainda maior ao próprio sofrimento daqueles que serão punidos.

Segundo Frye (1973), "a sátira requer (...) pelo menos um padrão moral implícito sendo o último essencial, numa atitude combativa, para a experiência. (...) O satirista tem de selecionar suas absurdidades, e o ato de selecionar é um ato moral" (p.220). No caso de Miqueias, o profeta selecionou o fenômeno grotesco de desgraça que substituiria o momento de altivez e abuso de poder em que vivia a tribo alvo do ataque satírico.

No texto de Habacuc 2, a "consciência alerta e revolucionária" da sátira, de que fala Alfredo Bosi (1977, p.163), é muito fácil de ser identificada nas cinco imprecações já transcritas neste livro. Esse tipo de consciência é resultado da imersão que o satirista faz na sua própria cultura, que, por mais que ele tente o contrário, o deixa marcado nos seus critérios morais.

Nesse aspecto, percebe-se uma nítida identificação teórica entre Frye e Bosi, no que diz respeito às características essenciais da sátira. O que Frye (1973) denomina "alta regra moral", Bosi (1977) chama de

O GÊNERO DA PARÁBOLA 131

"partido do escritor", de "as suas antipatias" e de "suas ambiguidades morais e literárias".

Além disso, nesse texto de Habacuc, podem-se observar outras duas coisas que, segundo Frye, são essenciais à sátira: de um lado, o humor baseado na fantasia ou em um senso de grotesco ou absurdo e, de outro, o ataque em si.

O teórico literário mostra em sua obra que "o ataque sem humor, ou pura denúncia, forma um dos limites da sátira" (Frye, 1973, p.220). Desenvolvendo sua tese, afirma que essa forma da imprecação é umas das mais legíveis em literatura, dado que o público leitor passa por um processo de fruição muito mais intenso frente a uma denúncia bastante vigorosa. Esse estado de prazer estético, conforme a visão do autor de *Anatomia da crítica*, logo dá a luz um sorriso quase malicioso por parte do leitor.

Não existe qualquer sombra de dúvida quanto ao vigor e à veemência dos ataques proféticos nos cinco oráculos de Habacuc. Fora isso, há uma total cumplicidade entre escritor e audiência quanto à indesejabilidade dos objetos das denúncias. Há um elenco razoável de aspectos da vida dos conquistadores caldeus que estão sendo desmascarados, os quais constituem um material rico para oferecer prazer tanto aos seres humanos envolvidos na questão – o profeta e aqueles que estão sendo subvertidos nos seus direitos – quanto ao próprio Deus que, no excerto imediatamente anterior ao da análise, se pronuncia contra aquele estado de coisas: "Eis que sucumbe aquele cuja alma não é reta, / mas o justo viverá por sua fidelidade" (Habacuc 2:4).

Dessa maneira, os oráculos atacam contundentemente desde a atitude arrogante e amedrontadora dos ricos e poderosos caldeus até os detalhes de uma prática violenta de opressão sobre os mais fracos.

É assim que o texto fala abertamente de roubo, de acúmulo de penhores, de saques, de ganhos injustos, de destruição de povos e nações, de violência, de nepotismo e de idolatria. Destaque especial pode ser dado a temas atualíssimos como os dos tão difundidos tratados sobre ecologia. O profeta profere invectivas repetidas e diretas contra a matança dos animais (v.17), contra a violência feita à terra (v.8 e 17), além de desnudar as iniquidades contra os seres humanos, nas cidades, locais de seus ajuntamentos.

132 MARCO ANTÔNIO DOMINGUES SANT'ANNA

Mais intensamente em Habacuc do que em Miqueias, é possível verificar o fenômeno que Frye denomina de "exuberância verbal" (1973, p.232), por meio da qual os profetas declaram as suas imprecações. Essa "tempestade verbal", esse "tremendo jorro de palavras em série", na visão de Frye, característicos e quase privativos da sátira invectiva, são elementos claramente perceptíveis nos textos bíblicos em análise. Aliás, segundo o próprio teórico, essa é uma tradição que tem suas origens nos textos proféticos de Isaías, mais especificamente, na sátira contra os enfeites femininos, do terceiro capítulo daquele livro.

Especialmente no texto de Habacuc, as imprecações compreendem um total de 47 versos, subdivididos em cinco blocos desiguais, de dez, oito, sete, 11 e 11 versos, respectivamente. É de se notar ainda que todas as cinco invectivas são introduzidas por uma fórmula rígida de paralelismo: "Ai daquele que (...)". Assim, a extensão do texto somada a essa recorrência formal acentua-lhe o caráter injurioso, fazendo jorrar palavras e mais palavras que, na série, acabam por configurar uma verdadeira tempestade verbal.

De outra perspectiva, atribuindo ainda mais força e riqueza ao texto, observa-se o fato que ele é construído por meio de uma linguagem de símbolos. A começar pelo próprio prelúdio, pode-se constatar a presença de signos altamente figurativos:

> [5]Verdadeiramente a riqueza engana!
> Um homem arrogante não permanecerá,
> ainda que escancare suas fauces como o Xeol,
> e, como a morte, seja insaciável;
> ainda que reúna para si todas as nações
> e congregue a seu redor todos os povos!(...)

Inicialmente, percebe-se que o tal homem indefinido e caracterizado como "arrogante" recebe sobre si uma maldição mediante dois mecanismos: em primeiro lugar, toma-se como base o caráter enganoso e falso da riqueza, enfatizado pelo advérbio "verdadeiramente" e, também, pelo ponto de exclamação no final do verso, ambos traduzindo certeza e dogmatismo. Em segundo lugar, o radicalismo da declaração "não permanecerá" constitui a própria maldição na sua concretude.

O GÊNERO DA PARÁBOLA **133**

A imutabilidade desse oráculo é atestada pelas construções subordinadas concessivas figuradas, para mostrar que todos os esforços serão inúteis na tentativa de mudá-lo. Por exemplo, a potência da oração "ainda que escancare as suas fauces como o Xeol" só será medida quando se sabe que, além de ser o termo para designar o "inferno", há outra acepção para o vocábulo "Xeol".

Em uma das duas teorias apresentadas por Douglas (1978) sobre a derivação dessa palavra hebraica, há certa conexão de pensamento com sua raiz na personificação do Xeol como um monstro devorador que vive com a boca aberta nos seus limites máximos. Outra ocorrência do termo em Isaías 5:14 descreve melhor essa criatura monstruosa: "Por isto o Xeol alarga a sua goela; a sua boca se abre desmesuradamente./ Para lá descem a sua nobreza [de Jerusalém], a sua plebe e o seu tumulto e lá eles exultam!"

A presença do termo "fauce", cujo significado é *goela*, segundo o *Novo Dicionário Aurélio de Língua Portuguesa* (1986), confirma e acentua o caráter animalesco e assombroso do Xeol como um monstro devorador. Por meio da construção do texto, essas características passam a fazer parte da figura do homem arrogante a fim de apresentá-lo tão horrendo e abominável como o inferno ou como o animal de conformação espantosa.

Outra figura selecionada para caracterizar uma possível tentativa de reação do homem arrogante contra a maldição do seu extermínio é a da morte. E a morte no seu caráter de avidez, de sofreguidão, de não se fartar nunca. Além dessas, verifica-se a presença da hipérbole no ato de reunir todas as nações e de congregar todos os povos para construir literariamente a noção de poderio, de majestade e de domínio total.

Assim, mesmo que o homem arrogante seja tão horripilante como o Xeol, o inferno ou o monstro com sua goela escancarada, mesmo que, como a morte, não se sacie de suas conquistas, ou ainda, mesmo que demonstre toda a sua força e o seu poder em vencer e subjugar povos e nações, o seu fim está determinado.

Esse processo de construção de imagens tão fortes e tão vivas atravessa todas as cinco imprecações fazendo-nos mais uma vez voltarmonos para o texto de Frye, especificamente no ponto em que ele diz que "a maior parte da fantasia é recuada para a sátira por uma poderosa ressaca amiúde chamada de alegoria, que pode ser descrita como a referência implícita à experiência na percepção do inconveniente" (1973, p.221). O excerto bíblico em estudo é vazado de alegorias, do começo ao fim.

Apenas para continuar a demonstração do fato no prelúdio transcrito, mais uma vez recuperamos o fragmento no qual se declara que, mesmo que o homem arrogante – que por sinal é também alegórico – se apresente das maneiras mais horripilantes possíveis, "não entoarão, todos eles [os povos e nações], uma sátira sobre ele?/ não dirigirão epigramas a ele?" (v.6).

Na verdade, a sátira já se instala no texto a partir da construção da imagem de um homem arrogante fazendo as tentativas mais monstruosas de impingir terror, sendo chacoteado com uma canção invectiva e enigmática, dividida em cinco movimentos paralelos entre si. De maneira mais global, essa é a alegoria, pois se faz uma referência implícita e aguda na percepção de um comportamento que pode ser caracterizado como muito inconveniente.

Entretanto, o processo de tessitura da sátira continua também por meio da ruptura das convenções sociais, o que se pode observar de maneira drástica, especialmente no oráculo IV. Na situação presente, os procedimentos do público-alvo da imprecação são vergonhosos e condenáveis porque, depois de embebedar e envenenar seus vizinhos, descobre-lhes a nudez, expõe-nos à humilhação pública e usurpa-lhes a dignidade. Todavia, em uma inversão total de posições, a sentença satírica prevê uma intervenção direta de Iahweh, também descrita por meio da alegoria de que "a sua taça da direita" se voltaria contra os opressores. O próprio contexto nos leva a interpretar que essa *taça*, ou *cálice*, como prefere a versão de Almeida, contém também uma bebida forte misturada, que envenena e embriaga.

A situação é agravada pelo fato de essa mistura ser servida diretamente pela mão direita de Iahweh, a mão do poder e da vingança feroz. Uma vez tomada a bebida, os tiranos sofrerão a vergonha maior de não apenas apresentar a sua nudez, como faziam com os seus dominados, mas também de mostrar o seu prepúcio, na perspectiva judaica, sím-

O GÊNERO DA PARÁBOLA **135**

bolo de desonra total, uma vez que a existência dessa parte do órgão genital masculino era sinal de incircuncisão. Do ponto de vista hebreu, não poderia haver um signo de maior infâmia e repulsa e de maior quebra de uma convenção social, religiosa e cultural do que essa. O opressor seria, pois, flagrado nesse quadro limite da obscenidade para dar ainda mais vigor à sátira profética.

Como mais um elemento constituinte do canto satírico, observa-se no oráculo V uma cena em que o esquema de valores religiosos da tradição do dominador são expostos ao extremo ridículo, de maneira jocosa. Pela forma pictórica e quase teatral com que é construído o texto, visualiza-se o espetáculo abjeto de um artista esculpindo ídolos de madeira, de pedra e de metal, revestindo-os de ouro e de prata e implorando a eles de forma imperativa: "Despertem!, Acordem!". Mas, segundo o oráculo satírico, "a pedra é silenciosa, não há sopro de vida em seu seio", o ídolo de metal "é um mestre de mentira"; enfim, "são ídolos mudos". Assim, com um recurso atualmente denominado de retórico, pergunta-se ironicamente: "De que serve uma escultura para que seu artista a esculpa? (...) para que nele confie o seu artista?"

Essa substituição de perspectiva é, pois, responsável por produzir o que Frye chama de "um alto grau de ridículo" (1973, p.230), algo de grande importância artística para o crítico. Esse quadro digno de escárnio e zombaria é ainda mais intensificado pelo confronto do ridículo das convenções religiosas caldaicas com a apresentação gloriosa do deus Iahweh, postado no seu *Santuário sagrado*, diante de quem se exige silêncio da terra inteira (v.20). Segundo a *Bíblia de Jerusalém* (1985), essa conclamação à reverência silenciosa constitui uma preparação ao fenômeno da teofania descrita em detalhes do versículo 3 ao 15, do capítulo 3 do mesmo livro.

Dessa maneira, pudemos verificar nos textos proféticos analisados uma verdadeira articulação de elementos para construir virulentas canções satíricas. A profunda imersão que os satiristas fizeram nas suas próprias culturas conferiu-lhes uma consciência alerta e revolucionária e uma alta regra moral, com as quais o leitor se identificou. Por sua vez, tal processo de ajustamento adveio tanto da própria necessidade compartilhada entre satirista e leitor de uma reviravolta da situação

136 MARCO ANTÔNIO DOMINGUES SANT'ANNA

vigente quanto do prazer mórbido gozado por ambos, maior no ataque vigoroso do que em uma cantilena monótona de louvação.

Essa investida combativa ao presente, em nome do que há de vir, foi concretizada no texto por meio de uma legítima exuberância verbal e de uma rica sequência de linguagem alegórica, no que diz respeito à forma. Em relação ao aspecto temático, a sátira se fez por meio de uma chocante ruptura das convenções sociais, religiosas e culturais e da exposição dos atingidos a um alto grau de vergonha e ridículo, por tudo que ficou demonstrado no estudo realizado.

Por meio das apresentações e das análises dos textos veto-testamentários em que o vocábulo hebraico *mashal* foi traduzido na Septuaginta por *parabolé* e, ainda, por meio do confronto entre várias traduções desse termo, com base em uma pesquisa na *Strong's Exhaustive Concordance*, podemos concluir, a esta altura, que ele assumiu uma ampla variação de significados e conceitos no Velho Testamento.

Começando por indicar um *provérbio popular*, o *mashal* passou posteriormente a aparecer como designativo dos *provérbios do círculo dos Sábios do Antigo Oriente* e, especificamente, dos de Salomão, no contexto bíblico. Entretanto, sua aplicação não se restringiu apenas a esse tipo de literatura que, quanto à sua extensão, convencionalmente pode ser caracterizada como mais curta. Na verdade, como demonstrado ao longo da pesquisa, cada provérbio é apresentado concretamente no texto, quase na sua totalidade, mediante uma sentença apenas, como é o caso dos populares, ou mediante um binômio comparativo ou em forma de paralelismo, como acontece nos do círculo dos Sábios orientais.

Como já também explicado, o fato não significa necessariamente que, por sua extensão reduzida, os provérbios tenham menor valor literário. O contrário poderia ser verdadeiro se pensássemos que, para se chegar a essa fórmula, passaram por um rígido processo de apuramento linguístico e literário.

Diferente da forma proverbial, encontramos ainda outro tipo de *mashal* não proverbial que convencionamos chamar de *forma desenvolvida* exatamente para enfocar esta variedade que, no que diz respeito à extensão, se apresenta de forma mais longa que os provérbios. Por sua vez, sendo mais desenvolvidos, constatamos a

O GÊNERO DA PARÁBOLA 137

possibilidade de que fossem também mais variados quanto à estrutura. Isso, de fato, pôde ser observado na medida em que os textos foram constituídos de fragmentos narrativos históricos, narrativos ficcionais, vocativos, argumentativos, poéticos, de discussão de um tema e proféticos. Essa forma desenvolvida do *mashal* foi, então, analisada em subdivisões, a partir de suas ocorrências em material bíblico pertencente aos *Livros históricos* (Números 23 e 24), *sapienciais* (Jó 27 e 29), *poéticos* (Salmos 49 e 78) e *proféticos* (Ezequiel 17, 20 e 24 e, ainda, Miqueias 2 e Habacuc 2).

Mais especificamente em relação à forma geral da apresentação desses textos, pôde-se perceber também uma variedade muito rica e interessante. A começar pelo formato da poesia, com as suas características distintivas que, por motivos já explicados, não puderam ser detalhadamente estudadas, passando pelo de discursos apologéticos, com conteúdo altamente argumentativo, veiculados com uma linguagem marcadamente poética, como é o caso dos textos de Jó, chegando àqueles em que a poesia assume a sua plenitude, como no Salmo 78, com suas sentenças ritmadas, por exemplo, e adentrando as proclamações proféticas que também são apresentadas ora na forma poética, ora na da narrativa ficcional, ora na de canção satírica. Não se pode deixar de apontar também que toda essa variedade de formas foi construída por meio de um tipo de linguagem altamente trabalhada.

Sendo, pois, o *mashal* hebraico traduzido por *parabolé* no grego da Septuaginta, conclui-se que a significação ricamente variada do primeiro foi transferida para o outro, a ponto de a palavra *parabolé* adquirir um conceito muito mais amplo na esfera judaico-helenística, se comparado ao da literatura clássica greco-romana, a partir da metade do século III a. C., data provável da primeira tradução grega do Velho Testamento.

Em outra perspectiva, é relevante observar ainda que o texto de Ezequiel 17, configurando uma proclamação profética, pede uma interpretação de cada elemento constituinte da narrativa. Assim, a intitulada *Parábola das Águias* deve ser considerada como exemplo de uma genuína alegoria, para usar a terminologia de Russel Shedd (1980).

Contudo, pudemos verificar a existência de alguns textos do Velho Testamento que, não apresentando no original o vocábulo *mashal*, dada a sua semelhança estrutural e mesmo temática com os fragmentos assim constituídos, receberam a designação de parábola. É o que veremos na próxima subdivisão do trabalho.

3
A PARÁBOLA COMO FORMA LITERÁRIA

Da pesquisa sobre a conceituação da parábola como um gênero literário o que se pode declarar inicialmente é que, especialmente em língua portuguesa, o material bibliográfico é bastante limitado. Várias das obras de teoria literária em que buscamos um conceito sobre o gênero nem sequer traziam alistado o verbete.[1] Mesmo aquelas em que pudemos encontrar algo a respeito mostraram-se um tanto quanto lacônicas na apresentação do conteúdo pesquisado. Contudo, para o estabelecimento de um confronto, passaremos primeiramente a elencar as várias definições encontradas e, a partir daí, procuraremos analisar as características específicas da parábola, não mais como uma espécie desenvolvida de comparação (como ocorre no contexto da literatura clássica grega) nem como legítima alegoria (como nos livros proféticos do Velho Testamento, por exemplo), mas como um gênero literário.

---

1 Segue uma série de obras de teoria literária em que não consta o verbete "parábolas": *Curso de Literatura*, de José Oiticica. Rio de Janeiro: Germinal, 1960. *Pequeno Dicionário de Literatura Brasileira*. Org. por José Paulo Paes & Massaud Moisés. São Paulo: Cultrix, 1967. *Elementos de Teoria Literária*, de Heitor Megale. São Paulo: Nacional, 1975. *Introdução à Teoria da Literatura*, de Antônio Soares Amora. 3.ed., São Paulo: Cultrix, 1977. *Dicionário de Literatura*, de Jacinto do Prado Coelho. 3.ed., Lisboa: Figueirinhas/Porto, 1981. *Manual de Teoria e Técnica Literária*, de Orlando Pires. Rio de Janeiro: Presença; Brasília: INL, 1981. *Teoria da Literatura*, de A. Kibédi Varga. Lisboa: Presença, 1981. *A Linguagem Literária*. São Paulo: Ática, 1992, de Domício Proença Filho.

A parábola na teoria literária laica: conceituações

Em primeiro lugar, trabalharemos com os conceitos extraídos das obras de teoria literária aqui denominada *laica*, apenas para diferenciar daquela aplicada a textos religiosos, como veremos logo a seguir.

Iniciaremos com a definição de Augusto J. S. Magne, em *Princípios elementares de literatura* (1935), que diz o seguinte: "parábola é uma breve narração alegórica, de tendência moral. Difere do conto apenas por ter extensão menor".

Wolfgang Kayser, na sua *Análise e interpretação da obra literária* (1958), também toca na questão ao observar que

> fala-se de parábolas quando todos os elementos de uma acção, exposta ao leitor, se referem, ao mesmo tempo, a outra série de objetos e processos. A clara compreensão da acção do primeiro plano elucida, por comparação, sobre a maneira de ser da outra. A rigidez na construção duma parábola provém da intenção didática. Os exemplos mais conhecidos são as parábolas da Bíblia ("O reino dos céus é como um semeador..."). Como "parábola", num sentido mais restrito, entende-se uma forma literária que, no todo, contém uma comparação. No fundo, a fábula é uma forma especial de parábola.

Por sua vez, Hênio Tavares, em *Teoria literária* (1978), apresenta também sua definição:

> parábola é uma narrativa curta de sentido alegórico e moral. Nas parábolas não entram os animais, essencialmente falando, como nas fábulas, nem os seres inanimados, como nos apólogos. Entram apenas acidentalmente, pois a medida direta da parábola é o homem e sua destinação transcendente. Nas fábulas e apólogos os bichos e as coisas referem-se indiretamente aos homens contendo lições quase sempre críticas e satíricas. Nas parábolas, os ensinamentos procuram ser mais profundos e menos pragmáticos como nas duas outras espécies alegóricas. Melhores exemplos de parábolas não encontramos do que as que deixou Jesus no Novo Testamento, como a do Filho Pródigo, a do Bom Samaritano, a do Semeador etc.

O GÊNERO DA PARÁBOLA 141

No *Dicionário de termos literários* (1985), de Massaud Moisés, no verbete *parábola* lê-se:

> do grego parabolé, comparação, alegoria. Narrativa curta, não raro identificada como o apólogo e a fábula, em razão da moral explícita ou implícita que encerra e da sua estrutura dramática. Todavia, distingue-se das outras duas formas literárias pelo fato de ser protagonizada por seres humanos. Vizinha da alegoria, a parábola comunica uma lição ética por vias indiretas ou símbolos. Numa prosa altamente metafórica e hermética, veicula-se um saber apenas acessível aos iniciados. Conquanto se possam arrolar exemplos profanos, a parábola semelha exclusiva da Bíblia, onde são encontradas em abundância: O Filho Pródigo, A Ovelha Perdida, O Bom Samaritano, O Lázaro e o Rico etc...

Sebastião Cherubim, no *Dicionário de figuras de linguagem* (1989), utiliza a mesma definição apresentada por Massaud Moisés, conforme citada acima. Já Afrânio Coutinho, na *Enciclopédia da literatura brasileira* (1989), oferece a seguinte definição:

> narrativa literária curta, destinada a veicular princípios morais, religiosos ou verdades gerais, mediante comparação com acontecimentos correntes, ilustrativos, usando seres humanos. É assim relacionada à fábula e à alegoria. Exemplos clássicos estão na Bíblia, como a Parábola do Filho Pródigo e a do Bom Samaritano.

Fazendo-se, pois, um confronto entre os conceitos apresentados, podemos observar claramente alguns pontos comuns. O mais aparente deles, indiscutivelmente, é o fato de os autores, quando citam exemplos, remeterem ao texto bíblico neotestamentário para indicarem uma amostra de parábola. Percebe-se que há um consenso em que esse material é o mais exemplar em relação ao gênero e que ele constitui uma referência inalienável sobre o assunto. Aliás, esse é um dos índices que nos levam a propor a tese de que o Novo Testamento é o contexto em que a parábola se constitui como gênero literário, com todas as especificidades que serão exploradas e comprovadas a seguir neste livro.

Esse fato, inclusive, justificou uma pesquisa subsequente em bibliografia especificamente teológica sobre os conceitos cristãos do discurso parabólico, que segue apresentada ainda nesta seção.

Outro aspecto que parece se apresentar como confluente entre as definições acima mencionadas é a parábola constituir uma narrativa. Em todas as citações, a palavra aparece explicitamente, com exceção da de Wolfgang Kayser que fala de "elementos de uma acção", o que, por sua vez, não deixa de pressupor uma narrativa. Assim, essencialmente falando, imagina-se que a parábola envolve um processo narrativo com suas características particulares.

Entretanto, esse aspecto das particularidades não foi explorado detidamente por nenhum dos teóricos em que o verbete apareceu, talvez pela natureza das obras pesquisadas. Todavia, como não há outra bibliografia em língua portuguesa que desenvolva suficientemente esse aspecto constitutivo do discurso parabólico, o fato constitui uma lacuna teórica que exigiria uma reflexão mais vertical para examinar em que moldes essas características essenciais da narrativa aparecem concretamente no texto da parábola. Questões como as que interrogam, por exemplo, sobre o comportamento das personagens na ação, sobre o tratamento dispensado ao fator tempo da ação, ou, ainda, sobre a própria natureza dessa ação e, talvez, outras mais, aguardam por respostas que tentaremos oferecer ao longo desta obra. Não obstante, também com exceção de Wolfgang Kayser, todos os outros autores a que recorremos para trabalhar com conceitos da parábola são unânimes em, pelo menos, apontar alguns indícios de traços característicos da narrativa parabólica.

Primeiramente, por um lado, mostram que ela é curta, breve, chegando Augusto J. S. Magne a declarar que a diferença entre a parábola e o conto reside apenas no fato de a primeira ser de extensão menor. Obviamente, tal declaração poderia ser questionada em termos gerais, especialmente se se tratasse de discutir o aspecto das funções da parábola e do conto, que possivelmente se apresentariam com objetivos diferenciados entre si. Por outro lado, Aurélio Buarque de Holanda Ferreira e Paulo Rónai, em *Mar de histórias*, apresentam a parábola como uma "influência decisiva em toda a evolução do conto" (1978, p.61). Assim se estabelece de fato uma relação íntima entre o conto e a

O GÊNERO DA PARÁBOLA 143

parábola. Contudo, como o foco neste ponto incide sobre o aspecto da extensão da narrativa da parábola, nos limitaremos a mostrar que ela, consensualmente, é considerada uma narrativa curta. Esse dado, por sua vez, sugere algumas questões que poderiam ser tratadas em momento oportuno, como a que discute a possibilidade de haver alguma razão identificável para o discurso parabólico, e dentre os vários tipos de narrativa, apresentar-se com essa característica de ser curto.

Outro aspecto que reclama nossa atenção no confronto dos vários conceitos de parábola já apresentados é o das relações que esse tipo de narrativa mantém com a alegoria. No dizer literal de Massaud Moisés, ela é "vizinha da alegoria" e é também "altamente metafórica". Augusto Magne fala de "narração alegórica" e Hênio Tavares de "narrativa de sentido alegórico". Sem usar explicitamente o vocábulo, Afrânio Coutinho declara que a parábola exerce suas funções "mediante comparação com acontecimentos correntes, ilustrativos", o que, em última análise, constitui alegoria. Mais adiante, contudo, ele o diz de maneira desvelada, relacionando a parábola diretamente à alegoria. Nessa linha, Wolfgang Kayser apresenta a expressão "ação do primeiro plano", sugerindo a existência de outra ação que seria a do segundo plano. Segundo o teórico, a ação do primeiro plano, mediante um processo comparativo, elucida a ação do segundo. Tal comportamento literário descrito por Kayser apresenta-se, pois, como alegórico. O que há que se destacar primeiramente é o fato de a narrativa em sua totalidade ser alegórica e não apenas um ou outro vocábulo ou uma ou outra expressão. O conjunto todo constitui a alegoria. De forma bem cristalina, Kayser observa que "quando todos os elementos de uma ação, exposta ao leitor, se referem, ao mesmo tempo, a outra série de objetos e processos", pode-se falar de parábolas (1958, p.188).

Ligado a essa questão da alegoria pode-se refletir, mesmo que rapidamente, sobre o hermetismo dessas construções, fator, inclusive, já apontado objetivamente, ainda que sem maiores explicações, por Massaud Moisés (1985) em suas considerações. Chega ele a declarar que, por causa desse elemento, o saber veiculado por meio da parábola é acessível apenas a um grupo de iniciados. No entanto, Afrânio Coutinho (1989) esclarece que a alegoria é construída com acontecimentos correntes que se tornam ilustrativos da verdade que, porventura, se queira veicular. Dessa maneira, pode-se perceber que o hermetismo de que fala Massaud é relativo, pois, pensando-se em um público original, os "acontecimentos correntes", mencionados por Coutinho, esclarecem sobre o conhecimento e a atualidade dos fatos da ação apontados na parábola. O dito hermetismo pode existir, sim, em relação a um leitor distanciado tanto temporal quanto espacialmente do contexto original em que se produziu a parábola.

Mais uma vez o dado em si de uma característica da narrativa parabólica – desta vez o de constituir uma alegoria – pode sugerir pelo menos uma questão decorrente como a possibilidade de existir um motivo específico para comunicar uma mensagem por meio de alegoria e não de uma maneira mais objetiva e direta. Entretanto, como o propósito desta parte é apenas estabelecer um confronto entre dadas definições de parábola, deixaremos mais essa indagação em suspenso para ser elaborada em uma seção apropriada.

Seguindo, pois, em nosso intento, outro elemento que se destaca nas definições dos autores é a função da parábola de veicular princípios morais e religiosos. Um dado que confirma essa observação é, por um lado, todos os teóricos declararem que os melhores (ou pelo menos os mais conhecidos) exemplos de parábolas encontram-se na Bíblia e, por outro, fazerem certa identificação entre a parábola, a fábula e o apólogo que, consensualmente, sempre apresentam uma lição de moral. Todavia, há que se esclarecer que, toda vez em que ocorre tal identificação entre parábola e a fábula e apólogo, faz-se também uma nítida diferenciação entre os gêneros, especificamente no ponto que mostra que a parábola trata basicamente de personagens humanos e a fábula e o apólogo de animais ou seres inanimados. Além disso, observa-se que os ensinamentos das parábolas tendem a ser considerados mais profundos e transcendentais e os das fábulas e apólogos mais pragmáticos, apesar de eles todos, em última análise, terem como alvo maior a transformação do ser humano.

Desse confronto, uma possível conclusão de caráter mais geral aponta para uma quase repetitividade de características das parábolas, o que, de alguma forma, traduz para um pesquisador certo consenso entre os

O GÊNERO DA PARÁBOLA 145

estudiosos. De outro prisma, pode-se dizer que os elementos estruturais da parábola como pertencendo ao gênero da narrativa, sendo breve, alegórica e de tendência moral, já foram apontados por Magne desde 1935 e repetidos pela totalidade dos outros autores consultados, com exceção de Kayser, que não toca apenas no aspecto de sua brevidade. Em contrapartida, este último acrescenta à definição de Magne o confronto da parábola com a fábula, o que os autores que o sucederam ampliam (chegando Massaud a incluir o apólogo no confronto), mostrando mais claramente as suas semelhanças e as suas diferenças. Outro dado percebido com base na de Kayser (1958) e repetido em todos os outros é a alusão ao Novo Testamento como fonte dos exemplos clássicos da modalidade parabólica. Com efeito, já podemos constatar que é esse o contexto da constituição da parábola como gênero literário.

Desse grupo em cujas obras puderam ser encontradas as definições sobre as quais se teceram alguns comentários, é em Massaud Moisés (1985) que se pode perceber pelo menos um traço distintivo que não apareceu nos outros autores: o de a parábola apresentar uma estrutura dramática. Essa declaração sugere a existência de certa dramaticidade na narrativa, uma estratégia que, por sua vez, talvez pudesse pressupor uma intenção de obter um envolvimento maior do público-alvo na história narrada. Esse aspecto, somado aos elementos já depreendidos tais como o estabelecimento de um identificável processo narrativo, caracterizado por uma extensão curta, de natureza alegórica que, de alguma forma, apresenta traços constitutivos da fábula e do apólogo, que têm um caráter didático, faz da parábola um gênero atraente que parece alcançar seus propósitos elementares.

Todavia, apresentam-se ainda como relevantes e inéditos os esclarecimentos prestados por Northrop Frye (1973) em relação às características gerais da parábola, no quarto ensaio, "Crítica retórica: teoria dos gêneros", de sua obra *Anatomia da crítica*. O citado autor aponta a parábola, juntamente com a fábula, como expressões formais de *épos* (*špoj*). Segundo a definição trazida pelo próprio glossário anexado à obra de Frye, "*épos* (...) é um gênero literário no qual o fundamento da apresentação é o autor ou menestrel como recitante oral, com um público diante dele, a ouvi-lo" (1973, p.360).

Nesse sentido, há um encaixamento perfeito da parábola, pelo menos na do Novo Testamento, pois, na sua versão original, ela possuía uma audiência visível. Inclusive, o autor apresenta uma análise que sugere certo deslocamento da obra de Dickens do polo da ficção para o polo do *épos*, apontando como causa desse deslocamento o fato de o autor fazer leituras de suas próprias obras para um público específico. Essa ênfase posta no imediatismo do efeito ante uma audiência visível torna-se, pois, uma característica marcante do gênero *épos*. Em termos de efeito sobre o seu público, também há uma correspondência direta com a parábola, pois ela apresenta esse fator como uma preocupação básica, segundo poderemos perceber com maior clareza mais adiante quando abordaremos alguns conceitos cristãos de parábola. Assim, pode-se assumir integralmente essa declaração de Frye de que a parábola é uma forma de *épos*. Em outro fragmento, em que trata rapidamente dessa questão do *épos*, o autor segue apresentando um confronto entre a parábola e a fábula, o que será posteriormente comentado.

Isso posto, podemos concluir com os autores pesquisados que a parábola constitui uma forma narrativa, curta, alegórica, diferente da fábula e do apólogo – na medida em que os dois últimos tratam basicamente de animais e seres inanimados, e a parábola de seres humanos – e, ainda, uma forma de *épos*.

Entretanto, como um traço comum entre os autores é citar a Bíblia, mais especificamente o Novo Testamento, como fonte maior de exemplos de parábolas, nesta parte sobre as definições do gênero passamos a uma busca e análise em fontes de literatura confessadamente teológicas, a fim de comprovarmos a tese de que, de fato, o Novo Testamento é o contexto da constituição da parábola.

A parábola aplicada a textos religiosos: conceituações

Em um segundo passo da investigação sobre o conceito de parábola na teoria literária, tomaremos algumas obras voltadas para a análise de textos religiosos, mais especificamente para o Novo Testamento

O GÊNERO DA PARÁBOLA **147**

bíblico. Tal procedimento explica-se pelo fato de, já desde a análise dos verbetes da teoria literária aqui denominada laica, esse tipo de literatura ser tomado como referência muito recorrente, o que nos leva a considerá-lo como o contexto da constituição do gênero da parábola.

Neal F. Fisher, em *The parables of Jesus* (s. d.), cita uma definição de parábola de outro autor, C. H. Dodd: "De uma maneira mais simples, a parábola é uma metáfora ou símile extraído da natureza ou da vida cotidiana, prendendo o ouvinte por meio da sua linguagem vívida ou da sua estranheza, e deixando a mente dele com dúvida suficiente sobre sua aplicação precisa, a fim de estimulá-la a um pensamento ativo[2] (1935).

Em seguida, realiza uma análise de algumas características da parábola contidas nessa definição de Dodd, mostrando primeiramente que a parábola é secular, sendo seu material retirado do dia a dia. Os elementos comuns que Jesus introduziu em suas parábolas são facilmente perceptíveis. Ele falou abertamente de ovelhas e sementes, juízes corruptos, de um filho rebelde, de crianças jogando em uma praça pública e de um servo sendo perdoado por seu credor. Fisher afirma que apenas quatro parábolas tratam de assuntos totalmente religiosos, pelo fato de que Jesus não pressupôs que o ouvinte já pertencesse a uma comunidade religiosa. Ele selecionava uma porção da vida, descrevia um incidente dentro dela e convidava o ouvinte, que já havia, assim, sido introduzido na situação, para refletir e decidir sobre o curso que sua própria existência estava tomando.

Depois disso, confirma aquilo que, de certa maneira, autores da teoria literária em geral já apresentaram: que a parábola é um símile ou uma metáfora. Em uma análise mais generalizada, pode-se dizer que em toda parábola acontece um processo de comparação. Algo que não é bem conhecido – ou ao menos prontamente reconhecido – é comparado a outra coisa que é de domínio do ouvinte/leitor. Esse processo, com ou sem a partícula comparativa, produz um *insight* e um entendimento que não poderiam ser reduzidos para nossa maneira convencional analítica

---

2 *"At the simplest the parable is a metaphor or simile drawn from nature or common life, arresting the hearer by its vividness or strangeness, and leaving the mind in sufficient doubt about its precise application to tease it in active thought."*

de comunicar. Quando dois elementos diferentes são confrontados, as convenções da linguagem são temporariamente colocadas de lado a fim de acionar a imaginação em direção a uma total compreensão da realidade. Uma parábola opera em nossa imaginação por meio de um processo de símile ou metáfora.

Na sequência, o autor demonstra que a parábola usa uma linguagem vívida. Podemos concordar com tal afirmação, já que se pode observar que, mediante um processo de economia de vocábulos, as parábolas de Jesus usam imagens fortes que se fixam nas mentes dos ouvintes/ leitores. Na parábola do fariseu e do publicano, por exemplo, narrada no texto de Lucas 18:9-14,[3] a postura do publicano, isolado, de olhos baixos, deprimido, batendo em seu peito, em contraste com a do fariseu que reafirmou suas virtudes excedentes em relação aos requerimentos da Lei de Moisés, proporciona uma imagem muito viva da situação.

Além dessa linguagem vívida, os eventos colocados em uma parábola são contados com tal credibilidade que podem muito bem ter sido baseados em acontecimentos reais, eventos que poderiam ter sido o assunto palpitante de uma conversa em uma pequena aldeia, como um roubo ou uma pessoa mal-intencionada que plantou ervas daninhas no campo de trigo de alguém.

Outro aspecto sugerido pelo autor em sua análise é que a parábola envolve o ouvinte como participante. De fato, pode-se perceber que, em algumas parábolas, Jesus coloca a questão diretamente ao ouvinte e lhe pede uma resposta. Por exemplo, a *Parábola da ovelha perdida*, registrada no texto de Lucas 15:3-7, em uma tentativa de paráfrase, começa com a questão: "O que você acha?" Em outras palavras: "Con-

---

3 "[9]Contou [Jesus] ainda esta parábola para alguns que, convencidos de serem justos, desprezavam os outros: [10] 'Dois homens subiram ao Templo para orar; um era fariseu e o outro publicano. [11]O fariseu, de pé, orava interiormente deste modo: *Ó Deus, eu te dou graças porque não sou como o resto dos homens, ladrões, injustos, adúlteros, nem como este publicano;* [12]*jejuo duas vezes por semana, pago o dízimo de todos os meus rendimentos.* [13]O publicano, mantendo-se à distância, não ousava sequer levantar os olhos para o céu, mas batia no peito dizendo: *Meu Deus, tem piedade de mim, pecador!* [14]Eu vos digo que este último desceu para casa justificado, o outro não. Pois todo o que se exalta será humilhado, e quem se humilha será exaltado'."

O GÊNERO DA PARÁBOLA 149

fronte isto com sua própria experiência de vida. Como uma pessoa normalmente responde?" Ou, em outra vez, ao narrar a *Parábola dos dois filhos dessemelhantes*, conforme Mateus 21:28-32, Jesus pede ao ouvinte para julgar conforme a propriedade da resposta dos dois filhos: "Qual dos dois fez a vontade do pai?"

Mesmo em contextos em que a questão não é explícita, a parábola requer participação. Por sua natureza, ela requer que o receptor lide com a imagem ou com a história para determinar de qual maneira ela retrata a Nova Dispensação[4] que Jesus estava inaugurando.

A tentativa de detectar o que a imagem representa não é tanto uma tentativa do intelecto, mas sim da imaginação. Como alguém pode sentir o impacto da *Parábola do filho pródigo* (Lucas 15:11-32) sem se colocar na situação que envolve a vida de um filho aventureiro, um pai transbordante de alegria, um filho cumpridor de seus deveres e de um filho com um relacionamento reatado com seu pai? É um momento para apropriar-se da alegria sentida por um pai, cujo filho estava morto e agora vivia, que estava perdido e que agora tinha sido encontrado. De maneira semelhante, a batalha para encontrar o significado da imagem na *Parábola do juiz iníquo* consiste em apreciar a luta que a viúva teve de travar, insistindo em seus direitos, e sua vitória mesmo em face de um juiz iníquo (Lucas 18:1-8). Daí a aplicação do autor de que se tem que reconhecer como muito mais se pode contar com Deus para sustentar os que constantemente oram pela vingança divina. Assim, em contraste com outras formas de ensino, as parábolas são situações nas quais o ouvinte é convidado a participar.

Como consequência quase imediata da participação do leitor, a parábola pede uma decisão. Dissemos que o contexto para as parábolas na

---

4 Segundo a *Pequena Enciclopédia Bíblica* (1966), de Orlando Boyer, uma dispensação é o período de tempo durante o qual os homens são provados a respeito da obediência a certa revelação da vontade de Deus. O *Novo Dicionário Aurélio da Língua Portuguesa* (1986) repete quase literalmente essa definição ressaltando que se trata de uma visão corrente entre os protestantes. No caso do nosso texto, quando o vocábulo aparece adjetivado pelo termo *nova* quer-se indicar o período após o aparecimento, vida e ministério de Jesus Cristo, em que os homens serão julgados pela sua fé ou não em sua obra redentora.

pregação de Jesus era o do início de uma Nova Dispensação. A urgência de sua missão baseia-se na hora final, antes dessa Nova Dispensação se manifestar. Portanto, na linha cristã, as parábolas foram dadas não apenas para iluminar o intelecto, mas para convocar as pessoas para uma decisão para viver no poder do reino de Deus, para responder ao convite do perdão de Deus.

A chamada implícita da *Parábola da pérola* e do *Tesouro escondido* (Mateus 13:44,45) é para render todos os outros bens – incluindo família e reputação – por amor à alegria superior da Nova Dispensação. A *Parábola do filho pródigo* (Lucas 15:11-32) apela para uma decisão do fariseu que protestou contra a entrada do indigno (segundo seu julgamento) na Nova Dispensação. Ela apela para responder a essa situação extraordinária com alegria e celebração ao invés de hostilidade e petulância.

Padre Conrado Stefani, em *As parábolas do evangelho* (1949), faz sua investida na questão da definição de parábola, apresentando-a como "narração fictícia, mas verossímil, com que, mediante comparação, se ilustra uma lição moral ou verdade dogmática" (p.7). Em seguida, explica que se trata de uma narração, pois é possível detectar em sua forma as partes distintivas de uma narrativa tradicional: apresentação, complicação, clímax e desfecho. É fictícia, segundo o autor, pois o parabolista escolhe livremente os pormenores que mais lhe convêm. O fato de deixar bem claro que é *verossímil* é justamente para fazer uma distinção do gênero da fábula – o que será explorado por nós posteriormente – tomando-se como verossímil, no caso, a sua possibilidade de acontecer ou não no mundo real.

Outro estudioso que apresenta uma definição de *parábola* é Sátilas do Amaral Camargo, em *Ensinos de Jesus através de parábolas:*

> É o símile em que se mostra certa analogia entre os fenômenos da natureza e da vida humana com os da vida espiritual, extraindo-se dela princípios e verdades para orientação dos que a ouvem. É o emprego de uma imagem para ilustração de um pensamento.
>
> Na sua forma rudimentar era um acontecimento natural ou um fato da vida material, sugerindo uma lei, uma regra, uma norma de conduta ou princípio superior de vida. Na sua mais complexa e elaborada forma, era um conto criado pela imaginação de seu autor com base histórica ou não, para

O GÊNERO DA PARÁBOLA 151

exemplificar uma verdade. Era uma narrativa extraída da natureza ou da vida social, contendo uma lição moral ou significado espiritual. (1954, p.9-10).

O autor emprega certa variedade de termos que poderiam ser mais bem explicados a fim de proporcionar maior clareza e objetividade à definição. Por exemplo, quando diz que a parábola *é um símile*, faz-se necessário estabelecer qual o significado desse *símile*. Tudo indica que, no caso, não se pode tomar o vocábulo de maneira específica como uma figura de poética ou de retórica. Segundo o *Dictionnaire de Poétique et de Rhétorique* (1981), de Henri Mourier, etimologicamente, o símile vem do latim *simile,* um adjetivo neutro substantivado que significa *comparação.* Na definição, o dicionário apresenta-o como um tipo de comparação múltipla, composta de uma série de imagens em que cada uma delas reflete apenas um ponto real. A obra em análise faz questão de esclarecer que o vocábulo *imagens*, nessa definição, é tomado no seu sentido matemático, que, conforme Ferreira (1986), indica um "ponto de um conjunto que corresponde a um ponto de outro numa aplicação deste sobre aquele". Essa correspondência, pois, pressuposta para o símile, parece ser de natureza mais fechada do que aquilo que o autor quis mostrar na sua definição de parábola. Essa conclusão confirma-se na sequência, quando Camargo (1954) acrescenta que é no símile "que se mostra certa analogia". Isto é, parece não haver indicação de uma correspondência exata entre elementos comparados, pois trata-se de *certa* analogia e não de uma analogia definida como no exemplo oferecido pelo dicionário francês: "Ó, meus caros fiéis infiéis! Vocês não ouviram o apelo de seu pastor; enquanto o mal, como uma fera, semeia a morte no seio do rebanho, a casa que lhes oferecia a salvação permanece vazia com todos os seus alimentos inúteis!" (E. A., p.998)[5]

Nesse caso, podem-se determinar dois conjuntos: um é o do comparado, composto do padre que fala, da massa dos fiéis, da igreja ou o presbitério, o espírito do mal, da moral cristã ou o evangelho, da

---

5 *"O mes chers fidèles infidèles! Vouz n'avez pas ecouté l'appel de votre pasteur; tandis que le mal, comme un fauve, sème la mort au sein du tropeau, la maison qui vous offrait le salut reste vide, avec toute ses nourritures inutiles!"*

Igreja. O outro é o conjunto dos comparantes, correspondendo ponto por ponto ao primeiro conjunto, composto do pastor, do rebanho de ovelhas, do aprisco, do lobo ou da fera, da comida terrestre e da casa. Graficamente, teríamos o seguinte:

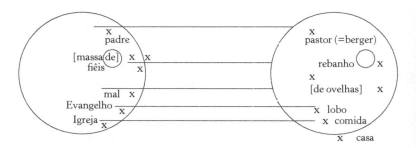

Vê-se assim que cada elemento do conjunto comparado corresponde a apenas um elemento do comparante.

Na definição em estudo, os resultados da comparação são amplamente generalizados, extraindo-se dela "princípios e verdades para orientação dos que a ouvem".

Outro ponto que merece esclarecimento é o que diz que parábola é o "emprego de uma imagem para ilustração de um pensamento". Poder-se-ia começar com a questão da *imagem*. Também nesse caso, o uso é bem genérico pois alude ao quadro geral da comparação. Quanto à *ilustração*, a declaração pode parecer um tanto contraditória com relação àquilo que o autor declarará um pouco mais adiante, no tópico em que estabelece o domínio específico da parábola, distinguindo-a de outros gêneros. A essa altura, declara que as parábolas "não eram apenas ilustrações, mas argumentos, provas". Além disso, um pouco antes, ainda em sua tentativa de definição, fala de "um conto criado pela imaginação do autor com base histórica ou não, para exemplificar uma verdade". Entendemos, afinal, que o autor quis dizer que, além de constituir uma ilustração, a parábola tem uma função de, por meio disso, constituir também uma prova ou um argumento dentro de um discurso.

Em seguida, menciona as expressões "forma rudimentar" e "forma mais complexa e elaborada", criando certa expectativa de que traba-

O GÊNERO DA PARÁBOLA 153

lharia com aspectos mais estruturais do texto parabólico. Todavia, tal expectativa é frustrada, pois, em nenhum momento, Sátilas Amaral se atém a aspectos formais e composicionais propriamente ditos da parábola, deixando assim uma lacuna teórica em sua definição. O que se pode deduzir daí é que o aspecto privilegiado em seu conceito é tema. Assim, quando se leem as expressões *forma rudimentar* e *forma mais complexa e elaborada* em relação à construção parabólica, deve-se entender que se está tratando do material que fará parte do tema da narrativa; por um lado, quando se tratar de alguma matéria que tem um referente direto na natureza ou na rotina da vida, falar-se-á de uma forma rudimentar; por outro lado, quando se tratar de uma matéria que se apresente como produto da imaginação, ter-se-á uma forma complexa e elaborada, no entendimento do autor em questão.

Henri Daniel-Rops também apresenta uma definição sobre parábola em sua obra *A vida diária nos tempos de Jesus*: "uma historieta com um apólogo que fornece uma lição moral ou espiritual de forma mais ou menos óbvia" (1983, p.186).

Apesar de reconhecer a extrema dificuldade de estabelecer um conceito abrangente, preciso e suficiente para o gênero da parábola, Keneth E. Bailey, em *O poeta e o camponês*, declara que é preciso tentar uma definição. Com essa atitude, propõe o seguinte: "as parábolas de Jesus são uma forma concreta e dramática de linguagem teológica que força o ouvinte a reagir. Elas revelam a natureza do reino de Deus e/ou indicam como um filho do reino deve reagir" (1985, p.14).

A fim de verificar a validade dessa definição, poderíamos, em um procedimento didático, segmentá-la e sugerir uma análise. Primeiramente, as parábolas "são uma forma de linguagem". Essa declaração segue a tendência dos clássicos em tomar o gênero como uma forma distinta de figura de linguagem, conforme já foi explanado no tópico que trata do uso do vocábulo *parabolé* no grego secular. Parece também que a expressão *forma de linguagem* pode ser tomada como *forma de discurso* e, no caso, de um discurso originalmente oral.

Em seguida, essa forma de discurso é caracterizada pelo adjetivo *teológica*, explicando-se o fato por se tratar de um universo que, conforme o final da própria definição, se liga diretamente a questões acerca da divindade, segundo as referências judaico-cristãs. Além disso, são uma "forma concreta e dramática" na medida em que, conforme o autor, os textos atuais das parábolas fizeram parte de uma situação histórica real em que havia interlocutores como destinatários do material parabólico. Somando-se a isso, esse material foi exposto não de uma maneira afrouxada, mas contundente, que demandava uma reação. Por isso é que se diz também que a parábola "força o ouvinte a reagir". Muitas vezes a reação do ouvinte original não aparece explícita no texto da parábola, ficando a resposta para o leitor virtual.

Da caracterização que faz da parábola, na obra *Sabedoria das parábolas*, Huberto Rohden demonstra acreditar que se trata de um gênero pictórico que usa de símbolos materiais para ilustrar verdades espirituais. O autor diz explicitamente que "toda parábola consta de dois elementos: o símbolo material e o simbolizado espiritual" (1988, p.16).

Em relação a essa última bibliografia que trabalha basicamente com as parábolas bíblicas, mais especificamente as cristãs, pode-se dizer também que há certa variedade de aspectos na tentativa de definição do gênero. A mais antiga delas (Dood, 1935 apud Fisher, s. d.) toca basicamente em três aspectos: o formal, ao apontar que a parábola envolve um processo de comparação e que trabalha com linguagem vívida; o temático, ao mostrar que o material de que se faz uso na produção é secular, retirado do dia a dia do contexto histórico-político-social em que foi produzido o texto, e também o da participação do ouvinte, exigindo dele, inclusive, uma decisão a partir do que lhe foi exposto.

Daquilo que foi elaborado por Dood, algumas informações foram repetidas e outras acrescentadas pelos autores que surgiram depois dele. No que se refere ao aspecto formal, Conrado Stefani (1949) é o primeiro dos cristãos consultados a especificar que o processo de comparação é realizado por meio de uma estrutura narrativa, observando-se o fato também em Daniel-Rops (1983). Aliás, nesse último, a expressão *historieta*, por se tratar de um diminutivo, não apenas aponta para o gênero narrativo, como também traduz um dado ligado à brevidade dessa narrativa, informação exclusiva dentre os outros escritores.

É de se destacar ainda da definição de Stefani a frase em que diz ser a parábola uma "narração fictícia, mas verossímil". Dessa declaração,

O GÊNERO DA PARÁBOLA 155

pode parecer que todo gênero que faça parte de um universo ficcional necessariamente seja inverossímil e que a parábola constitui uma exceção dessa constante. É uma posição que, no mínimo, apresenta-se bastante discutível, desde que se perceba que o aspecto da verossimilhança da parábola é levantado no confronto que Stefani faz dela com a fábula. Aliás, do seu grupo, e no aspecto em questão, ele é também o primeiro (e o único) a optar por esse procedimento confrontativo com a fábula. Todavia, mesmo sendo o confronto em si algo inédito, não se pode dizer que a parábola é verossímil e que a fábula não o é, pelo fato de aquela ter como personagens seres humanos e esta animais. Se Stefani adota esse procedimento mais analítico, Daniel-Rops, por sua vez, não faz questão de diferenciar parábola de apólogo, dizendo que a primeira é "uma historieta com um apólogo", o que Camargo (1954) repete declarando que parábola é o símile. Esse método parece ser algo não muito recomendável e esclarecedor, em situações específicas de definição de termos.

Quanto ao aspecto temático, a característica de recolher o material do dia a dia, apontada por Dodd (1935), é confirmada por Camargo (1954), Bailey (1985) e Rohden (1988). Sobre a participação dos ouvintes, verifica-se a sua clara repetição em Bailey (1985).

Além disso, Stefani (1949) acrescenta à definição de Dodd (1935) outro aspecto que é o da função didática da parábola, que será reafirmado, posteriormente, por Camargo (1954) e por Daniel-Rops (1983).

Partindo de um enfoque bastante diferenciado dos autores cristãos anteriores, em um instigante artigo intitulado *Metaphor and religion* (1978), David Tracy declara que a religião cristã, junto com todas as outras principais religiões, compartilha uma visão ou uma redescrição da realidade informada por um grupo específico de metáforas e, na sua visão e na de outros pesquisadores, as parábolas de Jesus representam um dos principais usos cristãos da metáfora.

Mais especificamente em relação ao conceito de parábola, Tracy faz uma citação de Paul Ricouer – um dos representantes mais significativos da teoria da interpretação dessa modalidade literária, que prevê a interação do elemento narrativo e do metafórico na tessitura do texto – em que temos o seguinte: "A parábola pode ser descrita

156   MARCO ANTÔNIO DOMINGUES SANT'ANNA

como a conjunção de uma forma narrativa e um processo metafórico".[6] Segundo sua visão, a moderna teoria de interação da metáfora faz o seu funcionamento nas parábolas muito mais compreensível quando se notam as tensões internas presentes no texto. Na percepção de Ricouer, o intérprete das parábolas deve deslocar-se do nível das simples declarações textuais isoladas para o nível do discurso em sua totalidade, como uma unidade discursiva.

Conclusões: conceituação e *corpus*

Se, de uma maneira mais abrangente, realizarmos um confronto entre as definições da teoria literária laica e aquela aplicada a textos religiosos, mais especificamente cristãos, verificaremos que não há uma diferença muito significativa entre elas. O fato de a parábola constituir uma forma narrativa, curta, alegórica, diferente da fábula e uma forma de *épos* parece estar presente nos dois grupos. Pode-se, entretanto, destacar que os cristãos não fizeram uma distinção clara entre parábola e apólogo (nem entre parábola e símile), não prestando muita atenção a esse aspecto formal importante, especialmente quando se está atuando no campo das definições.

Todavia, parece ter sido amplamente enfatizado nas definições religiosas cristãs que a parábola de Jesus requereria, no contexto original em que fora produzida, não só uma participação ativa do receptor, como uma decisão concreta em relação àquilo que lhe estava sendo transmitido. O destinatário não deveria permanecer neutro em relação ao que lhe fora proposto, mas, sim, expressar uma reação definida diante da parábola contada. É assim, pois, que a parábola cristã tinha um propósito específico no conteúdo geral das mensagens religiosas de Cristo. É exatamente esse um dos aspectos que levou Northrop Frye a considerar a parábola como uma forma de *épos*, conforme mencionado anteriormente.

---

6   *"A parable may be described as the conjunction of a narrative form and a metaphorical process."*

O GÊNERO DA PARÁBOLA **157**

Isso posto, adotaremos para a parábola a definição de que se trata de uma forma narrativa, curta, alegórica, que desempenha funções específicas no interior de um discurso e que constitui uma forma de *épos*, especialmente no *corpus* formado pelas parábolas de Cristo. A fim de explorarmos mais exaustivamente esses elementos literários constitutivos do gênero parabólico, passaremos a examiná-los um a um, apresentando, inclusive, os seus possíveis desdobramentos.

Cabe ainda esclarecer que o *corpus* a ser tomado para análise de textos parabólicos será definidamente o do Novo Testamento bíblico, já que ele tem sido a referência básica tanto para leigos quanto para religiosos na tentativa de uma definição do gênero da parábola. Sobretudo, esse é um dado essencial para o desenvolvimento de nossa tese de que o Novo Testamento é, de fato, o contexto em que a parábola se constitui como um gênero literário.

Características específicas da parábola
A parábola como forma narrativa

Uma vez estabelecido o conceito de parábola como uma forma narrativa curta, alegórica, que desempenha funções específicas no interior do discurso e que é, ainda, uma forma de *épos*, partiremos para um exame mais detido de cada um desses componentes, tal qual aparecem atualizados em exemplos extraídos do Novo Testamento. Cabe lembrar que a seleção desse *corpus* não é gratuita, mas parte de uma constatação de que as referências dos teóricos, feitas ao gênero da parábola, desembocam todas nesse tipo específico de literatura, tido como exemplar.

Para iniciar, impõe-se como necessária uma fixação objetiva do que pensamos ser especificamente o gênero da narrativa. Antes disso, porém, é preciso adiantar que, em face da abundância de material existente sobre o assunto, solicitamos a contribuição de um número limitado de autores que, no universo acadêmico, têm alcançado um nível alto de respeitabilidade. Em segundo lugar, cabe observar que não temos – nem poderíamos ter – a pretensão de esgotar as questões

158 MARCO ANTÔNIO DOMINGUES SANT'ANNA

ligadas à narrativa, mesmo porque esse não é o objetivo central de nossa tese. Assim, a fim de evitar alguma possível distorção em relação a essa nomenclatura, o que se pretende é o estabelecimento mínimo das características distintivas desse gênero do discurso, já que a parábola se apresenta como uma de suas modalidades literárias.

Iniciamos nosso percurso com a definição de Greimas, no seu difundido *Dicionário de semiótica*, em que apresenta o seguinte:

> O termo *narrativa* é utilizado para designar o discurso narrativo de caráter figurativo* (que comporta personagens* que realizam ações*). Como se trata aí do esquema narrativo* (ou de qualquer de seus segmentos) já colocado em discurso e, por isso, inscrito em coordenadas espácio-temporais, alguns semioticistas definem narrativa – na esteira de V.Propp – como uma sucessão temporal de funções* (no sentido de ações). Assim concebida de maneira muito restritiva (como figurativa e temporal), a narratividade* não concerne senão a uma classe de discursos.[7] (Greimas & Courtés, 1989, p.294)

No verbete acima citado, dentre outros, pode-se encontrar uma remissão ao conceito de *diegese*, importante por esclarecer que essa nomenclatura, tomada à tradição grega (*diegesis* – narrativa) e explorada por Gérard Genette, aponta para o aspecto narrativo do discurso. Segundo as concepções desse último teórico da literatura, citadas por Greimas, estabelece-se uma distinção entre descrição e narração – que constituem o *narrado* – e *discurso*, entendido esse último como a maneira de se apresentar o narrado.

A referência realizada por Greimas em seu *Dicionário* a essa linha genettiana de pensamento constitui, segundo nosso ponto de vista, uma forma de, em parte, atribuir consistência às suas próprias postulações, especialmente no que diz respeito às questões ligadas às estruturas sêmio-narrativas e estruturas discursivas.

Admitindo o problema da confusão terminológica, mais especificamente causado pelo fato de a teoria semiótica ter-se desenvolvido de

---

7 O grifo é dos autores. Os asteriscos constituem opção metodológica dos autores para remissão aos termos deles acompanhados.

O GÊNERO DA PARÁBOLA **159**

maneira progressiva e por vezes sinuosa, Greimas estabelece uma nítida distinção entre as expressões *estrutura narrativa* e *estrutura discursiva*, entendendo a primeira como "o tronco gerativo profundo, comum em princípio a todas as semióticas e a todos os discursos, e lugar de uma competência semiótica geral" (1980, p.166). Na verdade, o que se tem é a descrição da passagem dessa expressão inicial *estrutura narrativa* para *estrutura sêmio-narrativa*, aquela que preside à geração de sentido e comporta as formas gerais de organização do discurso. De outro lado, por *estruturas discursivas*, segundo Greimas, deve-se entender, em sentido restrito, aquelas "situadas num nível mais superficial, as quais organizam, a partir da instância da enunciação, a colocação em discurso (ou discursivização) das estruturas narrativas" (p.165-6).

Sem nos atermos à explicação do numeroso e variado elenco de termos empregados pela teoria semiótica, apresentamos o esquema do percurso gerativo, a fim de que a distinção greimasiana entre estruturas sêmio-narrativas – como formas de organização profundas e gerais – e estruturas discursivas – características da maneira como é contada a história – resulte bem estabelecida:

	PERCURSO GERATIVO		
		Componente sintáxico	Componente semântico
Estruturas sêmio-narrativas	Nível profundo	SINTAXE FUNDAMENTAL	SEMÂNTICA FUNDAMENTAL
	Nível de superfície	SINTAXE NARRATIVA DE SUPERFÍCIE	SEMÂNTICA NARRATIVA
Estruturas discursivas	SINTAXE DISCURSIVA		SEMÂNTICA DISCURSIVA
	Discursivização actorialização temporalização espacialização		Tematização Figurativização

Na obra *Discurso da narrativa* (Genette, s. d.), logo na Introdução, Genette aponta para a necessidade de uma delimitação do termo *nar-*

160 MARCO ANTÔNIO DOMINGUES SANT'ANNA

rativa dada a sua ambiguidade, o que, muitas vezes, não é levado em conta. É por isso que, na tentativa de evitar confusões terminológicas, o autor propõe denominar-se

> *história* o significado do conteúdo narrativo (ainda que esse conteúdo se revele, na ocorrência, de fraca intensidade dramática ou teor factual), narrativa propriamente dita o significante, enunciado, discurso ou texto narrativo em si, e narração o acto narrativo e, por extensão, o conjunto da situação real ou fictícia na qual toma lugar. (p.25, grifos do autor)

A nota de rodapé colocada por Genette para as declarações acima resulta muito significativa, pois esclarece com muita propriedade que o termo *história*, na acepção tomada por ele, tem como correspondente um uso corrente e um uso técnico. O primeiro deles relaciona-se com o difundido "contar uma *história*"; o segundo é fruto de uma distinção realizada por Tzvetan Todorov entre a "narrativa como discurso" e a "narrativa como *história*", tendo-se esta última, conforme Genette, como "a sucessão de acontecimentos reais ou fictícios, que constituem o objeto desse discurso [do discurso narrativo], e as suas diversas relações de encadeamento, de oposição, de repetição etc." (s. d., p.24). Para explicar melhor ainda esse sentido do termo *narrativa*, o literato francês declara que "análise da narrativa" significa, então, "um estudo de um conjunto de acções e de situações consideradas nelas mesmas, com abstração do *medium*, linguístico ou outro, que dele nos dá conhecimento") (idem, ibidem, grifo do autor).

Para mostrar que existe uma inter-relação entre os três estatutos acima delimitados, Genette explica que

> história e narração só existem para nós, pois, por intermédio da narrativa. Mas, reciprocamente, a narrativa, *o discurso narrativo não pode sê-lo senão enquanto conta uma história, sem o que não seria narrativo (como, digamos, a Ética, de Espinosa)*, e porque é proferido por alguém, sem o que (como, por exemplo, uma coleção de documentos arqueológicos) não seria, em si mesmo, um discurso. *Enquanto narrativo, vive da sua relação com a história que conta*; enquanto discurso, vive da sua relação com a narração que o profere. (idem, p.27, grifos nossos)

O GÊNERO DA PARÁBOLA **161**

Esse conceito de narrativa como história, emprestado por Genette da teoria de Todorov, sem menção específica da obra do escritor russo em que se pode verificar o ocorrido,[8] é passível de ser detectado em *Os gêneros do discurso*, quando, no final do capítulo "Os dois princípios da narrativa", diz-se que "a *narrativa* (...) pode representar um papel importante ou nulo na estrutura de um texto e que, por outro lado, aparece tanto nos textos literários quanto em outros sistemas simbólicos". Diz-se ainda que "é fato que hoje não é mais a literatura que oferece as narrativas de que toda sociedade parece necessitar para viver, mas o cinema: os cineastas nos *contam histórias*, ao passo que os escritores encenam as palavras" (Todorov, 1980, p.74, grifos nossos).

Dentre os diferentes conteúdos cobertos pelo vocábulo *história*, apontados por Greimas, selecionamos a acepção em que o autor mostra que o termo corresponde "à narrativa ou à descrição de ações, cujo estatuto veredictório não está fixado (elas podem ser declaradas como passadas e "reais", como imaginárias ou mesmo como não passíveis de uma decisão)" (1980, p.219). Conclui, assim, que, dessa perspectiva, história deve ser considerada como discurso narrativo.

Desse elenco de declarações importantes sobre o conceito de narrativa pode-se abstrair que parece existir um consenso entre os teóricos acerca dessa modalidade artística, seja ela expressa por meio da literatura, seja por meio de outro veículo. Ao apontar o aspecto narrativo embutido no termo *diegese*, Genette deixa clara a sua intenção de destacar o caráter de história que essa nomenclatura contém. Assim, nessa linha genettiana, narrativa, história e diegese podem constituir termos correspondentes.

Da definição greimasiana de história mencionada acima, destacamos a expressão que diz ser ela uma descrição de ações e a declaração de que, nesse sentido, história deve ser considerada como discurso narrativo.

Tais concepções são mais uma vez enfatizadas por Genette, ao mostrar as relações diretas entre história, narrativa e narração, de onde destacamos o fato de que "o discurso narrativo não pode sê-lo senão enquanto conta uma história, sem o que não seria narrativo" (s. d., p.27).

---

8 Presume-se que seja em *Les Catégories du récit littéraire*, citado posteriormente.

Por sua vez, Todorov também insiste neste aspecto de *contar uma história* do discurso narrativo, mostrando que, do seu ponto de vista, nesse procedimento, o discurso cinematográfico tem alcançado maior sucesso do que o literário em suprir as necessidades vitais da sociedade na dimensão da arte.

Dessa maneira, quando dizemos ser a parábola uma narrativa, tencionamos destacar esse seu aspecto narrativo de constituir uma diegese, uma história, um discurso narrativo, um conjunto de ações e de situações consideradas nelas mesmas, uma descrição de ações, para usar a variada terminologia dos autores acima nomeados.

A isso acrescentamos o fato de estarmos cônscios de, à luz do esquema do percurso gerativo de Greimas, estarmos tratando, por meio do uso da nomenclatura indicada, das estruturas discursivas, em sentido mais restrito, situadas em um ponto mais aparente, já que, nessa linha teórica, são elas que organizam a discursivização das estruturas narrativas.

Como característica específica da narrativa no gênero da parábola, podemos destacar o fato de ela constituir o que chamaríamos de *narrativa de segundo grau*. Entretanto, como tal característica está intimamente ligada a outro predicativo da narrativa, o de ser curta, optamos por explicá-la e demonstrá-la no tópico seguinte, em conjunto com esse aspecto da brevidade da narrativa parabólica.

A parábola como narrativa curta

Como já demonstrado por meio do elenco das diversas definições de parábola, há certo consenso entre os autores em admitir tratar-se de uma forma cuja extensão, em confronto com outros gêneros narrativos, apresenta-se como curta.

William Kirkwood, no artigo *Storytelling and self-confrontation: parables as communication strategies* (Contar histórias e auto-confrontação: parábolas como estratégias de comunicação), declara explicitamente que as parábolas são, "sem exceção, muito breves". Diz ainda que

O GÊNERO DA PARÁBOLA 163

Um exame das parábolas do Novo Testamento, uma pesquisa extensiva das narrativas hassídicas de Buber, da compilação das histórias sufis de Shah, e dos koans e das anedotas da coleção zen de Rep revela que nenhuma das histórias, em nenhuma destas fontes, excede a mil palavras em extensão, enquanto a média, nesta perspectiva, é de 150 a 200 palavras, sendo que muitas não apresentam mais do que 50.[9] (1983, p.60)

Essa forma econômica de expressão da parábola neotestamentária tem sido percebida por autores como Amos W. Wilder e Martin Buber, nas suas respectivas obras *Early christians rhetoric* (1971, p.20-2) e *Tales of Hasidim*, (1945, p.ix), ambas citadas pelo autor do artigo em nota de rodapé, sem tradução para o português e esgotadas no mercado internacional.

O fato constatado da brevidade da parábola, na visão do autor norte-americano, confere a essa modalidade a facilidade de poder ser contada em diálogos interpessoais e em discursos públicos. Essa percepção ganha destaque especial no artigo citado já que, dentre outros aspectos característicos, o ser breve está intimamente ligado a uma das funções da parábola, mais especificamente, a de estabelecer uma estratégia de comunicação, tanto em contextos conversacionais mais íntimos e pessoais, quanto em situações públicas de prédica.

Todavia, de nossa parte, esse aspecto funcional da parábola será mais detidamente explorado em tópico específico dedicado a ele. Por ora, destacamos apenas o fato de esse tipo de discurso constituir uma narrativa breve, passível de ser introduzida em outro discurso.

---

9 *"Inspection of the New Testament parables, Buber's extensive survey of Hasidic tales, Shah's compilation of Sufi stories, and Rep's collection of Zen anecdotes and koans reveals that none of the stories in any these sources exceeds one thousand words in length, while the average length is 150 to 250 words, and many are no is more than 50 words long."*
Em nota de rodapé, Kirkwood indica uma bibliografia específica de todas as fontes citadas, das quais, para nossa pesquisa, encontramos apenas a obra de Martin Buber, *Histórias do rabi*, publicada em português pela Editora Perspectiva, em 1983, que consta nas referências bibliográficas desta obra. Além dessa, por meio do artigo citado de Kirkwood, deparamos com um koan zen budista, que será citado e analisado no corpo desta tese, em momento oportuno.

164 MARCO ANTÔNIO DOMINGUES SANT'ANNA

Podemos chegar a dizer que, constatadamente, em suas ocorrências típicas, a parábola sempre se encontra entretecida no corpo de outra construção discursiva.

Esse fenômeno remete-nos à questão dos níveis narrativos elaborada por Gérard Genette, em seu *Discurso da narrativa*, e leva-nos a perceber a parábola, em sua concepção típica, como uma narrativa que está em um *segundo grau*, para usarmos a terminologia genettiana. Nessa linha, ela pode ser considerada, pois, como uma *metanarrativa*, isto é, uma narrativa na narrativa; a *metadiegese* configura-se como o universo dessa narrativa segunda. É bom observar que esses termos construídos com o prefixo grego *meta* funcionam de modo contrário ao modelo linguístico *metalinguagem*, já que este último indica uma linguagem na qual se fala de outra linguagem. Se seguíssemos tal procedimento, a *metanarrativa* deveria ser, então, a narrativa primeira, no interior da qual se conta uma segunda. Entretanto, Genette adverte que a ele resultou mais conveniente inverter a perspectiva do encaixe dos níveis narrativos, reservando para o primeiro grau a designação mais simples e mais corrente, o que nos pareceu perfeitamente aceitável.

Na sequência, o teórico francês declara explicitamente que "a instância narrativa de uma narrativa primeira é, pois, por definição, extradiegética, como a instância narrativa de uma narrativa segunda (metadiegética) é por definição diegética etc." (s. d., p.228).

No caso de nosso estudo das parábolas, mesmo que não atribuamos tanta ênfase à questão terminológica em si, é importante reconhecermos esse jogo de níveis e delimitarmos com um pouco mais de precisão os limites entre um e outro discurso para, então, a exemplo de Genette, distinguirmos especificamente o tipo de relação que pode unir a narrativa metadiegética de uma parábola à narrativa primeira na qual se encontra eventualmente inserida.

Genette fala de três tipos de relação: a da causalidade direta entre os acontecimentos da metadiegese e os da diegese, conferindo à narrativa segunda uma função de *causalidade*. O segundo tipo é o da relação temática que pode acontecer, por sua vez, por contraste ou por analogia. Já o terceiro não descreve nenhum tipo de relação

O GÊNERO DA PARÁBOLA **165**

entre os dois níveis da história, o ato da narração em si mesmo é que desempenha uma função na diegese, sem levar em conta, inclusive, o conteúdo metadiegético. Segundo o escritor francês, estabelece-se aí uma função de distração e/ou obstrução.

Mesmo que Genette não tivesse enquadrado explicitamente o gênero da parábola (junto com o apólogo, que chama de fábula) no segundo tipo de relação entre os níveis da narrativa, a relação temática, citando, inclusive, como exemplo aquela que Menenius Agripa contou para acalmar a sedição no senado romano – *A parábola dos membros e do estômago* –, não haveria grande dificuldade em situá-la dessa maneira. Isso porque, mesmo antes de fazê-lo, declara que "a relação temática pode, aliás, quando é percebida pelo auditório, exercer uma influência na situação diegética" (idem, p.232) e que, assim, configura uma função denominada por ele de *persuasiva*. Na conclusão parcial dessa seção de sua obra, Genette ainda mostra que nesse segundo tipo "a relação é direta, rigorosamente mediatizada pela narrativa, que é indispensável ao encadeamento: a aventura dos membros e do estômago acalma a plebe, na condição de que Menenius lha conte" (idem, p.233).

Os exemplos em que mais fica claro esse aspecto da narrativa parabólica funcionar como uma metanarrativa e, por isso, constituir um texto curto são as parábolas do Novo Testamento, dentre as quais tomamos a do *Juiz iníquo e da viúva oportuna* (Lucas 18:1-8) para demonstrar o fenômeno:

> [1]Contou-lhes ainda uma parábola para mostrar a necessidade de orar sempre, sem jamais esmorecer. [2]Havia numa cidade um juiz que não temia a Deus e não tinha consideração para com os homens. [3]Nessa mesma cidade, existia uma viúva que vinha a ele, dizendo: "Faz-me justiça contra o meu adversário!" [4]Durante muito tempo ele se recusou. Depois pensou consigo mesmo: "Embora eu não tema a Deus, nem respeite os homens, [5]como essa viúva está me dando fastio, vou fazer-lhe justiça, para que não venha por fim esbofetear-me".
>
> [6]E o Senhor acrescentou: "Escutai o que diz esse juiz iníquo. [7]E Deus não faria justiça a seus eleitos que clamam a ele dia e noite, mesmo que os faça esperar? [8]Digo-vos que lhes fará justiça muito em breve. Mas quando o Filho do Homem voltar, encontrará a fé sobre a terra?"

Em primeiro lugar, é preciso localizar o fragmento acima transcrito como apenas uma parte de um discurso mais abrangente que Jesus vinha fazendo desde o capítulo 17:20 e que chega até o 18:14. Segundo a tradição cristã, o tema central dessa exposição é a predição sobre o súbito retorno de Cristo à terra, não mais como o *Servo Sofredor* (Isaías 53:1-12), mas como o *Filho do Homem*, que virá para julgar a humanidade. Tanto é que esse bloco é conhecido como o *pequeno Apocalipse* (cf. Champlin, s. d., p.173). De todo o texto, o versículo em que essa vinculação escatológica fica mais evidente é o número 8, especificamente nas expressões *muito em breve* e *quando o Filho do Homem voltar*.

Na verdade, os versículos 6 a 8, em que Cristo faz a aplicação geral da pequena história anteriormente contada, denunciam a inserção da narrativa parabólica no corpo do outro discurso.

A fábula dessa breve metanarrativa traz como personagens centrais duas figuras contrastantes do ponto de vista social. De um lado, um juiz, símbolo de poder e de autoridade para decidir os destinos dos homens; de outro, a viúva, representante dos impotentes e menos favorecidos, já que, no contexto original da parábola, a viuvez transformava a mulher em vítima de indivíduos inescrupulosos e fraudulentos que, desavergonhadamente, tiravam partido da situação. Ocorre, entretanto, que, para agravar a condição dessa viúva da parábola, o juiz, que idealmente deveria agir em função da instalação da justiça, era iníquo, insensível à causa dos necessitados e desprotegidos.

Mesmo assim, em virtude da insistência dos pedidos dessa viúva – que, do nosso ponto de vista, é inadequadamente chamada de *importuna* –, mesmo esse juiz desqualificado, enfastiado dos pedidos veementes da mulher e temendo uma ação mais radical da parte dela, resolve fazer-lhe justiça.

Ao que tudo indica, Cristo introduz essa pequena parábola no contexto maior de sua pregação escatológica para enfatizar a necessidade de seus seguidores perseverarem na busca de Deus, no intervalo de previstas dificuldades e mesmo de apostasia, antes do seu retorno. Confirmando essa corrente do texto, a introdução editorial do evangelista Lucas diz explicitamente, no versículo 1: "Contou-lhes também uma parábola sobre o dever de orar sempre, sem jamais esmorecer".

O GÊNERO DA PARÁBOLA **167**

Ao se falar da brevidade da narrativa parabólica, adentrou-se o domínio das funções desse tipo de discurso. É por ser curta que a parábola constitui material apropriado para ser facilmente contado em diálogos interpessoais ou em pregações mais públicas. Nesse jogo, detecta-se, então, a alternância de níveis narrativos, sendo a parábola uma narrativa de segundo grau, conforme a teoria de Genette adotada por nós. A relação que se estabelece entre esses níveis é claramente uma relação temática, dado que, seja para ensinar um princípio, seja para confrontar comportamentos, a parábola, enquanto estratégia de comunicação, sempre pretende influenciar de maneira direta o seu público receptor, como poderemos demonstrar concretamente em nosso trabalho, no capítulo sobre as funções.

Assim, a característica de ser uma metanarrativa curta configura-se no gênero da parábola como uma verdadeira estratégia de comunicação para atingir objetivos nitidamente definidos.

A parábola como narrativa amimética

Iniciamos esta seção explicando que o termo *amimética*, predicativo da narrativa parabólica, é inspirado na obra *Texto/contexto* (Rosenfeld, 1985), mais especificamente no capítulo "Reflexões sobre o romance moderno", em que o autor trabalha baseado em duas hipóteses fundamentais. A primeira prevê a existência de certo *Zeitgeist*, um espírito unificador de todas as manifestações de cultura em contato. Com isso ele quer indicar certa correspondência entre as profundas alterações ocorridas no universo das expressões artísticas modernas, dando um destaque especial àquelas observadas na literatura, em específico no romance.

A segunda hipótese é a sugestão de que se deva considerar como de excepcional importância o denominado *fenômeno da desrealização* observado na pintura, referindo-se ao fato de que essa forma de expressão artística deixou de ser mimética, ao recusar a função de reproduzir ou copiar a realidade empírica, sensível.

É com base nessas considerações de Rosenfeld que dizemos ser a parábola uma narrativa *amimética* já que, a seu modo, e respeitadas as

168 MARCO ANTÔNIO DOMINGUES SANT'ANNA

grandes diferenças históricas de contexto de produção, essa modalidade literária também faz a sua opção por representar especificamente os personagens, o tempo e o espaço, não de forma mimética, mas conforme princípios que serão apontados e discutidos a seguir.

Antes, porém, de abordar as especificidades do processo de desrealização na parábola, lembramos que mesmo Propp toca no tema das inter-relações do conto com a realidade declarando que "o estudo morfológico do conto demonstra que a *realidade* propriamente dita se encontra nesses contos [nos de magia russos] *em escala bem reduzida."* Diz ainda que "entre a realidade e o conto existem certos degraus de transição, e *a realidade se reflete neles de modo indireto.* Um destes degraus é constituído pelas crenças que se desenvolvem num determinado estágio de evolução dos costumes" (1984, p.98, grifos nossos).

Sobre esse mesmo assunto, nos comentários acerca dos domínios em que o narrador dos contos populares é livre para aplicar toda a sua criatividade, Propp deduz que a liberdade absoluta da escolha da nomenclatura e dos atributos dos personagens é apenas teórica, que "o criador de um conto raras vezes inventa, e que recolhe os dados do mundo exterior, ou na realidade contemporânea, e os insere no conto" (idem, p.103-4).

Ampliando suas considerações desse ponto em nota de rodapé, o autor russo demonstra existir mesmo uma regra para o tratamento de todo o material que vem de fora e penetra no conto: tudo deve submeter-se às suas normas e leis. Para que suas postulações fiquem mais claras, cita o exemplo de que, desde que o diabo entrou no conto, é considerado ou um agressor, ou um auxiliar, ou um doador.

Mesmo que não tenha sido essa a sua intenção primeira, Propp parece estabelecer um confronto entre o tratamento da realidade no conto maravilhoso russo e na literatura narrativa contemporânea, justamente no capítulo-conclusão da *Morfologia,* quando cita e assume as palavras de outro teórico russo, Vesselóvsky, que é apontado como uma espécie de precursor de suas próprias ideias:

> A literatura narrativa contemporânea, com sua complexidade de enredos e *representação fotográfica da realidade,* parece descartar a possibilidade dessa pergunta (aquela que questiona a existência ou não de

O GÊNERO DA PARÁBOLA **169**

esquemas típicos, transmitidos de geração em geração como fórmulas fixas, capazes de se animarem com sentidos novos, engendrando novas formulações). (p.107)

Dessas considerações acerca da maneira como o material cultural é trabalhado no conto maravilhoso russo e da representação fotográfica da realidade, característica da literatura narrativa daquele momento histórico, podem observar-se dois caminhos distintos e opostos de caracterizar a realidade: o primeiro, mesmo retirando dela o seu material, o faz em escala bem reduzida, de maneira indireta e submetendo-o a regras internas do próprio conto; já o segundo, conforme se apura da expressão "representação fotográfica da realidade", faz a opção por uma caracterização em que os desdobramentos dessa instância mantêm correspondências mais precisas com o material externo, seguindo a tendência daquela fase literária.

No que diz respeito à narrativa parabólica, como já apontado no início do tópico, pensamos ser uma modalidade em que a realidade é tratada mais à maneira do conto maravilhoso russo, sem perder as suas peculiaridades.

Para caracterizar o amimetismo na parábola, analisaremos as instâncias narrativas da personagem, do espaço e do tempo, nessa sequência, em textos do Novo Testamento.

O amimetismo na categoria das personagens

Quanto à categoria das personagens mais especificamente, o que se pode dizer em relação à parábola neotestamentária é que, com exceção de apenas um caso (que será analisado particularmente), ela é representada de uma maneira um tanto diferente da convencional. Tal diferença reside mais sensivelmente no fato de a narrativa parabólica optar por não apresentar as suas personagens identificadas com um nome próprio e definido, no tecido do texto. Por essa recusa em reproduzir literariamente esse aspecto da realidade empírica, classificamos a instância das personagens de amimética.

170 MARCO ANTÔNIO DOMINGUES SANT'ANNA

De fato, ocorre que essa categoria passa por um processo denominado por nós de tipificação, que se tornará mais claro por meio de investigações do material de uma parábola do Novo Testamento, a nosso ver emblemática quanto à questão do tratamento das personagens: a *Parábola do fariseu e do publicano*, narrada no evangelho de Lucas, capítulo 18, de 9 a 14:

> [9]Contou ainda esta parábola para alguns que, convencidos de serem justos, desprezavam os outros:
>
> [10] "Dois homens subiram ao Templo para orar; um era fariseu e o outro publicano. [11]O fariseu, de pé, orava interiormente deste modo: 'Ó Deus, eu te dou graças porque não sou como o resto dos homens, ladrões, adúlteros, nem como este publicano; [12]jejuo duas vezes por semana, pago o dízimo de todos os meus rendimentos'. [13]O publicano, mantendo-se à distância, não ousava sequer levantar os olhos para o céu, mas batia no peito dizendo: 'Meu Deus, tem piedade de mim, pecador!' [14]Eu vos digo que este último desceu para casa justificado, o outro não. Pois todo o que se exalta será humilhado, e quem se humilha será exaltado".

Em primeiro lugar, é necessário esclarecer que a introdução da parábola (versículo 9) constitui uma interpretação antecipada da mesma, apontando para o leitor que o tema central é a *justiça própria*. Manson observa que o texto tem como público-alvo aqueles cuja "base ou alicerce de confiança eram as suas próprias realizações no campo da piedade e da moralidade" (apud Bailey, 1985, p.326).

Em seguida, podemos perceber que as personagens são introduzidas na narrativa da maneira mais genérica possível: "*dois homens* subiram ao Templo para orar" (grifos nossos). Nesse momento de apresentação, as duas personagens são colocadas em uma relação de igualdade quanto à sua essência humana, sem se indicar ainda qualquer caracterização particularizante de uma e de outra. Ainda nessa apresentação da igualdade, os dois homens praticam a mesma ação: *subiram*; se dirigem ao mesmo local: *ao Templo*; com o mesmo objetivo: *para orar*.

Na sequência do versículo é que percebemos tratar-se de pessoas pertencentes a grupos religiosos e sociais diametralmente afastados um do outro: "um era *fariseu* e o outro era *publicano*" (grifos nossos).

O GÊNERO DA PARÁBOLA 171

Se optarmos por não realizar uma pesquisa externa ao texto sobre essas duas classes, assim mesmo poderemos encontrar, no interior de sua tessitura, elementos que nos auxiliarão na construção da imagem dessas duas personagens, e na percepção do contraste existente entre elas.

Todavia, já nos cabe apontar o procedimento do gênero parabólico em não nomear as personagens, o que lhes conferiria uma identidade definida. Em vez disso, a caracterização começa indicando que são seres humanos, pertencentes a duas classes sociais e religiosas, as quais eram perfeitamente reconhecidas naquele contexto histórico. Um deles, inclusive, o fariseu, ao longo do tempo, além de sua acepção denotativa que indica um "membro de uma seita e partido religioso que se caracteriza pela oposição aos outros, fugindo-lhes ao contato, e pela observância exageradamente rigorosa das prescrições legais", passou a ser tomado, em sentido figurado, como um "indivíduo hipócrita, fingido" (cf. Ferreira, 1986).

Por sua vez, conforme Bailey, os publicanos, que formavam o grupo dos coletores de impostos do império romano, força política dominante naquela época, "eram tradicionalmente conhecidos como roubadores e trapaceiros" (1985, p.333).

Confirmando essas considerações, o *Novo dicionário da língua portuguesa* (Ferreira, 1986) traz a significação denotativa para a palavra publicano como "cobrador de rendimentos públicos, na Roma antiga". Entretanto, na sua extensão, publicano aparece como termo pejorativo com o significado de "homem de negócios" e como o adjetivo "de, ou próprio de publicano", com um exemplo esclarecedor: "A origem de sua fortuna, ou o aumento dela, posteriormente, deve prender-se à atividade publicana, favorecida pelo prestígio do poder de Otávio, seu amigo" (Dourado, 1947, p.17).

Assim, observa-se que, mesmo naquele momento histórico da parábola, o narrador estava contando com o conhecimento do público acerca dos dois tipos de pessoas que entravam em cena. Talvez pudéssemos até chegar a dizer que se tratava da apresentação de duas personagens estereotipadas pelas classes a que pertenciam.

De acordo com os princípios greco-latinos de organização do pensamento, atualizados por meio do método indutivo, o qual, segundo

172 MARCO ANTÔNIO DOMINGUES SANT'ANNA

a obra *Comunicação em prosa moderna* (1971), marcou as línguas modernas e as indo-europeias, o narrador parte do geral em direção ao particular: em primeiro lugar apresenta dois homens; em seguida enquadra cada um deles em suas respectivas classes e, depois, começa uma caracterização mais detalhada, focalizando um de cada vez.

Como já observado, além de as personagens não receberem identidade nomimal, de serem como que estereotipadas pela sua vinculação a determinados grupos, a anunciada caracterização só é possível por meio de dados inferidos do discurso de cada personagem e de alguns elementos culturais que aparecem no interior da parábola.

Em relação ao fariseu, que é sobre quem incide a focalização, de início, e o primeiro a assumir a voz no discurso, não aparece nenhum tipo de descrição física, e mesmo o seu perfil psicológico só pode ser apurado não pelas informações definidas no texto, mas pelos procedimentos e falas reveladores acerca de sua personalidade.

Podemos iniciar observando a posição em que o fariseu se encontrava no Templo: em pé e ao longe. O primeiro fato é fácil de ser verificado, desde que é explícito no texto. Entretanto, há uma longa discussão sobre o fato de o fariseu estar *ao longe*. A maioria das traduções do grego, tanto para o português quanto para o inglês ou espanhol,[10] traz expressões que indicam que o fariseu orava *de pé, consigo mesmo*. A própria versão de Jerusalém de que fizemos uso para a transcrição acima diz que o religioso "de pé, orava interiormente".

Todavia, Bailey apresenta uma argumentação bastante convincente, contrariando a maior parte das versões. Dentre os elementos levantados pelo autor, destacamos que a conceituada versão Siríaca Antiga, do século II d. C., traduz o texto apresentando o fariseu *de pé, sozinho*, o mesmo acontecendo com a versão hebraica do Novo Testamento, de Delitzsch, a exemplo de algumas versões árabes importantes (1985, p.331).

---

10 Verificar as edições revista e corrigida e revista e atualizada, traduzidas por João Ferreira de Almeida; a *Bíblia na Linguagem de Hoje*, da Sociedade Bíblica do Brasil; a *Bíblia Viva*, da Editora Mundo Cristão; a *Holy Bible*, na New International Version; a obra *The Interlinear Hebrew-Greek-English Bible*, de acordo com *The King James II Version, Fourth Edition* e a *Bíblia Anotada de Scofield*, segundo a Antigua Versión de Casiodoro de Reina (1569).

O GÊNERO DA PARÁBOLA **173**

Além do peso dessas traduções importantes, Jeremias declara explicitamente que o "consigo mesmo" do versículo 11 refere-se a estar de pé, já que a oração silenciosa não constituía um costume judaico, pois, segundo as informações do autor, orava-se, antes, em tom meio alto ou mesmo alto. É por essa razão que chega a sugerir a seguinte tradução do versículo: "Ele [fariseu] se colocou em posição visível e pronunciou a seguinte oração" (1983, p.143).

Esse aspecto ligado ao tipo de oração judaica em voz alta é ratificado por Bailey, usando para isso uma citação de outro autor, Marshall, que diz claramente que "o costume judeu era orar em voz alta" (apud Bailey, 1985, p.333).

Outro aspecto relevante sugerido por Bailey é que a oração silenciosa, interior, de si para si, que o fariseu teria feito, não acrescentaria significação alguma ao texto, enquanto o fato de o religioso ter-se colocado em um espaço de evidência, separado dos outros adoradores do templo, confere uma força dramática à parábola, já que tal posição, embora aparentemente a mesma da do publicano, é assumida por razões contrastantes com aquelas que levaram este último a se afastar do restante dos presentes naquele recinto.

Em primeiro lugar, o espaço ocupado pelo fariseu reforçaria o ponto de vista do narrador da narrativa de primeiro grau quando, na introdução do texto, declara explicitamente que Jesus havia contado a parábola "para alguns que, convencidos de serem justos, desprezavam os outros". Ora, o afastamento dos outros adoradores do templo expressaria de fato uma atitude de justiça própria e, especialmente, de desprezo pelo semelhante.

Além disso, nessa linha, deparamos ainda com alguns dados culturais relevantes para pensarmos que realmente o fariseu ocupava uma oposição de afastamento dos demais. Segundo Bailey, havia uma espécie de título para as pessoas que guardavam a lei de maneira rígida: *haberim*, que significa *associados*. De fato, pertenciam a uma espécie de clube fechado, principalmente caracterizado pela soberba de, da perspectiva deles mesmos, constituírem uma casta religiosa superior.

Havia também os *am-haaretz*, o *povo da terra* que, conforme citação de Danby, era constituído pelos "judeus ignorantes em relação à

174 MARCO ANTÔNIO DOMINGUES SANT'ANNA

Lei e que não observavam as regras de purificação e impureza, e não eram escrupulosos em separar Dízimos da sua renda (a saber, Ofertas Alçadas, Primeiro Dízimo, Segundo Dízimo, e Dízimo do Pobre)" (apud Bailey, 1985, p.331).

Assim, aos olhos do fariseu, o outro personagem da parábola, o publicano, seria um forte candidato a ser classificado como *am-haaretz* já que, sabidamente, era um coletor de impostos, de reputação duvidosa em relação ao uso do dinheiro.

Outro elemento da cultura religiosa judaica que também poderia ser acrescentado é o de um tipo específico de impureza, contraída por se assentar, viajar ou mesmo até por encostar em algo considerado impuro. Tal impureza era conhecida como impureza-*midras* e mencionada declaradamente na *Michna Hagigah*,[11] conforme citação de Bailey: "O fariseu considera que as roupas de um 'am-haaretz' sofrem de impureza-midras" (1985, p.331).

Dessa perspectiva, não é de admirar a possível decisão do fariseu em manter-se isolado das outras pessoas, pois caso acidentalmente apenas esbarrasse em alguém, estaria contraindo a impureza-midras e comprometendo a condição exigida para apresentar-se no Templo. Assim, cuidadosamente, por questões legais, ele precisaria manter-se longe de todos.

A fim de reforçar a linha de que o fariseu havia se colocado longe dos outros no Templo, Bailey ainda remete a um texto de Hillel, um famoso rabino que viveu em uma época posterior à de Jesus, que condena a tendência de alguns líderes religiosos de se afastarem do restante da congregação: "Não fiques separado da congregação, e não confies em ti mesmo até o dia da tua morte" (apud Bailey, 1985, p.332).

Além do mais, conforme Browne (1959), o vocábulo *fariseu*, vindo do verbo *farash*, significa *interpretar*, ou, segundo alguns doutos, *separar*. O fato é que foram eles os responsáveis pelo lançamento dos alicerces da tradição rabínica, mediante a interpretação rabínica (p.XXI). Confirmando a acepção de *fariseu*, ligado a *separar*, as expli-

---

11 Conforme Browne (1959), o vocábulo *michna* significa *repetição*, indicando o código de leis civis e religiosas, compilado mais ou menos em 200 a. C. (p.XXII).

O GÊNERO DA PARÁBOLA 175

cações de expressões técnicas pelo Dr. Berndt Schaller, contidas na obra *As parábolas de Jesus*, do teólogo Joachim Jeremias, apresentam o significado de *separado* para a palavra em análise (Schaller apud Jeremias, 1983, p.232).

Dessa forma, tudo leva a crer que, de fato, o fariseu, em uma atitude de arrogância e superioridade religiosa, havia se separado dos demais adoradores no recinto do Templo.

Em seguida, o próprio conteúdo da oração pronunciada em voz alta pelo fariseu revela muito acerca da característica presunçosa de que vimos falando: "Ó, Deus, eu te dou graças porque não sou como o resto dos homens, ladrões, injustos, adúlteros, nem como este publicano; jejuo duas vezes por semana, pago o dízimo de todos os meus rendimentos".

No seu início, ela chega a seguir o padrão das orações piedosas judaicas que incluía, em primeiro lugar, ações de graças a Deus por todas as suas bênçãos. Entretanto, a expressão explícita de agradecimento não era motivada por qualquer reconhecimento das dávidas recebidas, mas, ao contrário, pela justiça própria alcançada apenas pelos seus esforços.

Além disso, o segundo componente de uma reza-padrão judaica também é suprimido: não há sequer um pedido em face de alguma necessidade que porventura o fiel estivesse atravessando. Isso seria um sinal de reconhecimento dos limites humanos e tal atitude não se conformaria com o perfil do fariseu.

Jeremias recupera uma oração muito semelhante a essa, contida no Talmud,[12] datada do século I d. C.:

> Eu te agradeço, Senhor Deus, porque me deste parte junto daqueles que se assentam na sinagoga, e não junto daqueles que se assentam pelas

---

12 Conforme Schaller, Talmud indica "a coleção muito vasta de doutrinas rabínicas. Distinga-se entre o *Talmud palestino* ou *jerosolimitano* (acabado no começo do século V d. C.) e o *Talmud babilônico* (terminado no século VI d. C.). Parte deles contém as discussões das escolas rabínicas da Palestina e Babilônia sobre a Michná (coleção de prescrições religiosas, terminada por volta de 200 d. C.)" (apud Jeremias, 1983, p.234).

esquinas das ruas; pois eu me levanto cedo, eles também se levantam cedo; eu me levanto cedo para palavras da lei, e eles, para as coisas fúteis. Eu me esforço, eles se esforçam: eu me esforço e recebo a recompensa, eles se esforçam e não recebem recompensa. Eu corro e eles correm: eu corro para a vida do mundo futuro, e eles, para a fossa da perdição. (Jeremias, 1983, p.144)

Somando-se a isso, o mesmo autor ainda apresenta um dos hinos de louvor do Qumram, a região à beira do Mar Morto, onde foram encontrados os mais importantes pergaminhos da narrativa bíblica. Tal hino também é vazado por uma atitude de superioridade em relação ao semelhante: "Eu te louvo, Senhor, porque não deixaste minha sorte cair na comunidade do nada e não puseste minha parte no círculo daqueles que estão nas trevas" (idem, ibidem).

Isso tudo leva a crer que o tipo de procedimento acima apontado constituía algo um tanto quanto comum no contexto judaico, especialmente partindo dos componentes de um grupo que se considerava a elite religiosa do momento. Não é sem razão, pois, que, dentre outras, encontramos a passagem do evangelho sinótico de Mateus, no capítulo 23, do versículo 13 ao 36, em que Cristo profere uma longa lista de imprecações contra o grupo dos escribas e dos fariseus, encerrando o excerto com uma lista de castigos iminentes que lhes sobreviriam.

Por outra perspectiva, o que deveria constituir a expressão devocional do religioso judeu transformou-se em um instrumento de ataque direto contra os seus companheiros de adoração, muito especialmente contra a figura do publicano, que passou a ser uma ilustração viva das classes de pessoas indignas alistadas pelo fariseu.

Em seguida, o que faz é apresentar objetivamente as bases do seu entendimento sobre a sua justiça. Para resumir, o que se apura é o perfil de um homem que se orgulha da sua observância mais que perfeita da religião. Se Moisés estipulara um dia de jejum, reservado para o ritual da expiação (conforme os textos de Levíticos 25:29 e de Números 39:7), essa personagem da parábola jejua duas vezes por semana; se o regulamento do Antigo Testamento previa a entrega dos dízimos de apenas uma parte específica da produção agrícola, do vinho e do óleo (conforme as referências de Levíticos 27:30; Números 18:27 e Deu-

O GÊNERO DA PARÁBOLA **177**

teronômio 12:17 e 14:13), aquele fariseu, em um ato de extremismo, dava o dízimo de tudo.

Assim, em uma tentativa mais esquematizadora do comportamento do fariseu, poderíamos subdividi-lo nos seguintes estágios: 1) isolamento para não contaminação com os demais adoradores; 2) saraivada de críticas, dirigidas especialmente ao publicano, por meio da oração audível; 3) apresentação das bases legais (ou legalistas?) da sua justiça própria, também por meio da oração em voz alta.

Com esses procedimentos acima resumidos, a personagem do fariseu é construída na parábola, confirmando-se a informação oferecida pelo narrador, na introdução, de tratar-se de um texto destinado "a alguns que, convencidos de serem justos, desprezavam os outros" (v.9).

Por sua vez, a construção da personagem do publicano obedece o mesmo princípio usado na do fariseu: sem a apresentação específica de nome, descrição física ou psicológica explícita, o que se tem é outro discurso revelador das características essenciais desse homem que, ao final, configura outro tipo específico do ente humano.

Poderíamos, inclusive, satisfazendo a fins mais didáticos, estabelecer um nítido confronto entre as duas personagens, algo que, de qualquer forma, está posto em forma redacional no texto. Da mesma maneira que o fariseu havia se colocado em uma posição afastada da dos demais, o publicano o fizera. Entretanto, os motivos que os levaram a isso foram diametralmente opostos: o primeiro, com medo de contaminação; o outro, por julgar-se indigno e imerecedor de juntar-se aos demais na adoração pública. A própria sequência do versículo comprova essa linha: "O publicano, à distância, não ousava sequer levantar os olhos para o céu". Jeremias sugere a tradução *"não queria* sequer levantar os olhos para o céu", talvez para enfatizar um ato da vontade pessoal daquele que se julgava inapto para encarar a divindade (1983, p.144, grifo nosso).

Outro componente que intensifica o contraste de atitudes dos dois adoradores judeus é o fato de o último, além de sequer ousar levantar os olhos aos céus, enquanto orava, "bater no peito" (v.13). Conforme pesquisa antropológica de Bailey, esse gesto é ainda usado em todo o

178 MARCO ANTÔNIO DOMINGUES SANT'ANNA

Oriente Médio, desde o Iraque até o Egito, em ocasiões de extrema angústia ou intensa ira. Todavia, é uma espécie de ritual característico apenas de mulheres e não de homens. Conforme depoimento do autor citado, há apenas uma ocasião em que homens se juntam às mulheres nesses atos públicos:

> É no ritual 'Ashura da seita islâmica Shiita. Esse ritual é uma dramatização do assassinato de Hussein, filho de Ali (genro do profeta do Islão). A cena do assassinato é apresentada dramaticamente, e os devotos dilaceram suas cabeças rapadas com facas e lâminas agudas, numa demonstração de angústia intensa, ao recordarem este acontecimento que formou a sua comunidade. Neste ritual os *homens* batem no peito. (1985, p.337, grifos do autor)

Mesmo na literatura bíblica, esse gesto é mencionado apenas no texto em análise, e em duas outras ocorrências da narrativa da paixão e morte de Cristo. Na primeira delas, Lucas 23:27, no episódio em que impuseram a Simão, da cidade de Cirene, a cruz para levá-la atrás de Jesus, "grande multidão o seguia, como também *mulheres que batiam no peito* e se lamentavam por causa dele" (grifos nossos). Na outra, Lucas 23:48, no momento imediato após a crucificação e morte de Cristo, "*toda a multidão* que havia acorrido para o espetáculo, vendo o que havia acontecido, voltou, *batendo no peito*" (grifos nossos). A edição, revista e atualizada no Brasil, da Bíblia traduzida por João Ferreira de Almeida chega a oferecer uma interpretação para o ato de bater no peito desta última referência, ao dizer que *vendo* (as multidões) "o que havia acontecido, retiraram-se a *lamentar, batendo no peito*" (grifos nossos).

Da perspectiva cristã, apenas um ato da magnitude do Gólgota seria suficiente para desencadear esse gesto de bater no peito, da parte da multidão que, certamente, era composta não só de mulheres como de homens também.

Diante desses dados culturais, o comportamento do publicano ganha uma dimensão de extremo lamento e de total humilhação, tanto na presença da divindade quanto na dos outros que ali se encontravam junto com ele. O ato de, em sucessão, de punhos fechados, dar socos

O GÊNERO DA PARÁBOLA 179

contra o próprio peito, o local onde fica o coração, a sede metafórica das "más intenções, assassínios, adultérios, prostituições, roubos, falsos testemunhos e difamações" (segundo a visão cristã, explicitada por seu fundador em Mateus 15:19), constitui uma demonstração dramática e maior da profundidade dos sentimentos de um homem completamente desnudado em sua interioridade.

Enquanto assim procedia, em vez de reagir contra a saraivada de acusações que acabara de ouvir – e todos os demais também – da parte do fariseu, proferia a seguinte oração: "Meu Deus, tem piedade de mim, pecador!" (v.13). As versões armênia e siríaca Harcleana, dos primeiros séculos da vida da igreja cristã, traduzem literalmente o texto como "faze uma expiação por mim" (apud Bailey, 1985, p.338). A recuperação dos elementos litúrgicos judaicos que acompanhariam essa oração, realizados pelo pesquisador G. H. Dalman, ajudam-nos a compor a imagem dessa cena dramática:

> A pessoa que chegar aqui [no Templo] a fim de orar na hora do sacrifício da tarde, isto é, à nona hora [três horas da tarde] ...verá antes de tudo o cordeiro sacrificado ser morto e retalhado, e depois notará que um sacerdote dirigiu-se ao Santuário para queimar incenso (Lucas 1:9). Desses dois atos o israelita não era meramente um espectador, pois eles eram executados em nome do povo, de quem o sacerdote era representante, a fim de afirmar diariamente o relacionamento de Israel com Deus, de acordo com a sua ordem; e quando, dos degraus da entrada, os sacerdotes terminavam de incensar, pronunciavam a bênção com braços estendidos... e colocavam o Nome de Deus sobre os filhos de Israel... era para receber a bênção que o povo "se curvava" (Eclesiástico 1:21) até o chão, ao ouvir o Nome inefável... Isto era feito com a consciência de que Deus aceitaria graciosamente a oferta, levando o sacrifício ao altar. (idem, ibidem)

Dessa maneira, todo esse cerimonial de sacrifício expiatório, seguido de clangor de címbalos, de sonido de trombetas, de leitura de Salmos, de cântico do coro dos sacerdotes levitas – que, segundo a literatura bíblica, era numerosíssimo – e da prostração final de todo o povo, compõe o cenário para uma personagem que fica ao longe, temerosa de ser vista e reconhecida, completamente tomada pelo sentimento de indignidade de juntar-se aos outros participantes do culto, em profundo remorso, dando murros sequentes no próprio peito e clamando com arrependimento e esperança que aquele sacrifício expiatório que estava sendo realizado naquele exato momento pudesse aplicar-se diretamente a ele. Não se tratava apenas do cumprimento legalista de um ato ritualístico frio, obrigatório, deslocado do cotidiano, mas de uma oportunidade decisiva e inadiável de resolver um problema vital de sua existência humana.

É assim, pois, que se constroem as duas personagens dessa narrativa parabólica, o que constitui um procedimento emblemático para o gênero de que vimos tratando. Como já mencionado desde o início deste tópico, elas sequer recebem nomes próprios, e a caracterização física e os traços que as compõem são apurados por meio do cruzamento de pontos de vista delas próprias, expressos na tessitura do texto, e dos do narrador que, pela sua autonomia, manipula os elementos composicionais do discurso para, enfim, delinear o perfil tipificado dos actantes dos textos das parábolas.

No caso específico do texto analisado, o que se tem ao final são os representantes de dois tipos definidos de seres humanos: aqueles que por razões legalistas se julgam não apenas dignos de uma posição elevada em relação aos semelhantes, como também no direito de menosprezá-los, e aqueles que, em uma atitude extremamente humilde, esperam pela bondade de Deus para a expiação de sua condição de pecador.

Configurando, a exemplo da sua introdução, uma narrativa de primeiro grau, a conclusão do texto de Lucas 18, no versículo 14, além de elaborar um fechamento para a pequena narrativa, mostrando que fora justificado o cobrador de impostos, ocorrendo o oposto com o fariseu, estabelece algo como um princípio universal que, na verdade, constitui a essência da parábola: "Pois todo o que se exalta será humilhado, e quem se humilha será exaltado".

Sabendo-se que o público-alvo da parábola era exatamente caracterizado pela mesma atitude do fariseu, imagina-se a contundência que a história ganhou ao desmascará-lo e mostrar a sua condição inaceitável, apesar das aparências.

O GÊNERO DA PARÁBOLA 181

De uma maneira geral, pode-se perceber, assim, que os procedimentos da parábola em relação à construção do estatuto das personagens é característico na medida em que, como demonstrado, não atribui a elas uma identidade nominal definida, mas vincula-as a determinados grupos estereotipados no contexto histórico-social e realiza uma caracterização indireta de seus perfis, por meio dos comportamentos e dos discursos assumidos por elas, no interior do texto. Pelo fato de essas construções se apresentarem em uma extensão relativamente curta, o que finalmente se observa é a capacidade da parábola de adensar os elementos nela contidos, optando por uma forma amimética de narrar e de descrever, o que ocorrerá também com a categoria do espaço.

A propósito dessa questão, pode-se mencionar ainda a existência de uma polêmica sobre a classificação do texto de Lucas 16:19-31 como parábola ou não. Sem contar os fragmentos que são denominados por Jacques Dupont, na obra *Por que parábolas* (1980), de *sentenças parabólicas* e pelo *Dicionário internacional de teologia* (Vida Nova, 1983) de *ditos parabólicos*, o evangelho sinótico de Lucas apresenta cerca de 12 parábolas típicas. Desse grupo, apenas aquela cuja referência fora acima indicada e que é denominada por Dupont de a *Parábola do rico e do pobre* contém um elemento discutível: o fato de as personagens aparecerem com nome definido. A fim de que o fenômeno resulte bem estabelecido, optamos por transcrever abaixo o texto:

> [19]Havia um homem rico que se vestia de púrpura e linho fino e cada dia se banqueteava com requinte. [20]Um pobre, chamado Lázaro, jazia à sua porta, coberto de úlceras. [21]Desejava saciar-se do que caía da mesa do rico... E até os cães vinham lamber-lhe as úlceras. [22]Aconteceu que o pobre morreu e foi levado pelos anjos ao seio de Abraão. Morreu também o rico e foi sepultado. [23]Na mansão dos mortos, em meio a tormentos, levantou os olhos e viu ao longe Abraão e Lázaro em seu seio. [24]Então exclamou: "Pai Abraão, tem piedade de mim e manda que Lázaro molhe a ponta do dedo para me refrescar a língua, pois estou torturado nesta chama". [25]Abraão respondeu: "Filho, lembra-te de que recebeste teus bens durante tua vida, e Lázaro por vezes os males; agora, porém, ele encontra aqui consolo e tu és

atormentado. [26]E além do mais, entre nós e vós existe um grande abismo, a fim de que aqueles que quiserem passar daqui para junto de vós não o possam, nem tampouco atravessem de lá até nós".

[27]Ele replicou: "Pai, eu te suplico, envia então Lázaro até à casa de meu pai, [28]pois tenho cinco irmãos; que leve a eles seu testemunho, para que não venham eles também para este lugar de tormento".

[29]Abraão, porém, respondeu: "Eles têm Moisés e os Profetas; que os ouçam". [30]Disse ele: "Não, pai Abraão, mas se alguém dentre os mortos for procurá-los, eles se arrependerão". [31]Mas Abraão lhe disse: "Se não escutam nem a Moisés nem aos Profetas, mesmo que alguém ressuscite dos mortos, não se convencerão".

De fato, há correntes que não admitem esse texto como parábola, como material inventado, a fim de estabelecer um suporte autorizado, como o bíblico, para aventar a possibilidade do envio de uma *alma* da *mansão dos mortos* para o mundo dos vivos. Entretanto, para contrapor essa posição, Edward Craig Mitchell, em *As parábolas do Novo Testamento* (Mitchell, s. d.) declara ser um ponto doutrinário muito fraco procurar provar aos sentidos externos aquilo que deve ser visto por intuição espiritual. No entanto, faz a exaltação do místico escandinavo Emanuel Swedenborg (1688-1772), reputando-o como um homem iluminado para ser um instrumento da abertura das Escrituras e para abrir os homens às Escrituras. Da sua perspectiva cristã, declara ainda que Swedenborg oferece o único antídoto efetivo às correntes que, tomando essa parábola como doutrina, tentam provar a possibilidade de contato entre o mundo dos mortos e dos vivos, ao observar que "para a lei e para o testemunho, se eles não falam de acordo com esta Palavra [a Bíblia], é porque não há luz neles". Encerra seus comentários sobre o texto dizendo literalmente que "cousa alguma do que se levanta do estado espiritual morto de nossos próprios males, pode convencer-nos de qualquer verdade" (Mitchell, p.526).

O *Novo Testamento interpretado versículo por versículo* (s. d., v.2, p.161) aponta a objeção feita por alguns estudiosos de aplicar o vocábulo parábola para essa narrativa pelo fato de, como já mencionado, serem atribuídos às personagens nomes próprios e, ainda, por causa

O GÊNERO DA PARÁBOLA **183**

do tipo de descrição detalhada sobre o estado dos homens após a morte física. Segundo Russel N. Champlin, autor da obra citada, tal descrição só encontra paralelo no evangelho apócrifo de Nicodemos, nos capítulos 15º a 19º.

Todavia, a começar pela observação da constituição do texto, e passando pelas posições adotadas por Dupont, por Joachim Jeremias, por Edward Craig Mitchell,[13] pelo *Dicionário internacional de Teologia do Novo Testamento* (1983) e outras obras que poderiam ser citadas, tem-se que se trata, na verdade, de uma parábola. Ainda que nesse caso específico as personagens recebam nomes e que alguns deles, inclusive, expressem uma relação direta com figuras históricas da nação judaica, constitui uma exceção que pode confirmar o padrão geral. No dizer dos comentários de rodapé da *Bíblia de Jerusalém* acerca do texto, trata-se de uma história-parábola, sem qualquer nexo histórico.

Além disso, tanto Jeremias (1983) quanto Champlin (s. d.) esclarecem que o texto da *Parábola do rico e do pobre* tem uma ligação muito forte com uma conhecida fábula egípcia, que tinha por objeto a inversão da sorte no além, registrada em papiro, trazida por judeus alexandrinos para a Palestina. Trata-se da narrativa da viagem de Si-Osíris e do seu pai Seton Chaemwese ao reino dos mortos, depois de estarem presentes em um requintado sepultamento de um rico, para o qual acorreu muita gente, pronta para tecer ao falecido os mais altos louvores. Antes ainda de chegarem à mansão dos mortos, as duas personagens compareceram ao sepultamento de um homem pobre, cujo corpo seguia para o túmulo, coberto apenas por um colchão, sem que houvesse séquito algum para acompanhá-lo. Um dos observadores da cena comentou sobre a grande vantagem de alguém ser rico, mas, logo em seguida, teve a oportunidade de contemplar cenas da vida após a morte, e ali viu o pobre vestido de trajes de linho que, anteriormente, pertenciam ao rico, enquanto o ex-rico sofria tormentos por causa de suas ações reprováveis na vida passada. Tanto

---

13 Nas respectivas obras, *Por que parábolas* (1980), *As parábolas de Jesus* (1983) e *As parábolas do Novo Testamento* (1959).

Jeremias (1983) quanto Champlin (s. d.) oferecem a aplicação moral que concluía o texto egípcio: "Aquele que é bom na terra, passa bem no mundo dos mortos; e aquele que é mau, passa mal". Enriquecendo as informações sobre as fontes da parábola bíblica, Champlin acrescenta que existe uma elaborada monografia sobre a *Parábola do rico e do pobre*, publicada em 1918 por Hugo Gresman, da Universidade de Berlim, cujo autor também é da opinião que a narrativa bíblica teve sua origem na história egípcia (v.2, p.162).

Por tudo isso, do nosso ponto de vista, o texto de Lucas 16:19-31 configura uma narrativa parabólica, mesmo que as personagens recebam nomes próprios, contrariando os casos típicos do gênero, nesse aspecto. Confirma-se, assim, mais uma vez, o caráter amimético das personagens, na construção de um discurso parabólico modelar.

Ao que tudo indica, essa característica do amimetismo das personagens constitui um aspecto particularizador das narrativas parabólicas, na medida em que confere ao texto um caráter mais universal, mais abrangente e, também, mais includente. O fato de as personagens não serem apresentadas com nomes próprios, de não terem a individualidade marcada por esse traço distintivo – como é comum nas narrativas em geral – possibilita que haja uma abertura e uma identificação maiores com o público. Os vários tipos humanos apresentados emblematicamente nas narrativas das parábolas (como, por exemplo, o fariseu e o publicano do texto analisado anteriormente que, respectivamente, representam o orgulhoso e o humilde) funcionam como uma espécie de espelho em que o público tem a oportunidade de reconhecer a projeção de sua própria imagem, em algum caso.

A propósito, esse fato harmoniza-se com uma das funções da parábola – a do ensino de princípios universais – como veremos com maiores detalhes em capítulo específico sobre esse assunto. Por ora, adiantamos que, trabalhando o estatuto das personagens de maneira amimética e tendo, assim, um caráter mais universal e abrangente, a parábola ganha força no campo didático, uma vez que os princípios por ela veiculados também pretendem ser universais.

O amimetismo na categoria do espaço

O tratamento dispensado ao espaço da narrativa no gênero da parábola também pode ser considerado como amimético, na mesma acepção que essa nomenclatura ganha em relação à personagem, isto é, a de não reproduzir ou copiar a realidade sensível. Especificamente na categoria do espaço, observaremos uma tendência muito acentuada de realizar-se a representação sem especificidades de localizações, denominações ou quaisquer outros indícios que possibilitem o reconhecimento de um lugar determinado.

Diferente do procedimento adotado de selecionar apenas um representante textual para nele analisar a construção da personagem, tentaremos demonstrar o tratamento dado ao espaço, mediante a recorrência a exemplos variados, sem nos atermos propriamente a uma parábola em si.

Inicialmente, poderíamos dizer que em um *corpus* delimitado em que as parábolas recebem o estatuto de gênero distinto, o Novo Testamento, nas narrativas em que aparece alguma indicação sobre o espaço, em geral, tal indicação não apresenta dados específicos que possam levar a um reconhecimento do espaço na realidade externa.

De uma lista de cento e duas ocorrências oferecida por Jacques Dupont (1980), incluindo tanto as parábolas como as denominadas sentenças parabólicas, apenas duas oferecem subsídios que poderiam sugerir uma ligação direta com a realidade extraliterária: a de Lucas 10:30-37 e a de Lucas 18:9-14, conhecidas como a *Parábola do bom samaritano* e a *Parábola do fariseu e do publicano*, respectivamente.

A fim de percebermos com maior clareza esse aspecto do tratamento da categoria do espaço nas parábolas do Novo Testamento, apresentamos a seguir um esquema contendo algumas das suas parábolas mais extensas, subdividido em três partes: 1) referência bíblica, 2) título da parábola e 3) indicação de espaço. Para a apresentação, baseamo-nos nas referências e nos títulos dados por Jacques Dupont, na obra *Por que parábolas* (1980) e no texto da *Bíblia de Jerusalém*:

REFERÊNCIA	TÍTULO	ESPAÇO
Marcos 4:2-9/ 13-20	O semeador	à beira do caminho/ solo pedregoso/ entre os espinhos/ terra boa
Marcos 4:26-29	A semente que brota sozinha	na terra
Marcos 4:30-32	O grão de mostarda	na terra
Marcos 12:1-9	Os vinhateiros homicidas	sem indicação
Mateus 7:24-27	As duas casas	rocha/ areia
Mateus 13:24-30	O joio no meio do trigo	campo
Mateus 13:33-35	O fermento	sem indicação
Mateus 13:44-46	O tesouro e a pérola	campo
Mateus 13:47-48	A rede	mar/praia
Mateus 18:23-34	O devedor implacável	sem indicação
Mateus 20:1-15	Os operários da vinha	vinha/ praça/ lá/ aí
Mateus 21:28-31	Os dois filhos dessemelhantes	vinha
Mateus 22:1-14	O banquete de núpcias	campo
Mateus 24:45-51	O bom e o mau administrador	sem indicação
Mateus 25:1-12	As dez virgens	sem indicação
Mateus 25:14-30	Os talentos	estrangeiro/cova/ chão
Lucas 7:41-43	Os dois devedores	sem indicação
Lucas 10:30-37	O bom samaritano	Jerusalém/ Jericó
Lucas 12:16-20	O rico insensato	sem indicação
Lucas 13:6-9	A figueira estéril	sem indicação
Lucas 15:4-7	A ovelha perdida	deserto
Lucas 15:8-10	A dracma perdida	casa
Lucas 15:11-32	O filho pródigo	região longínqua
Lucas 16:1-8	O administrador esperto	campo
Lucas 16:19-31	O rico e o pobre	à porta (da casa)/ seio de Abraão/ mansão dos mortos/ ao longe/ grande abismo/ daqui./ lá/ casa de meu pai/ lugar de tormento
Lucas 18:1-8	O juiz e a viúva	uma cidade
Lucas 18:9-14	O fariseu e o publicano	Templo
Lucas 19: 12-27	As minas	região longínqua

O quadro permite observar que, de maneira geral, as indicações espaciais são generalizantes, sem qualquer possibilidade de relação com um local definido na realidade extraliterária. Contudo, como também já observado, há duas ocorrências que não seguem esse paradigma, funcionando, apesar disso, como uma espécie de confirmação do padrão geral.

O GÊNERO DA PARÁBOLA **187**

Na primeira delas, os indicadores de espaço que aparecem definidos são os nomes das cidades de Jerusalém e Jericó: "Um homem descia de *Jerusalém* a *Jericó*, e caiu na mão de assaltantes que, após havê-lo despojado e espancado, foram-se, deixando-o semimorto" (v.30, grifos nossos). Todavia, a citação desse percurso entre as duas cidades, que soma cerca de 27 quilômetros, mesmo sendo um dado concreto da geografia israelita, talvez se deva a um fato que distingue esse trajeto: segundo Jeremias (1983) e Bailey (1985), trata-se de uma descida solitária pelo deserto, que até hoje é conhecida por causa dos constantes assaltos ali acontecidos, o que a caracterizou durante toda a história.

Juntando-se aos dois autores já citados, Russel N. Champlin, no já citado *O Novo Testamento interpretado versículo por versículo*, acrescenta que a estrada Jerusalém-Jericó descia cerca de 1040 metros. Em uma citação literal do historiador judeu Flávio Josefo (c. 37-95 d. C.), nascido em Jerusalém, governador da Galileia e participante da revolta dos judeus contra Roma, há a referência de que "essa estrada era desolada e pedregosa" e que Jerônimo (c. 347-420), um dos maiores e mais cultos doutores da igreja cristã, declara que, mesmo na sua época (século IV d. C.), ela continuava infestada de assaltantes beduínos e, por isso, era conhecida como "caminho sanguinário" (p.109).

Na obra *A vida diária nos tempos de Jesus* (1983), Daniel-Rops declara, em uma seção sobre as estradas e as trilhas das caravanas, seguida de outra sobre viajantes e salteadores, que os ladrões e assaltantes eram uma das maldições da época de Cristo. Por isso, segundo o autor, ninguém viajava sozinho, a não ser para percorrer pequenas distâncias, como era o caso entre Jerusalém e Jericó. Comentando o fato ocorrido na *Parábola do bom samaritano*, o autor observa que ele ocorrera em um lugar tão mal afamado que todos os outros viajantes procuraram afastar-se dele, sem perder tempo em ajudar o homem ferido (p.172).

Assim, talvez por causa do estigma de perigo e assombro, a estrada tenha sido escolhida para povoar o imaginário do público da parábola, como um ambiente perfeito para acionar os elementos dramáticos de terror e violência pretendidos pelo autor.

Assim, a referência a um espaço com correspondentes diretos na realidade histórica cumpre a função artística de evocar sentimentos

188 MARCO ANTÔNIO DOMINGUES SANT'ANNA

adequados à narrativa. Tendo cumprido esse papel, dentro do contexto geral da parábola, como pode ocorrer em qualquer narrativa alegórica, a citação passa a fazer parte de um universo imaginário e deixa, assim, de indicar concretamente um espaço do universo real. Em outras palavras, trata-se exatamente do fenômeno da transfiguração do real por que passa toda obra literária.

Quanto à apresentação do recinto do *Templo* – inclusive grafado com maiúscula na *Bíblia de Jerusalém* – da *Parábola do fariseu e do publicano* (Lucas 18:9-14), pode-se observar também que a função artística da citação justifica mais essa exceção no tratamento da categoria do espaço no universo das parábolas.

A simples referência ao Templo, com maiúscula, é suficiente para indicar que se trata do grande Templo de Jerusalém. Além disso, o verbo *subir*, do texto da parábola, constitui outro indicador de local definido, dado que, segundo o citado Champlin, o templo ficava no alto do Monte Moriá, elevando-se bem acima do demais edifícios de Jerusalém daquela época (v.2, p.176). Esse fato é confirmado por Jeremias, ao mostrar que o templo situava-se em uma colina cercada de vales ao oeste, sul e leste (1983, p.143).

Esse templo não era o mesmo construído pelo rei Salomão, conforme as descrições bíblicas dos capítulos 5, 6, 7 e 8, do primeiro livro histórico dos Reis. Não era tampouco o *segundo templo*, construído por Zorobabel, por insistência dos profetas Ageu e Zacarias, depois da volta do povo de Israel do exílio na Babilônia. Mesmo sendo muito menos imponente que a obra-prima do rei Salomão, esse segundo templo ocupava um lugar de destaque na cultura religiosa judaica, dado que constituía um sinal concreto da restauração de Israel como nação e, ainda, um centro de resistência do povo ao paganismo.

O templo mencionado em nossa parábola era o *terceiro Templo*, o de Herodes, com o qual, segundo Daniel-Rops, ele pretendia suplantar o próprio Salomão. Em um fragmento dos comentários do citado autor temos o seguinte:

> Ele [Herodes] dobrara a superfície plana do Monte Moriá construindo grandes plataformas sustentadas por várias subestruturas; mobilizando

O GÊNERO DA PARÁBOLA **189**

um exército de trabalhadores, cujos números variam de dez a 18 mil, ordenando o transporte de tonelada após tonelada de materiais e não vacilando diante das despesas (...)

(...) Havia algo de babilônico nele [no Templo], com seus alicerces prodigiosos, seu complexo de pátios, seus vários níveis e a fortaleza de Antônia que o flanqueava. Mas o santuário propriamente dito fora construído em estilo greco-romano, mais romano do que grego, e visando o colossal que mais tarde encontraria plena realização em Baalbek e Palmira. Com sua colunata, capitéis e frontão triangular, ele é um Heraclion à maneira oriental, com um esplendor inclinado à ostentação. (...) Uma balaustrada de mármore branco finamente entalhada rodeava o teto coberto de folhas de metal dourado providas de pontaletes brilhantes a fim de impedir que os pássaros pousassem no local. "Quando o sol nascente bate", diz Josefo, "parece que é o brilho da neve que vemos no telhado".

(...) O Templo constituía uma das obras de arquitetura mais portentosas da época, despertando infinda admiração por parte dos judeus. Os próprios discípulos de Cristo dão testemunho disto (Marcos 13:1). Josefo se alonga quase interminavelmente sobre seu esplendor, e a *Carta de Aristeias*, um dos livros apócrifos dos dias de Jesus, falando de uma embaixada que o Faraó enviou ao supremo sacerdote, conclui que o Templo de Herodes era ainda mais belo que os monumentos egípcios. "O homem que não viu o Templo de Herodes", disse um rabino da Babilônia, "não tem ideia do que seja um belo edifício." (1983, p.234 e 237)

O *Dicionário internacional de Teologia do Novo Testamento* (Brown, 1983), no verbete *templo*, oferece inúmeros detalhes sobre essa construção de Herodes, dos quais destacamos apenas que ela constituía uma tentativa de conciliar politicamente os judeus com seu rei idumeu.

Todavia, talvez mais relevante do que a própria menção e descrição da majestade e suntuosidade do Templo era o que isso representava para o judeu. Na famosa passagem em que Cristo expulsou os mercadores (João 2:13-22), fica patente a sua própria reverência por ele. Conforme Daniel-Rops, para o judeu, o Templo era o lugar maior da presença divina e a prova concreta da escolha do povo de Israel como eleito por Deus. Além disso, ainda segundo o citado autor, havia um simbolismo concentrado no Templo, e a literatura apócrifa, o historiador judeu Flávio Josefo (c. 37-95) e o filósofo greco-judaico,

190 MARCO ANTÔNIO DOMINGUES SANT'ANNA

também judeu, Filo (c. 20 a. C. - c. 50 d. C.) dão uma ideia a respeito do assunto: "o Templo era o centro do mundo; era também a imagem do mundo, e seus pertences representavam os atributos de Deus" (apud Daniel-Rops, 1983, p.239).

Para confirmar a importância do Templo para o judeu da época de Cristo, podemos lembrar que a resposta proferida por Cristo, para a interpelação dos judeus, depois da expulsão dos cambistas, no texto de João 2:13-22, foi: "Destruí este templo e em três dias eu o levantarei" (v.19). Diante disso, os judeus reagiram, dizendo: "Quarenta e seis anos foram precisos para construir este Templo, e tu o levantarás em três dias?" (v.20). Esse confronto ficou tão marcado na consciência coletiva dos judeus daqueles dias que a resposta de Jesus fora usada como acusação contra ele perante o Sinédrio,[14] quando duas testemunhas foram chamadas, afirmando: "Este homem declarou: Posso destruir o Templo de Deus e edificá-lo depois de três dias" (Mateus 26:60).

Isso posto, a simples menção na parábola de que o fariseu e o publicano haviam subido ao Templo evoca uma infinidade de valores e significados, dentre os quais talvez o mais significativo seja o de que constituía um lugar de presença plena do Deus de Israel e de onde, uma vez realizadas todas as cerimônias prescritas na Lei, emanaria a expiação pelos pecados deles. Ocorre que, como já demonstrado, o fariseu, de sua parte, mesmo dentro daquele local sagrado e de tamanha importância para todo judeu – e, especialmente para ele, não apenas um seguidor radical da religião, mas um doutor em suas letras –, mostra-se incapaz de se dobrar-se perante a divindade e, ao contrário, irrompe em uma torrente de acusações especialmente voltadas contra outro peregrino, o publicano.

Assim, a citação do espaço do Templo, de uma maneira mais mimética, com todas as relações geográficas que ela suscita, está a serviço da construção do ambiente da parábola, a fim de caracterizar com maior vitalidade a altíssima arrogância do fariseu e a profunda humildade

---

14 Conforme Browne (1959), o vocábulo *sinédrio* correspondente ao termo grego *sanhedrin*, equivalente a *assembleia*. Indica o parlamento e supremo tribunal dos antigos hebreus. (p.XXII).

do publicano, diante de um espaço de presença simbólica e intensa do conceito mais sagrado para a religião judaica: o lugar da presença de Yahweh. Nem mesmo naquele espaço de presença intensa e quase concreta do divino a soberba do fariseu fora abandonada.

Dessa maneira, então, mais uma vez, nessa outra referência um local é indicado mimeticamente, diferentemente do comportamento geral das parábolas, isto é, realizado em função da peça em sua totalidade, para intensificar um aspecto de importância essencial para a sua compreensão.

Podemos concluir, pois, em relação à representação da categoria do espaço nas narrativas das parábolas que, de fato, ela se faz de maneira amimética e que, quando ela se comporta de forma diferente, como nas duas referências analisadas, ela o faz a fim de intensificar a essência do material transmitido, em uma espécie de confirmação do padrão geral dos procedimentos da parábola quanto a esse aspecto.

Diante dessa constatação, percebemos também nessa categoria a forte tendência de tornar a narrativa o mais universal possível. Arriscando um neologismo, poderíamos dizer que a representação do espaço nos discursos parabólicos do Novo Testamento tende a ser *onigeográfica*, isto é, procura abarcar todos os lugares possíveis.

Assim, como observamos em relação ao tratamento das personagens, esse fato reforça o perfil funcional da parábola como uma estratégia de ensino de princípios universais. O fato de a geografia parabólica não ser limitada a um local definido confere-lhe abertura para ser aplicada com maior propriedade em que espaço for.

O amimetismo na categoria do tempo

De início, é importante lembrar que, conforme já considerado anteriormente, o termo *amimetismo* é inspirado em reflexões de Anatol Rosenfeld, nas quais demonstra a recusa de diversas expressões artísticas em reproduzir ou copiar a realidade empírica.

Assim, da mesma maneira como fizemos com as personagens e com o espaço, caracterizaremos o tempo da narrativa das parábolas como amimético, isto é, um tempo não marcado, sem perspectivas cronológicas e, portanto, sem correspondências históricas, mesmo que ficcionais.

Na verdade, a observação de um *corpus* de 28 parábolas do Novo Testamento permite confirmar a presença de formas temporais que, embora diferenciadas quanto à caracterização de situações comunicativas distintas, a serem aqui detalhadas, identificam-se pela indiferença comum à marcação do tempo cronológico, ou seja, pela ausência de uma orientação baseada em perspectivas prospectivas ou retrospectivas.

Para tratarmos do assunto, recorreremos à obra *Estrutura y función de los tiempos en el lenguaje* (Weinrich, 1968), especialmente ao capítulo III, intitulado "Mundo comentado – mundo narrado", em que Harald Weinrich elabora algumas questões relevantes atinentes a uma perspectiva discursiva no estudo dos tempos verbais e possíveis de serem aplicadas ao estudo da categoria do tempo nas parábolas.

Em primeiro lugar, poderíamos destacar a divisão estrutural, realizada pelo autor, dos tempos verbais em dois grandes grupos, cujos tempos respectivos apresentam certas características comuns: o grupo I e o grupo II.

Para apresentarmos esses traços recorrentes dos tempos de um grupo e de outro, é necessário tomar a relação estabelecida pelo autor entre os tempos verbais e aquilo que ele denomina *situação comunicativa*. Após apresentar vários dados estatísticos, dentre outras conclusões, formula, por exemplo, que

> considerada como situación comunicativa escrita, una novela muestra inequívoca inclinación por los tiempos del grupo II, mientras que este libro, si el lector quiere considerarlo por un momento como espécimen de una exposición científica, muestra una preferencia igualmente inequívoca por los tiempos del grupo I. (idem, p.62-3)

A fim de que se compreenda com clareza o significado dessa conclusão parcial a que chega o autor, é preciso dizer que os tempos verbais do grupo I têm no presente o seu principal representante e os do grupo II são melhor representados pelos tempos do pretérito, em

O GÊNERO DA PARÁBOLA **193**

uma aplicação para o português dos dados colhidos do francês, espanhol e alemão. De forma explícita o autor declara que, em espanhol, o presente (por exemplo, *canta*) é o tempo zero do comentário e tanto o imperfeito (por exemplo, *cantaba*) quanto o perfeito simples (por exemplo, *cantó*) são o tempo zero da narração (idem, p.195). (Esses tempos correspondem, respectivamente, ao presente (*canta*) e ao pretérito imperfeito (*cantava*) e pretérito perfeito (*cantou*), os três do modo indicativo do português).

Nesse ponto, adiantamos que, não por acaso, as formas do presente e do pretérito perfeito, por serem neutras quanto às perspectivas temporais de prospecção ou retrospecção, são os que mais aparecem no discurso parabólico, como nossa análise poderá evidenciar.

Lembramos ainda que, para fazer jus à teoria de Weinrich, em relação aos pontos-zero dos dois grupos temporais (presente/pretérito perfeito ou imperfeito), outras formas verbais neles dispostas podem, em princípio, definir cronologicamente ora uma perspectiva prospectiva (por exemplo, o futuro do presente), ora retrospectiva (por exemplo, o pretérito mais que perfeito).

Na verdade, o mais relevante é observar que os tempos do grupo II estão estreitamente relacionados com situações comunicativas de narração e os do grupo I com situações de comentário, atestadas em diálogos, memorandos políticos, conferências científicas e ensaios filosóficos, entre outros discursos.

É por essa razão que Weinrich denomina os tempos do grupo II de *tempos do mundo narrado* ou *tempos da narração* e os do grupo I de *tempos do mundo comentado* ou *tempos de comentar*. Para deixar clara a diferença entre os dois tipos de situação comunicativa, o pesquisador demonstra que a característica distintiva da situação narrativa é a atitude *de relaxamento* instaurada por ela, sendo a postura do corpo físico apenas um signo exterior do relaxamento do espírito e do discurso. Pelo contrário, a situação não narrativa é marcada por uma atitude *tensa*, de comprometimento.

Por outra perspectiva, o contraste entre uma situação e outra também se dá, segundo Weinrich, por meio das pessoas do narrador e do comentador. A primeira é descrita como um protótipo do contador

194 MARCO ANTÔNIO DOMINGUES SANT'ANNA

de história, cuja imagem em todos os detalhes (por exemplo, idade, posição em que se encontra, momento da narração, tipo de movimentos característicos e expressão facial) indica uma figura em atitude de total relaxamento. Já a segunda, se não é possível caracterizá-la por oposição, por meio de um protótipo (como se fez com o narrador), o fazemos por meio de um signo inequívoco que é o fato de o comentador estar comprometido: *"el hablante está en tensión y su discurso es dramático porque se trata de cosas que le afectan directamente"* (idem, p.69).

Além disso, segundo o autor, o uso dos verbos do grupo I constitui um sinal de alerta para o ouvinte de que o discurso proferido exige uma resposta sua, falada ou não. O que não se permite, nessa visão, é que se receba o discurso em atitude de relaxamento, como acontece com os discursos em que se usam os tempos do grupo II.

Dessa maneira, vai ficando claro que a verdadeira diferença entre os tempos do grupo II e os do grupo I, entre o narrador e o comentador, entre as atitudes tensa/relaxada requeridas aos seus ouvintes, é, de fato, uma diferença qualitativa em relação à situação comunicativa.

Para exemplificar esse ponto, Weinrich toma o verbo cantar, nos tempos presente e imperfeito do indicativo, canta e cantava, respectivamente. Com essas flexões demonstra que, nesse caso, em vez de se apreender algo sobre o tempo cronológico de cantar, transmite-se a informação sobre o modo como o público terá que escutar o discurso. Se o cantar for comentado (canta), exigir-se-á uma determinada postura, atitude, opinião, um juízo de valor ou algo do tipo; caso for narrado (cantava), esse tipo de atitude não é imposta, pois é permitido certo relaxamento.

Em seguida, o estudioso alemão chega a afirmar que o mundo narrado é indiferente à noção de Tempo que, grafado com maiúscula na obra em destaque, indica o cronos, o tempo cronológico, físico. Para ilustrar sua posição, cita o início de uma narrativa de Edgar Allan Poe, intitulada *Metzengerstein*, em que o escritor questiona: *"El horror y la fatalidad han salido al paso por doquier y en todas las epocas. Por qué dar entonces una fecha a la historia que voy a contar?"* (idem, p.77).

Esse parece ser um dado bastante relevante na demonstração do amimetismo da categoria do tempo nas parábolas selecionadas para análise e, ainda, por extensão, na parábola, enquanto gênero literário.

O GÊNERO DA PARÁBOLA **195**

Finalmente, para explicar a tônica do que costumam indicar os tempos verbais do mundo narrado, Weinrich, aludindo às palavras de Poe acima citadas, declara o seguinte:

> Puede decirse que estas palabras de Edgar Allan Poe manifiestan explícitamente lo que implícitamente contienen los tiempos del mundo relatado. Están diciendo que no se mienta el mundo en que se encuentran el hablante y el oyente y en el que están directamente afectados; están diciendo que la situación hablada, reproducida en el modelo de la comunicación, no es tampoco escena del suceso y que el hablante y el oyente, mientras dure el relato, son más espectadores que personajes activos en el *theatrum mundi* aun cuando se contemplan a sí mismos. Ambos prescinden de la existencia del hablante y del oyente. (idem, ibidem, grifos do autor)

Da observação do *corpus* de 28 parábolas do Novo Testamento, pode-se verificar de partida que, de um total de 841 verbos, 455 foram flexionados em tempos do mundo narrado (pretérito perfeito e imperfeito), fazendo parte integrante do corpo narrativo em si, em uma porcentagem de 54%. Todavia, o aprofundamento da investigação sugere alterações desse quadro preliminar.

Primeiramente, é preciso acrescentar a essa cifra cerca de vinte verbos que foram usados no típico presente histórico em que, mesmo que se tenha uma flexão morfológica com as desinências características do presente, o seu valor expressivo é de um pretérito narrativo. Weinrich denomina este e outros casos de *metáfora temporal*, explicando essa denominação por meio do próprio conceito semântico de metáfora que, segundo o autor, *"es una palabra en un contexto extraño"* (idem, p.139). Pelo mesmo processo, agora nos limites da sintaxe, pode ocorrer um deslocamento de certos verbos para um contexto ou para uma situação em que são caracterizados por outro grupo temporal. É o que ocorre com certas parábolas que, dada a situação comunicativa, seriam apresentadas com verbos do grupo temporal II, os do mundo comentado, mas que, em um processo metafórico, aparecem com verbos do grupo temporal I, mais especificamente no presente. É o caso das parábolas do *Tesouro e da pérola* (Mateus 13:44-46) e da *Semente que brota sozinha* (Marcos 4:26-29), esta última, por ser bastante representativa, é transcrita a seguir:

196 MARCO ANTÔNIO DOMINGUES SANT'ANNA

> O Reino de Deus é como um homem que lançou a semente na terra: ele dorme e acorda, de noite e de dia, mas a semente germina e cresce, sem que ele saiba como. A terra por si mesma produz fruto: primeiro a erva, depois a espiga e, por fim, a espiga cheia de grãos. Quando o fruto está pronto, imediatamente se lhe *lança a foice, porque a colheita chegou.* (grifos da Bíblia de Jerusalém)

Pela primeira parte da parábola, "um homem que lançou a semente na terra", com o verbo lançou pertencendo ao rol dos verbos do grupo temporal II, era de esperar que os outros, na sequência, seguissem o mesmo esquema. Entretanto, com exceção do chegou, no final do fragmento, as outras flexões verbais são todas do grupo temporal I e todas estão no tempo presente.

A disposição do verbo lançou, na abertura da parábola, e do chegou, no seu fecho, são determinantes para projetar para toda a extensão do discurso o estatuto de uma situação comunicativa de relato, de narração. É exatamente em função desse dado que as outras flexões do texto no tempo presente (dorme, acorda, germina, cresce, produz, está, lança) ganham a dimensão metafórica.

Cabe mencionar também que somente o saiba encontra-se flexionado no subjuntivo. Considerado, juntamente com o imperativo, o infinitivo, gerúndio e particípio como semitempo, na teoria de Weinrich, o subjuntivo tem a sua situação comunicativa determinada pelo tempo pleno a que aparece vinculado, assimilando-se, no caso, ao grupo temporal do presente do indicativo, atestado pelas formas germina e cresce.

Citando exemplos em grandes escritores como Voltaire (1694-1778) e Kafka (1883-1924) dentre outros, Weinrich argumenta que se emprega essa metáfora quando se quer conferir ao texto maior tensão e dramatismo. Trata-se de uma narrativa com matizes próprias de comentário.

Com essas ocorrências, pois, chega-se a um total de 475 verbos ligados ao grupo temporal II, os do mundo narrado, visto que vinte deles mediante um processo de metáfora temporal pelo presente histórico.

Em segundo lugar, é relevante fazermos uma distinção entre os dados do relato do narrador das parábolas e as partes dialogadas nelas contidas. Estas últimas envolvem um índice de 238 verbos inseridos no corpo das narrativas, e a quase totalidade deles pertence ao grupo temporal I, isto é, o do mundo comentado.

Ainda segundo o modelo de Weinrich, esse é um caso que também deve ser enquadrado no das ocorrências das metáforas temporais da narração tensa. Aliás, o autor declara que *"la forma más conocida de la metáfora temporal que se desplaza en la dirección de I a II es el* discurso directo o estilo directo *dentro de la narración"* (Weinrich, 1968, p.159, grifos do autor). Por esse processo, o discurso da pessoa sobre quem se narra, em vez de ser incorporado ao discurso do narrador, sob a forma de estilo indireto ou de estilo indireto livre, é destacado da narração e reproduzido textualmente.

O pesquisador alemão atribui a preferência do narrador pelo estilo direto, em certos momentos, ao fato de este exigir uma presença mais imediata e uma participação mais íntima do público. Acrescenta ainda que o estilo direto aparece sempre dentro dos limites dos tempos da narração e que, quanto mais breve for o discurso direto, tanto mais forte será o efeito metafórico atingido por ele. Além disso, desse ponto de vista, essa brevidade conferirá maior destaque aos tempos do mundo comentado dentro da corrente dos tempos narrativos.

Por outro lado, observa Weinrich que quando ocorrem diálogos mais longos, os narradores preocupam-se com que o signo narrativo não desapareça da consciência do público, incluindo as fórmulas conhecidas do *disse, replicou, respondeu* e outros tantos. Com tais inclusões fica enfatizado o valor metafórico das formas temporais do discurso direto, mantendo-se simultaneamente desperta a consciência de que se está atuando no universo da narrativa.

Para exemplificar os fatos acima apontados, tomamos do *corpus* selecionado para análise a *Parábola do devedor implacável* (Mateus 18:23-35), que segue transcrita:

> [23]Eis porque o Reino dos Céus é semelhante a um rei que resolveu acertar contas com os seus servos. [24]Ao começar o acerto, trouxeram-lhe um

que devia mil talentos. [25]Não tendo este com que pagar, o senhor ordenou que o vendessem, juntamente com a mulher e com os filhos e todos os seus bens, para o pagamento da dívida. [26]O servo, porém, caiu aos seus pés e, prostrado, suplicava-lhe: "Dá-me um prazo e eu te pagarei tudo".

[27]Diante disso, o senhor, compadecendo-se do servo, soltou-o e perdoou-lhe a dívida. [28]Mas, quando saiu dali, esse servo encontrou um dos seus companheiros de servidão, que lhe devia cem denários e, agarrando-o pelo pescoço, pôs-se a sufocá-lo e a insistir: "Paga-me o que me deves".[29] O companheiro, caindo aos seus pés, rogava-lhe: "Dá-me um prazo e eu te pagarei". [30]Mas ele não quis ouvi-lo; antes, retirou-se e mandou lançá-lo na prisão até que pagasse o que devia. [31]Vendo os seus companheiros de servidão o que acontecera, ficaram muito penalizados e, procurando o senhor, contaram-lhe todo o acontecido. [32]Então o senhor mandou chamar aquele servo e lhe disse: "Servo mau, eu te perdoei toda a tua dívida, porque me rogaste. [33]Não devias, também tu, ter compaixão do teu companheiro, como eu tive compaixão de ti?"[34]Assim, encolerizado, o seu senhor o entregou aos verdugos, até que pagasse toda a sua dívida. [35]Eis como meu Pai celeste agirá convosco, se cada um não perdoar, de coração, ao seu irmão.

Podemos observar primeiramente que essa parábola é aberta e concluída com verbos do mundo narrado, no pretérito perfeito do indicativo: "um rei (...) *resolveu* acertar contas com os seus servos" (v.23) e "o seu senhor o *entregou* aos verdugos, até que pagasse toda a sua dívida" (v.34). Essas marcas podem ser interpretadas como limites definidores da essência narrativa do fragmento. Entretanto, além deles, confirmando esse teor narrativo da parábola, existem vários outros verbos flexionados no pretérito perfeito e imperfeito: *trouxeram, devia, ordenou, caiu, perdoou, saiu, pôs-se, quis, retirou-se, mandou, ficaram, contaram* e *tive*. Assim, o ouvinte/ leitor é assegurado de que se trata de um texto essencialmente narrativo.

Entretanto, entrecortando o texto parabólico, no seu interior, verificamos a ocorrência de alguns fragmentos de discurso direto, introduzidos por algumas fórmulas, a fim de que não se apague da consciência do público o signo da narrativa: "O servo, porém, caiu aos seus pés e, prostrado, *suplicava-lhe*: 'Dá-me um prazo e eu te pagarei

O GÊNERO DA PARÁBOLA **199**

tudo'" (v.26); "agarrando-o pelo pescoço, *pôs-se* a sufocá-lo e *a insistir*: 'Paga-me o que me deves'" (v.28); "O companheiro, caindo aos seus pés, *rogava-lhe*: 'Dá-me um prazo e eu te pagarei'" (v.29); "Então o senhor mandou chamar aquele servo e *lhe disse*: "Servo mau, eu te perdoei toda a sua dívida, porque me rogaste. Não devias, também tu, ter compaixão do teu companheiro, como eu tive compaixão de ti?'" (v.32-33, grifos nossos).

Não há dúvida de que essa inserção dos discursos diretos, breves, apresentados explicitamente por fórmulas introdutórias e, ainda, marcados no texto escrito por aspas, confere ao texto maior tensão e dramatismo, solicitando a presença mais imediata e a participação mais íntima do público.

Assim, as 238 ocorrências verbais anteriormente mencionadas constroem a ilusão provocada pelo narrador de que se está ouvindo contemporaneamente um diálogo e atendem à necessidade que o narrador sente de imitar ou ao menos insinuar as vozes das pessoas que falam "ao vivo" nos segmentos de discurso direto que entrecortam a narrativa. Configuram, portanto, metáforas temporais de deslocamento do grupo I para o grupo II que, em última análise, conferem, segundo nossas próprias conclusões, um grau maior de imediatismo e vivacidade ao texto, carreando efeitos cênicos ao que se narra.

Somando-se, então, esses 238 verbos da metáfora temporal do estilo direto à cifra anterior, obtém-se um resultado de 713 verbos que, ou de forma explícita ou por meio de metáfora temporal, pertencem ao mundo narrado.

Uma consideração especial cabe também acerca de mais 45 verbos que, incluídos no grupo temporal I, apresentam a característica comum de fazerem parte de parábolas que se afastam do padrão prototípico de parábolas narrativas, como é o caso da *Parábola do bom e do mau administrador* (Mateus 24:45-51), da *Parábola da ovelha perdida* (Lucas 15:3-7) e da *Parábola da dracma perdida* (Lucas 15:8-10). Tais parábolas são todas introduzidas por uma frase interrogativa: "Quem é, pois, o servo fiel e prudente que o senhor constituiu sobre a criadagem, para dar-lhe o alimento em tempo oportuno?" (Mateus 24:45-51); "Qual de vós, tendo cem

200 MARCO ANTÔNIO DOMINGUES SANT'ANNA

ovelhas e perder uma, não abandona as 99 no deserto e vai em busca daquela que se perdeu, até encontrá-la?" (Lucas 15:4); "ou qual a mulher que, tendo dez dracmas e perder uma, não acende uma lâmpada, varre a casa e procura cuidadosamente até encontrá-la?" (Lucas 15:8).

Esse fenômeno linguístico da interrogativa aponta para um tipo de discurso que institui um confronto direto com o público, requerendo dele uma resposta imediata. Dessa maneira, instaura-se uma situação comunicativa de tensão, em que tanto o falante está comprometido com o conteúdo de seu enunciado quanto ao público não é permitida uma situação de relaxamento diante do exposto. Pelo contrário, é-lhe exigida uma reação rápida diante do argumento. São exatamente essas as características do grupo temporal I, o dos verbos do mundo comentado. Assim, ainda que os textos indicados possam constituir parábolas, por razões já vistas no decorrer deste trabalho, elas o serão de maneira atípica, já que apresentam traços estruturais desviantes do padrão de verdadeiras estruturas narrativas.

Juntando-se a essas podemos citar ainda a *Parábola da rede* (Mateus 13:47-48) e a *Parábola do grão de mostarda* (Marcos 4:30-32). Nelas, a configuração de situações rotineiras da vida concretiza aspectos qualificadores do reino divino, por meio de comparações explícitas entre as duas instâncias. A primeira das duas acima indicadas, inclusive, é introduzida por uma fórmula bastante comum no rol das parábolas neotestamentárias – "O Reino dos Céus é ainda semelhante a (...)" – e a segunda, por meio de duas interrogações declaradas – "Com que compararemos o Reino de Deus? Ou com que parábola o apresentaremos?"

Esse recurso argumentativo inscreve no discurso tempos verbais tipicamente comentadores, em um total de 13. Dentre esses tempos, observa-se a presença do futuro do presente em Marcos 4:30-32, como uma forma especial de envolvimento do ouvinte na atividade de formulação do discurso: as alternativas projetadas pelas interrogações e formas futuras destacam aí a atividade formulativa como um processo em construção, cujo rumo é buscado perante o ouvinte e contemporaneamente a ele.

O GÊNERO DA PARÁBOLA 201

Para finalizar a descrição das observações dos tempos verbais no *corpus* delimitado, levantamos o fato de que, ao redor do núcleo narrativo, tanto no seu início quanto no seu fim, há um grupo de verbos que compõem o que se poderia denominar de introdução e conclusão, respectivamente. Esse dado nos permite dizer que, em várias das suas ocorrências, as parábolas se encaixam em certo esquema de composição que pode ser abstraído e sistematizado.

No caso específico do *corpus* em análise, as parábolas são introduzidas por um total de 18 verbos e concluídas por um total de 52, a maioria deles pertencendo ao mundo comentado. Em relação à parte da introdução, cabe ressaltar que, de um lado, um número significativo (cerca de 7) é realizado por meio da fórmula *"O reino de Deus é/ será semelhante a (...)"*, em uma espécie de convite a que o público se volte para o conhecimento do mundo que se vai narrar. De outro lado, uma vez introduzido no universo da narrativa ficcional, o público, por meio da conclusão, é convidado a dele se retirar e voltar ao seu cotidiano. Dessa forma, pode-se dizer que a introdução e a conclusão das narrativas parabólicas representam marcos definidos entre o mundo comentado e o mundo narrado, desempenhando, ao redor do corpo narrativo, funções de exposição e de retorno.

Para ilustrar esse fato, aproveitamos o texto da *Parábola do devedor implacável* (Mateus 18:23-35), transcrita logo atrás, ao discorrermos sobre a ocorrência do discurso direto nos textos parabólicos.

Podemos verificar que todo o corpo narrativo da *Parábola do devedor implacável* encontra-se encaixado em um discurso maior, em que Cristo está proferindo um ensino sobre o perdão, respondendo a uma indagação do apóstolo Pedro, conforme os versículos 21 e 22, do mesmo capítulo 18 do evangelho de Mateus: "Então Pedro chegando-se a ele [a Cristo], perguntou-lhe: 'Senhor, quantas vezes devo perdoar ao irmão que pecar contra mim? Até sete vezes?' [22]Jesus respondeu-lhe: 'Não te digo sete, mas até setenta vezes sete'". Exatamente a partir desse ponto a parábola é iniciada, no versículo 23, atenuando sensivelmente a abordagem do tema do perdão, por meio de uma narrativa: "Eis porque o Reino dos Céus é semelhante a um rei que resolveu acertar contas com os seus servos".

Além disso, o versículo 35 funciona como uma recolha do princípio universal desenvolvido por meio da narrativa parabólica e dá um fechamento na discussão sobre o assunto: "Eis como meu Pai celeste agirá convosco, se cada um de vós não perdoar, de coração, ao seu irmão".

Isso posto, somando o número de verbos comentadores presentes nas introduções e nas conclusões, chegamos ao resultado de setenta verbos que circundam os blocos narrativos propriamente ditos.

Em uma apuração final e mais global de todos esses dados, temos que 455 verbos dos 841 detectados pertencem explicitamente ao rol dos verbos do mundo narrado e que estão introduzidos, de maneira clara, no corpo das narrativas parabólicas. Além disso, temos 258 verbos que, conforme demonstrado, constituem metáforas temporais, dos quais vinte podem ser classificados como presente histórico e 238 fazem parte de discurso direto. Assim, nada menos que 84,8% dos verbos usados no *corpus* das 28 parábolas do Novo Testamento (713 casos) estão, de alguma forma, ligados ao grupo temporal II, sendo a maioria deles de maneira direta (455 casos) e outra parte por meio de metáforas temporais (258 casos), como já demonstrado.

Dos 128 restantes, setenta verbos fazem parte das introduções e conclusões das parábolas, responsáveis respectivamente por um comentário inicial preparador do terreno para a entrada do universo ficcional e pelo retorno final ao mundo real. Assim estabelecidas, essas duas partes não fazem, portanto, parte do corpo narrativo em si. Os outros 58, constituindo uma pequena minoria, configuram um tipo de parábola apresentada por meio de perguntas objetivas ou de outra forma que não caracterizam propriamente uma narrativa. Assim, como declarado, constituem um grupo bastante limitado de representação, somando apenas cinco exemplares em um universo de 28 parábolas.

Isso posto, pode-se concluir finalmente que a categoria dos tempos verbais do grupo temporal II e das metáforas temporais constituem nas parábolas um índice altamente significativo para o estabelecimento de uma situação comunicativa de narração, caracterizada, sobretudo, por uma atitude de relaxamento, tanto por parte do narrador quanto por parte do seu público.

O GÊNERO DA PARÁBOLA 203

Entretanto, sob a perspectiva do aspecto das funções argumentativas da parábola, apesar dessa alta frequência dos tempos verbais do mundo narrado, a inserção dos tempos do mundo comentado no interior da narrativa é bastante significativa, na medida em que a alternância estabelece certa tensão dialética entre as situações comunicativas de relaxamento e de comprometimento, tanto do narrador quanto do público receptor. A força alegórica da parábola tem, na síntese do extrato narrativo com o extrato reflexivo e comentador, um importante ponto de expressão.

Como já mencionado, esse fato está intimamente ligado com a questão das funções do gênero da parábola enquanto metanarrativa, para usar uma terminologia de Gérard Genette, empregada quando da conceituação da parábola como narrativa. Todavia, esse aspecto da funcionalidade do discurso parabólico será estudado em capítulo específico que se ocupará mais detidamente do assunto.

A análise da categoria do tempo nas parábolas, com base no modelo de Weinrich, adotado por nós, permite comprovar a qualidade amimética do discurso, já que os tempos verbais, mais do que ligações com o *cronos*, estabelecem relações muito estreitas com as situações comunicativas de relato e comentário instaladas por meio deles.

O amimetismo manifesto pela neutralidade dos tempos-zero do discurso, no que diz respeito à marcação da sucessividade histórico-cronológica dos fatos do mundo narrado, confere ao sentido das parábolas uma validade onitemporal. Esse efeito de onitemporalidade é reforçado, em pontos estratégicos das parábolas, pela ação de segmentos de abertura e fecho, já destacados em nossa análise. Com efeito, são esses segmentos manifestadores do mundo comentado os responsáveis por abstrair, da concretude do núcleo narrativo, explicações e ensinamentos com força de verdades gerais sobre as relações do homem com as coisas divinas.

Parece estar nesse entrosamento de situações comunicativas diferenciadas, definidas pelo uso dos tempos verbais no discurso, e na alegoria que elas constroem em conjunto, um importante ponto particularizador da tessitura da parábola, relativamente a outros gêneros narrativos igualmente amiméticos quanto à mensuração do Tempo.

A parábola como narrativa alegórica

Antes de começarmos o estudo do gênero da parábola como uma narrativa alegórica, esclarecemos que o presente tópico não tem a pretensão de realizar um estudo exaustivo sobre a questão da alegoria literária, por razões muito óbvias. Em primeiro lugar, porque esse aspecto é apenas adjetivo no universo global desse livro. Em outras palavras, a pesquisa tem como fulcro o gênero da parábola como uma das formas de constituição da alegoria. Em segundo lugar, em razão da existência de estudos brilhantes sobre o tema da alegoria, como o de João Adolfo Hansen, *Alegoria* (1986), e o posteriormente publicado *A palavra mascarada* (1996), de Maria Zenilda Grawunder, dentre muitos outros.

Dessa forma, permitimo-nos deixar de tocar em aspectos relevantes do estudo desse tema como o tradicional – e nem por isso menos útil – *estado da questão*, o seu percurso ao longo da História, desde suas menções explícitas na Antiguidade Clássica, passando pelos escritos cristãos, pela Idade Média, pela Renascença e chegando até Modernidade, como fazem de maneira suficiente e irretocável os dois autores acima citados.

Em vez disso, o que de fato pretendemos é, aproveitando-nos de estudos já realizados sobre a questão da alegoria, tentar estabelecer as devidas relações que ela mantém com o gênero da parábola.

A exemplo de Hansen, iniciamos por apresentar a existência de dois tipos de alegoria: a que se refere a um procedimento construtivo e que, conforme o autor citado, constitui "o que a Antiguidade clássica e cristã, continuada pela Idade Média, chamou de 'alegoria dos poetas': *expressão* alegórica, técnica metafórica, de representar e personificar abstrações" (1986, p.1, grifo do autor). O segundo tipo de alegoria é aquela que se convencionou denominar de alegoria dos teólogos que, na essência, constitui um método de interpretação de textos sagrados. Na concepção de Hansen, os dois tipos são complementares e simetricamente inversos, na medida em que "como *expressão*, a alegoria dos poetas é uma maneira de falar; como *interpretação*, a alegoria dos teólogos é uma maneira de entender" (idem, ibidem, grifos do autor).

O GÊNERO DA PARÁBOLA 205

Todavia, mesmo sem desconhecer esse aspecto da complementaridade e das direções inversas entre as duas alegorias, para o cumprimento do propósito básico deste tópico relativo à constituição da parábola como narrativa alegórica, focalizaremos a atenção na alegoria construtiva, também chamada alegoria retórica.

Iniciamos, assim, pela definição de alegoria apresentada pelo *Dictionnaire de Poétique et de Rhéthorique*:

> A alegoria é uma narrativa de caráter simbólico ou alusivo. Como uma narrativa, ela é um encadeamento de atos; ela coloca em cena personagens (seres humanos, animais, abstrações personificadas) cujos atributos e vestuário, cujos feitos e gestos têm valor de signos, e que se movem num lugar e num tempo que são eles mesmos símbolos.[15] (1981, p.65)

Dessa definição, destacamos primeiramente o fato de a alegoria constituir uma narrativa simbólica e alusiva. Explicando essa declaração, o próprio dicionário afirma que "uma alegoria sempre apresenta dois aspectos: um que é o aspecto imediato e literal do texto; o outro, que é o da significação moral, psicológica ou teológica"[16] (idem, ibidem). Assim, podemos afirmar que a parábola constitui uma narrativa alegórica porque sempre está remetendo a aspectos outros que não aqueles apresentados literalmente em seu corpo narrativo.

A esse fato essencial podemos somar o de a parábola, como discurso alegórico, colocar em cena personagens que apresentam certas particularidades, inclusive já discutidas anteriormente. Apesar disso, cabe confirmar que, no caso específico da parábola, as personagens são essencialmente humanas, o que, aliás, estabelece um dos limites entre ela e a fábula. Além disso, ainda como característica particular

---

15 *"L'allégorie est un récit de caractère symbolique ou allusif. En tant que narration, elle est un enchaînement d'actes; elle met en scène des personnages (êtres humains, animaux, abstractions personnifiées) dont les attributs et le costume, dont les faits est gestes ont valeur de signes, et qui se meuvent dans um lieu et dans un temps qui sont eux-mêmes des symboles."*

16 *"une allegorie toujours présente donc deux aspects, l'un que est l'aspect immédiat et literal du texte; l'autre qui est la signification morale, psychologique ou théologique."*

206 MARCO ANTÔNIO DOMINGUES SANT'ANNA

da parábola, tem-se que não há para todos os elementos apresentados na dimensão imediata e literal do texto um correspondente significativo, como ocorre com a alegoria em geral. O que se deve tomar como componente alegórico é, pois, a narrativa em sua totalidade.

Não se deve confundir, entretanto, esse fato de, na parábola, a alegoria constituir a narrativa com a definição apresentada por Lausberg mostrando ser a alegoria uma "metáfora continuada como tropo de pensamento, e consistir na substituição do pensamento em causa, por outro pensamento, que está ligado, numa relação de semelhança, a esse pensamento em causa" (1970, p.249). Nessa definição, o dado de a alegoria ser uma metáfora continuada não significa ser ela uma narrativa. A verdadeira intenção do autor em mostrar esse aspecto do fenômeno é estabelecer um confronto entre alegoria e metáfora para destacar que esta constitui uma intersecção única, enquanto aquela será uma união de intersecções, no processo de construção de significados. Graficamente, pois, segundo Mourier (1970), o fato poderia ser assim representado, para a metáfora e para a alegoria, respectivamente:

$$A \wedge B = \text{metáfora}$$
$$\{A \wedge B\} \cup \{C \wedge D\} \cup \{E \wedge F\} \ .... = \text{alegoria}[17]$$

Verifica-se, portanto, que a alegoria se produz pela união de transposições e aplicações sucessivas e, por essa razão, é definida por Lausberg (1970) como metáfora continuada. Convém destacar, ainda, que essa terminologia é inspirada nas seguintes declarações de Quintiliano: *allegoria facit continua metáfora* (a metáfora contínua engendra a alegoria) e *allegoria fit plerumque continuatis translationibus* (a alegoria produz-se em geral por translações e aplicações sucessivas) (apud Mourier, 1970, p.69).

Assim, Mourier não hesita em afirmar que não haveria qualquer diferença entre alegoria e símile ou comparação homérica e que, na

---

17 Na ausência de um sinal apropriado para representar o processo da "interseção", na construção do gráfico, adotamos o "∧".

O GÊNERO DA PARÁBOLA **207**

verdade, "a alegoria não é feita de metáforas, mas de uma *conjunção de símbolos*" (grifos do autor).[18]

Nessa linha, retoma a definição que propõe que "o simbolismo concreto se constrói dentro de todo o conjunto de uma narrativa, de um quadro etc., e cada um dos elementos do 'simbolizante' corresponde sistematicamente, um a um, a todos os elementos do simbolizado"[19] (apud idem, p.60-70). Teríamos, então, que, graficamente,

Símbolo = A <> B e,
Alegoria = {A <> B} U {C <> D} U {E <> F} ...[20]

De qualquer maneira, sendo a alegoria uma união de intersecções ou uma metáfora continuada, nos moldes de Quintiliano, ou sendo ela uma conjunção de símbolos, constituindo um símile, o fato é que, em um ou em outro caso, ela difere da parábola pelo fato de esta última não requerer uma união de aplicações sucessivas ou uma união de correspondências entre os elementos simbolizantes e os elementos simbolizados. Como já mencionado, a parábola prevê que a narrativa em sua totalidade – e não cada um de seus elementos constitutivos (como as personagens, o seu vestuário, o tempo, o espaço etc.) – constitua uma metáfora de um significado pretendido. Assim, graficamente, ter-se-ia que

parábola = A (narrativa) ∧ B ou,
parábola = A (narrativa) <> B

Assim, pode-se dizer que a parábola constitui uma alegoria pelo fato de colocar-se como uma narrativa de caráter simbólico ou alusivo, sabendo-se que, nesse caso, tal alegoria abarca o texto narrativo por inteiro.

---

18 *"l'allegorie n'est pas faite de métaphores, mais d'une **conjonction de symboles**"*

19 *"Symbolisme concret, se poursuivant dans tout l'ensemble d'un recit, d'un tableau etc., et tel que tous les éléments du symbolisant correspondent systématiquement chacun à chacun aux éléments du symbolisé"*

20 No gráfico, o sinal "<>" significa "corresponde a".

Em um passo adiante, observa-se que, recorrendo a Lausberg, Hansen (1986) apresenta uma tipologia de alegoria, tomando como critério de juízo a clareza, sempre em função da verossimilhança do texto. Dessa maneira, sendo estabelecidas pelo grau de maior ou menor clareza da relação *sentido figurado/sentido próprio*, as subdivisões retóricas da alegoria podem ser admitidas como segue: *tota allegoria, permixta apertis allegoria* e *malla affectatio*.

A *tota allegoria* é a *alegoria perfeita* ou *enigma* em que, sendo totalmente fechada sobre si mesma, não se encontra nenhuma marca lexical do sentido próprio representado. Nas palavras de Hansen, "conforme a classificação retórica tradicional, chama-se também *enigma*, constituindo o efeito de recepção chamado *obscuritas (obscuridade, hermetismo)* e, por isso, também defeito, do ponto de vista da prescrição implícita da clareza" (1986, p.24, grifos nossos).

Em outro extremo, a *malla affectatio* ou *inconsequentia rerum* ou *incoerência* configura aquela alegoria em que se detecta uma mescla de metáforas, pertencentes a campos semânticos diversos, sem se ordenarem em um único bloco de significações. O exemplo apresentado por Hansen é retirado de Lausberg quando cita a incongruência de Camões no verso "que apenas nos meus olhos ponho freio" (Lus. IV, 87,8), por atribuir aos olhos qualidade equina, percebida na frase "ponho freios" e, portanto, impossível, se tomada no sentido clássico.

Intermediando esses dois polos, encontra-se a *permixta apertis allegoria* ou alegoria imperfeita que, na verdade, é a que mais nos interessa, por constituir uma classe em que pode estar inserida a parábola.

Nesse tipo de alegoria, podemos observar uma mescla do sentido próprio com o figurado, conferindo maior clareza ao texto e, por isso, atribuindo-lhe um caráter mais didático. Nos seus comentários sobre a questão, Hansen esclarece que o adjetivo "'imperfeita' não se refere a um mau funcionamento, mas ao grau de abertura da significação, quando comparada com o *enigma* ou *tota allegoria*" (1986, p.30, grifos nossos). Esclarece ainda que, devido aos seus atributos, a *permixta apertis allegoria* é recomendada pela retórica antiga e que, inclusive, Quintiliano cita-a como razão de belos discursos, claros e bem ornamentados, simultaneamente. O *Dictionaire de Poétique et*

O GÊNERO DA PARÁBOLA **209**

de Rhétorique (1981, p.72) cita um comentário do próprio Quintiliano sobre uma passagem de Cícero, que diz que "a beleza do estilo tende à ausência de certas palavras, e a clareza do sentido provém da presença delas"[21].

De maneira explícita, Hansen chega a dizer que, pela facilidade de compreensão instaurada por esse tipo de alegoria, ela é muitas vezes chamada de parábola, constituída como as do Novo Testamento, dentre outras formas típicas como a fábula e o apólogo.

Diante daquilo que já pôde ser exposto anteriormente como atributo da parábola, a declaração de Hansen torna-se bastante aceitável. No que diz respeito à sua extensão, pudemos observar que, invariavelmente, ela constitui uma narrativa curta, passando tranquilamente pelo critério da retórica antiga da brevidade.

Quanto ao aspecto da clareza, há que se ressaltar que a parábola, especialmente a do Novo Testamento, pode apresentar certa facilidade de compreensão, "quando comparada com o *enigma* ou *tota allegoria*", para usar uma ressalva do próprio Hansen. Quando, porém, tomada isoladamente, é de se lembrar que há uma discussão histórica entre pesquisadores do assunto, especificamente em relação ao texto de Marcos 4:10-12 que, pela sua relevância a esta altura, segue transcrito:

> [10]Quando ficaram sozinhos, os que estavam junto dele com os Doze o interrogaram sobre as parábolas. [11]Dizia-lhes: "A vós foi dado o mistério do Reino de Deus; aos de fora, porém, tudo acontece em parábolas, [12]a fim de que
>
> *vendo, vejam e não percebam;*
> *e ouvindo, ouçam e não entendam;*
> *para que não se convertam*
> *e não sejam perdoados".*

---

21 "*(...) la beauté du style tient à l'absence de certains mots, et la clarté du sens provient de leur présence.*"

O mesmo pensamento se repete em Mateus 13:10-17 e em Lucas 8:9-10, no primeiro texto, inclusive, depois de inserir um fragmento da fala de Jesus em que ele, explicando o motivo pelo qual falava em parábolas, cita parte da convocação do profeta Isaías para o ministério entre o povo de Israel, o que confere maior intensidade ainda ao texto. Se não, vejamos:

> Certamente haveis de ouvir,
> e jamais entendereis.
> Certamente haveis de enxergar,
> e jamais vereis.
> [15]Porque o coração deste povo se tornou insensível
> E eles ouviram de má vontade,
> e fecharam os olhos,
> para não acontecer que vejam com os olhos,
> e ouçam com os ouvidos,
> e entendam como o coração, e se convertam,
> e assim eu os cure.

Essa mesma passagem do profeta Isaías é citada mais duas vezes ainda no Novo Testamento, uma em João 12:40 e outra em Atos 28:26-27, em contextos em que se enfatiza de maneira marcante a incredulidade dos judeus ante a pessoa e o ministério de Cristo.

O texto de Marcos termina a sua série de parábolas dizendo que Jesus "anunciava-lhes [ao povo] a Palavra por meio de parábolas como essas [as do capítulo 4], conforme podiam entender; e nada lhes falava a não ser em parábolas. A seus discípulos, porém, explicava tudo em particular" (Marcos 13:33-34). Já o texto de Mateus 13:34-35 explica o método cristão citando um fragmento do Salmo 78:2: "Jesus falou tudo isso às multidões por parábolas. E sem parábolas nada lhes falava, para que se cumprisse o que foi dito pelo profeta: *Abrirei a boca em parábolas; / proclamarei coisas ocultas desde a fundação do mundo*" (grifos nossos).

Por um lado, segundo o *Dicionário internacional de Teologia do Novo Testamento* (1983), W. Wrede, na obra *Das Messiasgeheimnis* (1901), defendeu a ideia de que Marcos teria inventado o segredo messiânico, exer-

O GÊNERO DA PARÁBOLA 211

cendo considerável influência sobre a erudição alemã. Por outro lado, Jeremias argumenta que a palavra grega *parabolé*, usada no texto de Marcos, tem como correspondente no hebraico a palavra *mashal*[22] (1983, p.13). Nessa linha, defende que a tradução em Marcos deveria ser a seguinte: "A vós é confiado o mistério do reino de Deus; mas àqueles que são de fora, *tudo é enigmático*, de modo que (como está escrito) eles veem e não veem, ouvem e não entendem, a não ser que se convertam e Deus lhes perdoe" (idem, p.10, grifo nosso). Assim traduzido, Jeremias entende que esse dito não diz respeito especificamente às parábolas, mas, em vez disso, a toda pregação de Jesus sobre a iminência da irrupção do reino de Deus que, na verdade, constitui o cerne de toda a sua pregação. Com base nessa posição, Jeremias critica contundentemente a aplicação do método alegórico para a interpretação das parábolas, muito em voga também entre os mestres cristãos, nos primeiros decênios depois da morte de Jesus, além de estar amplamente espalhado nos círculos helenísticos, na questão da interpretação dos mitos gregos e, ainda, no judaísmo helenístico, em que tal tipo de exegese fez escola, segundo os apontamentos do mesmo autor.

A denominada *teoria do endurecimento*, baseada no texto de Marcos e de seus paralelos, teria sido a responsável, então, ainda conforme Jeremias, pelo fato de quatro parábolas evangélicas terem recebido uma ampliação alegorizante em seus elementos composicionais, que são as registradas em Marcos 4:14-20 e paralelos, em Mateus 13:37-43 e 49-50 e, finalmente, em João 10:7-18, todas constituindo uma explicação alegórica do texto narrativo contado anteriormente por Jesus.

Os motivos que conduziram Jeremias à conclusão de que todas essas interpretações foram adscritas pela Igreja das origens, a dos chamados pais da Igreja primitiva, dos primeiros séculos do cristianismo, estão ligados primeiramente a questões linguísticas (que, infelizmente, constam apenas da denominada "edição científica" da obra utilizada), ao cotejo com livros apócrifos e a observações que percebem alguns desvios de acentos entre o texto parabólico propriamente dito e as suas interpretações.

---

22 Conforme estudado mais detidamente no capítulo sobre as parábolas no Velho Testamento.

212   MARCO ANTÔNIO DOMINGUES SANT'ANNA

Para exemplificar o ocorrido, tomemos a interpretação da *Parábola do semeador*, em Marcos 4:13-20 que, aliás, é usada pelo *Dictionnaire de Poétique et Rhétorique* como um argumento para demonstrar que a parábola em si (Marcos 13:1-9) é uma alegoria parcial, exatamente por causa dessa adição (1981, p.72).

Em primeiro lugar, observe-se com Jeremias que o Evangelho apócrifo de Tomé não registra essa parábola adicionada de qualquer interpretação. Em seguida, veja-se que, por um lado, a comparação da palavra divina com a semente e, por outro lado, a comparação dos homens com a plantação de Deus foram extraídas, ainda que de locais diversos, do quarto livro de Esra, outra obra pertencente à literatura apócrifa do primórdios da Igreja. O primeiro caso de comparação tem como origem o capítulo 9:31: "Hoje semeio minha lei em vosso coração, ela dará fruto em vós". Ainda sobre esse aspecto, conforme notas de Jeremias, deve-se observar que essa comparação dos mandamentos de Deus com a semente não é usada no Velho Testamento e que deve ter sido formada sob a influência helenística do *logos spermatikós* (*logoj spermatikÒj*) (idem, p.82). Por sua vez, a segunda ocorrência de comparação tem origem no capítulo 8:41 da obra citada: "Pois como o camponês espalha muitas sementes na terra e planta muitas plantas, nem todos os brotos lançam raiz, assim também nem todos os que foram semeados neste mundo serão salvos".

Acrescido a esses aspectos, temos o fato de que a interpretação da parábola se afasta de seu clímax escatológico para privilegiar o aspecto psicológico do texto. Nessa opção, a parábola acaba constituindo uma exortação aos convertidos a que façam prova de suas disposições de coração para avaliarem se levam ou não a sério a conversão, em vez de enfatizar a plenitude escatológica da realização de Deus, que supera todas as expectativas (v.8), ainda que todo trabalho pareça perdido. Inserida, assim, no quadro geral da situação aparentemente lamentável do ministério de Jesus, por causa do insucesso de algumas de suas pregações (Marcos 6:1-6), do ódio acirrado gerado pelos seus atos (Marcos 3:1-6) e da apostasia que se avolumava à medida que se aproximava do fim de sua carreira (João 6:22-66) é que o fundador do cristianismo estaria dizendo, em uma tradução de Jeremias: "Olhem

O GÊNERO DA PARÁBOLA **213**

para o camponês: bem que ele poderia desanimar diante de tantos obstáculos que destroem e ameaçam sua plantação. Todavia não se deixa desanimar nem perde a confiança de que obterá o dom duma rica colheita. Como a fé de vocês é tão pequena!"

Mesmo que toda a argumentação apresentada por Jeremias tenha fundamento reconhecidamente sólido, a transferência do caráter enigmático das parábolas de Jesus para o contexto geral de sua pregação do reino de Deus, especialmente baseada na questão da tradução de *parabolé* (*parabolê*) por *enigma*, no texto de Marcos 4, a nosso ver, não resolve o problema da clareza das parábolas. Em vez disso apenas amplia a questão, pois se as parábolas inegavelmente se inserem no quadro mais global da proclamação do reino de Deus, e se essa proclamação é tida como enigmática, qualquer manifestação particular dentro desse quadro (como é o caso das parábolas) também poderá ser assim admitida.

Inclusive, o próprio Jeremias declara que o anúncio de Jesus da proximidade da inauguração do reino de Deus só é compreensível para aqueles que creem, mas para aqueles que não creem ele constitui um verdadeiro enigma. Assim, a causa primeira desse estatuto não parece ser a obscuridade da proclamação em si, mas, em vez disso, a recepção negativa daqueles que não creem. Portanto, se isso é verdade, não importa se o texto de Marcos 4 e seus paralelos são aplicados diretamente às parábolas ou à pregação global de Cristo; segundo uma possibilidade exegética do próprio texto, parece ser mais relevante a maneira como uma ou outra são recebidas pelos seus ouvintes/leitores. Tal pensamento pode ser confirmado, por exemplo, pela conclusão da *Parábola do semeador*, quando Jesus diz uma frase que apela para a responsabilidade pessoal do seu ouvinte/leitor: "Quem tem ouvidos para ouvir, ouça" (v.9).

Essa posição parece-nos mais equilibrada uma vez que, de fato, as parábolas neotestamentárias, enquanto representantes da *permixta allegoria*, apresentam uma relativa clareza, especialmente quando comparadas à *tota allegoria*, como já mencionado. Todavia, segundo nosso ponto de vista, tal clareza não se dá em razão dos acréscimos interpretativos alegóricos por parte da Igreja das origens, mesmo porque é um grupo minoritário que passa por tais aditamentos.

Segundo nos parece, uma das razões que torna as parábolas mais acessíveis aos seus destinatários é a própria estrutura interna da maioria de seus exemplares. Conforme já comentado anteriormente, quando trabalhamos a questão dos tempos verbais nesse contexto, pudemos observar que, ao redor do corpo narrativo da parábola em si, existe um grupo de verbos que são responsáveis por marcar os limites da introdução e da conclusão do texto. São exatamente esses fragmentos os responsáveis por indicar, no contexto da metanarrativa, o sentido próprio da parábola, tanto no seu início quanto no seu fim, sem contar com as declarações hermenêuticas oferecidas pelos evangelistas, na parte que lhes cabe na introdução e na conclusão que eles mesmos providenciam para o material parabólico.

Como demonstração desses casos podemos citar as introduções que são realizadas por meio da fórmula "O reino dos céus é semelhante a (...)", encontradas especificamente nos textos de Mateus 13:24 (*O joio no meio do trigo*), 33 (*O fermento*), 44-45 (*Do tesouro e da pérola*), 47 (*A rede*), 18:23 (*O devedor implacável*), 20:1 (*Os operários da vinha*), 22:1 (*O banquete das núpcias*), 25:1 (*As dez virgens*, com a ínfima diferença de que o verbo *ser* encontra-se flexionado no futuro do presente *será*, em vez de no presente *é*, como nos demais casos), Marcos 4:26 (*A semente que brota sozinha*, em que, em vez da fórmula costumeira, encontra-se "O reino de Deus é como (...)"). Como se observa, nessas ocorrências, o *sentido próprio* é indicado de maneira explícita.

Quanto à parte das conclusões, podem ser citados os seguintes exemplos, depois da menção dos respectivos textos e dos títulos das parábolas: Mateus 22:14 (*O banquete de núpcias*): "Com efeito, muitos são chamados, mas poucos escolhidos"; Mateus 25:13 (*As dez virgens*): "Vigiai, portanto, porque não sabeis nem o dia nem a hora"; Marcos 12:10-11 (*Os vinhateiros homicidas*): "Não lestes esta Escritura: 'A pedra que os construtores rejeitaram/tornou-se a pedra angular; isso é obra do Senhor, e é maravilha aos nossos olhos'?"; Lucas 7:43, 47 (*Os dois devedores*): "Julgaste bem [aprovação de Jesus ante a interpretação adequada que Simão dera à parábola contada a ele]; Mas aquele a quem pouco foi perdoado mostra pouco amor"; Lucas 10:37 (*O bom samaritano*): "Vai tu e faze o mesmo"; Lucas 12:21 (*O*

O GÊNERO DA PARÁBOLA **215**

rico insensato): "Assim acontece àquele que ajunta tesouros para si mesmo, e não é rico para Deus"; Lucas 15:7 (*A ovelha perdida*): "Eu vos digo que do mesmo modo haverá mais alegria no céu por um só pecador que se arrependa, do que por 99 justos que não precisam de arrependimento"; Lucas 15:10 (*A dracma perdida*): "Eu vos digo que, do mesmo modo, há alegria diante dos anjos de Deus por um só pecador que se arrependa"; Lucas 16:8 (*O administrador esperto*): "Pois os filhos deste século são mais prudentes com sua geração do que os filhos da luz". Cremos que essas citações já são suficientes para demonstrarmos que nos excertos de introdução e conclusão das parábolas há fortes chamadas para o sentido próprio das narrativas parabólicas e alegóricas relatadas.

Outro dado que inegavelmente confere clareza às parábolas é que, como textos alegóricos que são, encontram-se permeadas por outros códigos, além do trabalho com a linguagem em si, com seus signos, símbolos e significados convencionais. Discorrendo sobre outro assunto relacionado com a alegoria, Grawunder declara que os textos alegóricos são invadidos por códigos sociais, dialetais, históricos, da ciência e da tecnologia (1996, p.169).

Sob esse aspecto há uma infinidade de elementos da cultura oriental, de maneira genérica, e palestinense, de maneira específica, da época contemporânea à escritura do Novo Testamento, ricamente engastados no material parabólico, os quais, uma vez desvendados, trazem muita luz à sua compreensão. Os ouvintes originais desse material certamente não careciam passar por qualquer processo de revelação, dado que tais índices de composição textual eram-lhes totalmente familiares.

Um fecundo trabalho orientado especificamente para essas questões é o de Kenneth E. Bailey, *O poeta e o camponês* (1985), em que, na introdução, o próprio autor expressa as suas convicções de que o aspecto histórico deve ser examinado à luz da evidência adicional do ambiente cultural das parábolas e que a exegese oriental é um método de estudar um texto culturalmente condicionado, que requer o uso de ferramentas da erudição ocidental em combinação com *insights* culturais adquiridos da literatura antiga, de camponeses contemporâneos e de versões orientais do Novo Testamento. Uma das ferramentas que Bailey privilegia em suas análises, e que constitui uma inovação, é o estudo das formas literárias das parábolas, em uma abordagem estética.

Além desse, Jacques Dupont, em *Por que parábolas*, demonstra que o material embutido nas parábolas era retirado do cotidiano de seus ouvintes originais e, por isso, não apresentava dificuldade de assimilação para eles. Chega, aliás, a declarar que "não há exegese válida para as parábolas a não ser a que está atenta ao condicionamento histórico" (1980, p.81).

A fim de sublinhar seu ponto de vista, Dupont busca em Amos N. Wilder (1971) expressões como *realismo das parábolas*, seu *caráter humano*, sua *secularidade*, mostrando que o narrador dessas histórias foi um *leigo* e não um clérigo que fala a clérigos em uma linguagem de iniciados. É dessa maneira que os elementos composicionais dessas narrativas pertencem a um universo familiar aos seus ouvintes primeiros, como, por exemplo, é o caso das personagens que delas participam. O semeador, o camponês, o operário, os filhos, os pais, o administrador, o vinhateiro, o rico, o pobre, o juiz, a viúva, o fariseu, o publicano, apenas para elencar alguns, eram figuras presentes na vida diária de qualquer palestinense daquela época. O que na verdade funda o caráter inovador em relação a elas é o tratamento insólito que lhes é emprestado, ao atuarem de maneira pouco convencional no universo do parabolista. Certamente os ouvintes de Jesus estranharam bastante o fato de um proprietário ter pagado o salário de um dia a operários que não haviam trabalhado mais que uma hora (Mateus 20:1-15) ou ficaram surpresos com o comportamento do credor que perdoara as dívidas a devedores insolventes (Mateus 18:23-24), ou ainda ficaram escandalizados com a elevação de um samaritano à categoria de herói, quando também participavam do drama um sacerdote e um levita, institucionalmente reconhecidos como superiores naquele contexto histórico-religioso (Lucas 10:30-37).

Além da categoria das personagens, se voltarmos o olhar para os espaços físicos como o mar, o campo, a vinha, a casa, ou para atividades como a construção civil, a pesca, a agricultura, a administração de empresas, o exercício do judiciário, o pastoreio, a prática da religião,

O GÊNERO DA PARÁBOLA **217**

identificaremos a presença de uma variedade de elementos fundantes da cultura judaica palestinense, sem contar toda a herança cultural incorporada aos textos por meio, por exemplo, das constantes referências à Bíblia hebraica.

Outros dados que provavelmente constituiriam material cativante a ser explorado nas parábolas seriam os relativos à numismática, com a dracma e o talento, o que sugeriria até um estudo mais amplo sobre as influências radicais da cultura greco-romana em uma Palestina colonizada; ou os relativos aos tipos de plantas cultivadas naquela região do Oriente, por meio de elementos como o trigo, a uva, o figo, a mostarda, ou também os que dizem respeito a aspectos mais sociológicos como seria o caso do *banquete de núpcias*, da imagem da viúva ou do juiz naquele contexto histórico-político-social, do cerimonial do casamento e vários outros.

Todavia, o que se apresenta como dado relevante no universo da parábola como alegoria não é apenas a presença desse vasto material da cultura judaica, mas, sobretudo, a cumplicidade existente entre narrador e ouvintes/leitores no domínio desses códigos todos, encravados no corpo das narrativas. Não se trata somente do sistema linguístico em que elas são expressas, mas da referência a outros sistemas que nele se ocultam e que gerarão a possibilidade da apreensão do duplo sentido peculiar à visão alegórica.

Enfim, a possibilidade de detecção dessa gama variada de códigos embutidos na narrativa parabólica, familiar tanto ao seu autor quanto aos seus ouvintes originais, somada à constatação de um esquema composicional mais ou menos constante, em que de um lado a introdução e a conclusão e de outro a própria narrativa garantem o equilíbrio entre o sentido próprio e o sentido figurado do texto confere à parábola, enquanto modalidade alegórica que é, a clareza suficiente para figurar como uma *permixta allegoria*.

Mas há ainda outro aspecto das relações entre parábola e alegoria que julgamos pertinente no desenvolvimento do assunto: o procedimento literário em si, como possibilidade discursiva de articular duplicidade e ambiguidade. A questão foi desenvolvida com muita propriedade por Grawunder ao mostrar que os outros códigos de que

218 MARCO ANTÔNIO DOMINGUES SANT'ANNA

falamos anteriormente, presentes no interior das narrativas, "aumentam as possibilidades semânticas e interpretativas e, sob o princípio da superposição e contiguidade, por exemplo, podem gerar duplicidade e ambiguidade no esquema da ficção" (1996, p.169).

Dessa maneira, indubitavelmente, há um forte apelo nessas narrativas alegóricas para o estabelecimento de relações analógicas por meio da linguagem, sejam elas de correspondência, verossimilhança, inversão, omissão, acréscimo, continuidade e outras, no universo da similaridade ou da diferença, articuladas no texto.

É exatamente esse estabelecimento de relações analógicas, por meio da concretização de um discurso que expressa um significado literal – que, inclusive, não precisa ser lido exegeticamente – e outro dizer paralelo – este último, é claro, mais importante para o sujeito da enunciação – que predomina na alegoria e na parábola como uma de suas expressões. Isso resulta muito claro no destaque que Grawunder dá ao caráter parasita da alegoria, por valer-se de outras categorias e referenciais para constituir-se como discurso analógico, apresentando-se em forma de sátiras, autos, contos de fadas, contos policiais e parábolas, dentre outros (idem, p.165).

Outra faceta desse mesmo assunto da parábola como uma forma de discurso alegórico/analógico é que o procedimento literário em si revela uma forma e um modo de ver o mundo. No dizer de Grawunder,

> Ao representar uma abstração alegoricamente, o artista, voltado para o mundo das relações Eu/Outro, reúne elementos do seu mundo conceptual e sentimental, real experienciado, além e também do simbólico, bem como do mundo histórico que ele observa, permitindo que as diferentes significações, em contato, objetivem novo significado, síntese de um mundo plurivocal. O significado então se apresenta como forma de representação arbitrária, ligado ao artista, mas aberto e mediador, enquanto modo de visão e objeto de interpretação de relações humanas com seus significados, no espaço da intersubjetividade. (idem, p.145)

Assim, a expressão por meio de uma forma narrativa parabólica e alegórica revela a aceitação tanto da contingência do pensamento individual quanto da realidade sempre dual, universo em que o estatuto

O GÊNERO DA PARÁBOLA 219

de verdade reside no ser em processo contínuo de transformação, que questiona a si mesmo e a História, sempre desejando redirecioná-la.

Em tais reflexões ecoam as posições defendidas por autores como Umberto Eco que mostram, por exemplo, que "o discurso primeiro da arte, ela o faz através do modo de formar; a primeira afirmação que a arte faz do mundo e do homem, aquela que pode fazer por direito e a única de significado real, ela o faz dispondo suas formas de uma maneira determinada" (1976, p.256).

A parábola, enquanto discurso alegórico, face visível de um discurso marcado por um espectro variadíssimo de códigos, organizado segundo princípios que regem o processo narrativo, relaciona-se com outros contextos e mundos, funcionando como conector de dois textos, implicados no interior do mesmo discurso.

Isso posto, concluímos que a parábola constitui uma forma narrativa, uma história, um conjunto de ações consideradas nelas mesmas, uma descrição de ações, para usar nomenclaturas de vários autores estudados. Como estrutura narrativa, ela se apresenta, quanto à extensão, caracterizada como curta, breve, funcionando como uma estratégia de comunicação, inserida no corpo de outra construção discursiva, em suas ocorrências típicas.

Além de curta, pode ser ainda considerada como uma narrativa amimética, na medida em que não atribui às personagens uma identidade nominal, mas vincula-as a grupos estereotipados e realiza uma caracterização indireta de seus perfis. É também amimética uma vez que a categoria do espaço, salvo algumas exceções, não indica a possibilidade de relações com locais definidos na realidade extraliterária.

Somando-se a essas duas primeiras categorias, o tratamento do estatuto do tempo é outro fator que concorre para o estabelecimento da parábola como narrativa amimética, pois os seus índices de marcação temporal deixam de manter relações com o *cronos*, apontando, sobretudo, para as situações comunicativas instaladas por meio dos tempos verbais.

Finalmente, na qualidade de narrativa alegórica, a parábola constitui uma *permixta allegoria* ou uma alegoria imperfeita, apresentando marcas definidas de clareza, brevidade e verossimilhança que a recomendam como um típico discurso retórico belo e ornamentado. Além disso, ainda nessa concepção, a parábola como alegoria incorpora uma visão plural de mundo, em que, pelas relações analógicas nela representadas, a marca do Eu e do Outro estão sempre presentes.

Esse elenco de características confere à parábola a sua especificidade como gênero da literatura, no contexto do Novo Testamento. É importante ressaltar ainda que todas essas particularidades estão harmonicamente relacionadas, a fim de que o discurso parabólico desempenhe funções específicas nos contextos em que se encontra inserido.

O fato de a parábola constituir uma narrativa curta, amimética e alegórica está intimamente ligado ao desempenho de seus papéis a serviço do ensino, do confronto interpessoal, como poderá ser melhor observado no capítulo que trata especificamente das funções do gênero em questão.

Antes disso, porém, ainda trabalharemos outro aspecto de sua especificidade, que é o da sua diferenciação com a fábula.

4
CONSIDERAÇÕES SOBRE A PARÁBOLA E A FÁBULA

Mesmo já tendo discorrido detalhadamente sobre a parábola como forma literária e também sobre suas características específicas, diante da constante falta de clareza entre os limites da parábola e da fábula, propomo-nos, com base em um confronto entre as duas modalidades, tentar uma delimitação mais precisa entre elas.

Iniciamos tal confronto retomando os apontamentos de Aristóteles na *Arte retórica e Arte poética* (s. d.), mais especificamente sobre a fábula, já que em tópico anterior tocou-se nas concepções aristotélicas sobre a parábola.

Como no caso da parábola, a fábula é um tipo de exemplo inventado que faz parte do rol das provas comuns. Na visão de Aristóteles, é um tipo de escritura que convém ao discurso e a vantagem de trabalhar com ela reside exatamente no fato de ser muito mais fácil inventá-la do que encontrar no passado acontecimentos inteiramente semelhantes. Dessa forma, depois de, inclusive, orientar sobre como se deve proceder para elaborar uma fábula – e também uma parábola –, isto é, reparar nas analogias, tarefa essa facilitada pela Filosofia, conclui que "é mais fácil encontrar argumentos pelas fábulas" (op.cit., p.144). A conveniência da fábula em um discurso, de que fala Aristóteles, está intimamente ligada ao fato de ela constituir uma demonstração que contribui para o estabelecimento de provas.

222 MARCO ANTÔNIO DOMINGUES SANT'ANNA

O primeiro exemplo de fábula proposto por Aristóteles é de autoria de Estesícoro que, segundo nota do tradutor da obra em estudo, foi natural de Himera (Sicília) e um dos maiores expoentes da poesia lírica dórica (632-553 a. C.). Trata-se de uma produção a respeito de Fálaris (meados do século VI a. C.) que, segundo a mesma fonte acima citada, foi um tirano de Agrigento que deixou uma reputação de crueldade sobre a sua própria pessoa.

A motivação que impulsionou Estesícoro a contar esta fábula foi o fato de os moradores de Himera terem escolhido Fálaris como estrategista-mor e estarem dispostos a dar-lhe uma guarda pessoal. Diante disso, surgiu a seguinte fábula:

> Um cavalo ocupava sozinho um prado; sobreveio um veado que se pôs a devastá-lo. O cavalo, querendo vingar-se do veado, pediu ao homem que o ajudasse a vingar-se. O homem consentiu, com a condição de o cavalo aceitar um freio e permitir que ele, homem, o montasse, armado com seus dardos. Chegaram a acordo; o homem montou o cavalo. Mas, em vez da vingança desejada, o cavalo ficou sendo doravante escravo do homem.

Fazendo também parte do todo da fábula, segue como que uma conclusão aplicada ao caso específico da decisão de os habitantes de Himera tencionarem confirmar a função de Fálaris e, ainda, destinar-lhe uma guarda pessoal:

> O vosso caso é idêntico. Por quererdes castigar vossos inimigos, tende cuidado de não sofrer a mesma sorte do cavalo. Já tendes um freio, porque escolheste um estratego munido de plenos poderes. Se lhe dais uma guarda pessoal e consentis que ele monte em vosso dorso, imediatamente sereis os escravos de Fálaris. (Livro II, cap.XX, p.143)

A segunda fábula exposta tem como autor o frígio Esopo que alcançou o seu auge como escritor por volta do ano 520 a. C.[1] Aristóteles explica que o autor, falando aos sâmios em favor de um demagogo perseguido em justiça por crime capital, contou-lhes a seguinte fábula:

---

1 A introdução da obra *Fábulas de Esopo* (1995), traduzida por Heloísa Jahn e publicada pela Companhia das Letrinhas, traz que a existência de Esopo ainda hoje é incerta, mas que a fábulas a ele atribuídas vêm sendo contadas há mais de 2.500 anos.

O GÊNERO DA PARÁBOLA **223**

Uma raposa, ao atravessar um rio, caiu num fosso profundo e, não podendo de lá sair, aguentou por muito tempo, mas foi assaltada por um enxame de carrapatos. Passeava por ali um ouriço que, ao ver a raposa, teve dó dela e perguntou-lhe: – Queres que te liberte dos carrapatos? – A raposa recusou. O ouriço perguntou o motivo da recusa. – É que, respondeu a raposa, os carrapatos já estão engurgitados de sangue e não me sugam mais; se tu os tiras, virão outros esfomeados que sugarão o pouco de sangue que me resta.

Da mesma forma como ocorreu na anterior, esta última fábula inclui um aplicação elaborada pelo autor, que faz parte do seu corpo: "Do mesmo modo, sâmios, este homem já não vos prejudicará, pois é rico; mas, se o condenais à morte, outros virão, que, espicaçados pela sua pobreza, vos roubarão e dissiparão o erário público".

Quando se comparam na *Retórica* de Aristóteles a parábola e a fábula pode-se logo de início perceber que elas tanto apresentam alguns traços comuns quanto algumas características que as diferenciam: igualmente, as duas estão incluídas como formas de prova comum e, como uma subdivisão dessas provas, são ainda tipos de exemplos inventados, a fim de fortalecer uma argumentação com vistas à persuasão.

Além disso, pode-se observar o fato de a parábola e a fábula apresentarem ao ouvinte/leitor uma pequena história narrativa, às vezes bem simples e, nem por isso, menos interessante. Dentro dessa narrativa singela, na fábula, acontece a animização dos animais, como visto nos exemplos apresentados. Na parábola, ao menos nas concepções citadas por Aristóteles, não há ocasião para esse tipo de recurso de diálogos entre humanos e animais irracionais.

De uma maneira mais genérica, o apontamento dessas diferenças entre a parábola e a fábula aparece em outras obras que não se restringem a uma observação apenas dos escritos aristotélicos, mas da literatura em geral.

É o que faz, por exemplo, *The new encyclopaedia Britannica* (1974), que mostra que tanto as fábulas quanto as parábolas são formas curtas e simples de alegoria. Segundo essa obra, a fábula é comumente uma narrativa sobre animais personificados e que se comportam como se fossem humanos. O esquema de personificação é também estendido para árvores, ventos, rios, pedras e outros objetos naturais. As mais antigas fábulas também incluem homens e deuses como personagens, mas a fábula tende a concentrar-se no mencionado processo de animização. Uma característica que distingue a fábula das narrativas populares comuns é que a moral – uma regra de comportamento – é tecida na história.

Como já foi dito anteriormente, assim como a fábula, a parábola também conta uma história simples. Entretanto, onde a fábula tende a personificar personagens animais – frequentemente dando a mesma impressão que um desenho animado –, a parábola típica usa agentes humanos.

Apesar de, conforme apontamentos de *The new encyclopaedia Britannica* (1974), a fábula e a parábola terem as suas raízes na cultura oral pré-literária, e estarem ligadas, quanto ao tema, à sabedoria popular tradicional, seus estilos apresentam algumas facetas diferentes: enquanto as fábulas tendem a ser detalhadas, atingindo um tom de realismo social, o que eventualmente leva à sátira, a narrativa mais simples de algumas parábolas dá a elas um tom misterioso e as faz especialmente úteis para o ensino de valores espirituais. Sabe-se, todavia, que algumas parábolas podem exercer funções específicas em discursos interpessoais, como a função de confronto.

As fábulas ensinam um princípio geral de conduta apresentando um exemplo específico de comportamento. Assim, elas encerram um objetivo declaradamente moralizante. O considerado precursor do gênero da fábula, Esopo, para definir, por exemplo, a moral que "as pessoas que correm atrás das coisas sem qualquer critério, correm atrás de estranhos e inesperados perigos", usou a pequena história de um cachorro que, à procura de ovos para comer, encontrou algumas conchas e, confundindo-as com ovos, engoliu-as de uma vez, com uma grande e gulosa bocada. Como não podia ser diferente, o peso das conchas causou ao cão uma tremenda dor de estômago. Não é só porque alguma coisa é redonda que ela deve ser um ovo.

Entretanto, mesmo que seja o procedimento mais comum e mesmo que tenha tomado o *status* de provérbio dada a clareza com que expressa atitudes sociais estabelecidas, uma declaração moral explícita como a citada acima pode deixar de ser apresentada em uma fábula. Isso ocorre porque, algumas vezes, a moral encontra-se incorporada no seu próprio enredo.

Esse é outro aspecto que diferencia formalmente a fábula da parábola. Esta última não apresenta em seus limites uma declaração moral explícita como a da fábula e, se traz algum valor tecido no interior da narrativa, isso não vem marcado com o mesmo tom moralizante que o da fábula.

Nas fábulas de Esopo, esse tom moralizante contém uma grande ênfase nas interações sociais dos seres humanos, mostrando em forma de exortações a melhor maneira de lidar com as realidades de um mundo competitivo. Assim, e com certa ironia, as fábulas analisam o mundo em termos de sua estrutura de poder. Por isso é que raposas e lobos (chamados por Samuel Taylor Coleridge de *Everyman's metaphor – metáfora de cada homem*), por sua astúcia e crueldade, aparecem frequentemente como personagens. No mundo humano, tal astúcia e crueldade predatória são capazes de abafar manifestações de justiça e autoridade. Como exemplo desse fato, podemos apresentar as fábulas *O lobo e a cegonha* e *A raposa e o corvo*, respectivamente:

> Um lobo devorou sua caça tão depressa, com tanto apetite, que acabou ficando com um osso entalado na garganta. Cheio de dor, o lobo começou a correr de um lado para outro soltando uivos, e ofereceu uma bela recompensa para quem tirasse o osso de sua garganta. Com pena do lobo e com vontade de ganhar o dinheiro, uma cegonha resolveu enfrentar o perigo. Depois de tirar o osso, quis saber onde estava a recompensa que o lobo tinha prometido.
>
> – Recompensa? – berrou o lobo – Mas que cegonha pedinchona! Que recompensa, que nada! Você enfiou a cabeça na minha boca e em vez de arrancar sua cabeça com uma dentada deixei que você a tirasse lá de dentro sem um arranhãozinho. Você não acha que tem muita sorte, seu bicho insolente? Dê o fora e se cuide para nunca mais chegar perto de minhas garras!
>
> Moral: Não espere gratidão ao mostrar caridade para com um inimigo.

226 MARCO ANTÔNIO DOMINGUES SANT'ANNA

Um dia um corvo estava pousado no galho de uma árvore com um pedaço de queijo no bico quando passou uma raposa. Vendo o corvo com o queijo, a raposa logo começou a matutar um jeito de se apoderar do queijo. Com essa ideia na cabeça, foi para debaixo da árvore, olhou para cima e disse:

– Que pássaro magnífico avisto nessa árvore! Que beleza estonteante! Que cores maravilhosas! Será que ele tem uma voz suave para combinar com tanta beleza? Se tiver, não há dúvida de que deve ser proclamado rei dos pássaros.

Ouvindo aquilo o corvo ficou que era pura vaidade. Para mostrar à raposa que sabia cantar, abriu o bico e soltou um sonoro "Cróóó!". O queijo veio abaixo, claro, e a raposa abocanhou ligeiro aquela delícia, dizendo:

– Olhe, meu senhor, estou vendo que voz o senhor tem. O que não tem é inteligência!

Moral: Cuidado com quem muito elogia.

Além do aspecto da astúcia e crueldade, as fábulas também apresentam certa força satírica, sugerida pela declaração de James Thurber – um fabulista e humorista americano contemporâneo – de que elas desmascaram a "besta que existe em mim". Enfatizando essa faceta, José de Arruda Penteado, autor das notas preliminares da coleção *As mais belas fábulas de La Fontaine* (s. d.), declara que

> as fábulas procuram (...) satirizar, numa linguagem indireta, hábitos e condutas do mundo social e político de determinada época. Assim, as sátiras têm seu endereço certo, na história social, e refletem muito das ideias, tristezas e alegrias, bem como as aspirações de conduta futura de um momento histórico. (v.I, p.9)

Todavia, o citado escritor esclarece que essa aplicabilidade das fábulas a momentos históricos definidos deve-se à sua dimensão universal e atemporal e, ainda, à sua acuidade em descrever alegoricamente comportamentos e atitudes.

Segundo *The new encyclopaedia Britannica* (1974), na Rússia, uma sátira de interesse subversivo é frequentemente chamada de *esopismo*. Um exemplo, dentre muitos, desse caráter satírico da fábula é a intitulada *A raposa e o leão*, que transcrevemos a seguir:

O GÊNERO DA PARÁBOLA **227**

Uma raposa muito jovem, que nunca tinha visto um leão, estava andando pela floresta e deu de cara com um deles. Ela não precisou olhar muito para sair correndo desesperada na direção do primeiro esconderijo que encontrou. Quando viu o leão pela segunda vez, a raposa ficou atrás de uma árvore a fim de poder olhar para ele antes de fugir. Mas na terceira vez a raposa foi direto até o leão e começou a dar tapinhas nas costas dele, dizendo:

– Oi, gatão! Tudo bem aí?

Moral: Da familiaridade nasce o abuso.

Já as parábolas não apresentam de maneira tão acentuada e explícita quanto a fábula o tom moralizante e nem a força satírica direcionada a sistemas sociopolíticos, conforme demonstrado acima.

Em vez disso, podem relembrar aos ouvintes as suas crenças. A moral ou a ênfase espiritual da forma recai sobre a memória e não sobre a sua faculdade crítica. Apesar de se presumir que o auditório de uma parábola deva compartilhar uma verdade comum, pode ser que ele venha a deixá-la de lado ou esquecê-la. Além disso, as parábolas mostram menos interesse nas próprias histórias e se preocupam mais com a analogia que elas apresentam entre uma instância particular do comportamento humano (a bondade mostrada pelo bom samaritano na história bíblica, por exemplo) e o comportamento humano em geral.

Quanto ao aspecto formal, pode-se dizer que existe uma relativa estabilidade tanto da fábula quanto da parábola, pois, em geral, ao longo do tempo, as duas formas apresentam-se na forma da prosa narrativa. Todavia, pode-se verificar a possibilidade de alguns autores enfatizarem o interesse no aspecto formal, deslocando-se um pouco da intenção simples que as caracteriza. É o que se pode perceber com a descrição diacrônica sobre o trabalho de alguns escritores mais recentes de fábulas que escreveram em versos. Por exemplo, *The new encyclopaedia Britannica* menciona uma coleção de fábulas intitulada *Romulus*, datada do século X, escrita inicialmente em prosa e, depois, convertida em versos elegíacos.

Por sua vez, mesmo que a prosa narrativa seja a norma e até uma característica distintiva das parábolas, elas também podem aparecer

228 MARCO ANTÔNIO DOMINGUES SANT'ANNA

em versos, como é o caso do poema "Parábolas", de Antonio Machado (1875-1939), um dos maiores vultos da Geração de 98, na Espanha.

> Era um niño que soñaba
> un caballo de cartón.
> Abrió los ojos el niño
> y el caballito no vio.
> Con un caballito blanco
> el niño volvió a soñar;
> y por la crín lo cogía...
> Ahora no te escaparás!
> Apenas lo hubo cogido,
> el niño se despertó.
> Tenía el puño cerrado.
> El caballito volvió!
> Quedóse el niño muy serio
> pensando que no es verdad
> un caballito soñado.
> Y ya no volvió a soñar.
> Pero el niño se hizo mozo
> y el mozo tuvo un amor,
> ya su amada le decía:
> Tu eres de verdad o no?
> Cuando el mozo se hizo viejo
> pensaba: Todo es soñar,
> el caballito soñado
> y el caballo de verdad.
> Y cuando vino la muerte,
> el viejo a su corazón
> preguntaba: Tu eres sueño?
> Quién sabe si despertó! (In: Poesías Completas, 1991)

Outros aspectos distintivos da fábula e da parábola são apontados por Oswaldo O. Portella (1983) em seu artigo sobre o primeiro gênero literário: a parábola não transcende ao limite do provável, ao passo que a fábula implica sempre dar característica real ao fantástico. Um fato já mencionado é o de esta última transferir para animais ou seres

O GÊNERO DA PARÁBOLA **229**

inanimados as qualidades e sentimentos do homem, fazendo, assim, largo emprego da prosopopeia. Além disso, remetendo a um texto de Jülicher,[2] um importante pesquisador alemão do assunto de parábolas, Portella aponta outras diferenças entre a fábula e a parábola, por meio do seguinte confronto: na parábola predomina a unidade de tempo, enquanto na fábula a imagem é do passado, mas a coisa ou o fato pertence ao presente; a parábola mostra algo que vale sempre, ao passo que a fábula apresenta uma lição de validade efêmera; a parábola mostra em imagens uma realidade geralmente conhecida, coisas do dia a dia, em um comportamento que é sempre único porque é sempre assim. A fábula contém uma narrativa livremente construída, para uma só vez; ela tem um efeito enquanto desperta interesse e admiração; ao contrário do caráter atemporal da parábola, é da essência da fábula apresentar algo passado e completo, a que seu *mito* empreste ousadamente realidade. A parábola curva-se diante de qualquer oposição porquanto trata apenas de coisas possíveis, indubitáveis, ao passo que a fábula passa por cima de qualquer obstáculo e, ao narrar, o faz com tanta vivacidade, calor e atrativo que o ouvinte se esquece de fazer objeções. Torna o fato tão verossímil que o ouvinte não pergunta pela verdade ou sequer da possibilidade dela. Por meio de sua plasticidade substitui a fábula o que a parábola pressupõe por meio da generalidade e do reconhecido.

Percebendo a inter-relação existente entre os aspectos confrontados, apontamos certa infelicidade em algumas declarações de Portella. Em primeiro lugar, porque na parábola, caracteristicamente, a imagem também é do passado. Como visto, pelas flexões dos tempos verbais, pôde-se verificar que as narrativas típicas das parábolas estão situadas no passado, se bem que a preocupação maior em demonstrar esse fato foi a de, com ele, perceber prioritariamente a situação comunicativa

---

2 Uma obra de suma importância para a pesquisa sobre a história da interpretação da parábola do Novo Testamento é *Die Gleichnisreden Jesu*, de Adolf Jülicher, publicada em Tübingen, Alemanha, em 1899, pelo fato de ter rompido definitivamente com o método alegórico na interpretação das parábolas cristãs. Para um aprofundamento, consultar Jeremias (1983) e Brown (1983), que constam da bibliografia geral do livro.

de relaxamento, própria da forma narrativa instaurada por esse tipo de flexão. Em segundo, porque ao dizer que "a fábula apresenta uma lição de validade efêmera", Portella não atenta para o caráter universal da fábula, apesar de, na verdade, ela ter tido uma aplicação engajada originalmente. Ao longo dos seus 2.500 anos de existência, não há mais a preocupação em saber quem representa quem, nas fábulas de Esopo, por exemplo.

Portanto, não é pelo aspecto da efemeridade ou do jogo temporal que a fábula pode ser diferenciada da parábola. Do nosso ponto de vista, as duas formas apresentam um caráter universal e constituem uma modalidade narrativa, também concretizado textualmente pela flexão dos verbos nos tempos do mundo narrado, os tempos do pretérito.

Após apontar essas distinções, Portella afirma ser difícil, na prática, às vezes, distinguir a parábola da fábula. Tal conclusão apresenta-se um tanto incoerente diante do confronto feito entre os dois gêneros. Dizer como ele que a *Parábola do filho pródigo* poderia muito bem ser chamada de fábula e que a fábula *O lobo e o cordeiro* poderia passar por uma parábola soa estranho, dadas as características de uma e de outra composição. O próprio confronto apresentado pelo autor reforça a inviabilidade de uma alternância de nomenclatura, sem qualquer prejuízo de uma teoria de gêneros.

Todavia, um fato interessante que se pode mencionar com base no artigo de Portella é a coincidência de sua definição de fábula com outra apresentada por autores diferentes, só que de parábola. Segundo Portella (1983), conceitualmente, a fábula, "como forma literária específica, é uma narração breve, em prosa ou em verso, cujos personagens são, via de regra, animais e, sob uma ação alegórica, encerra uma instrução, um princípio geral ético, político ou literário, que se depreende naturalmente do caso narrado". A essa espécie de definição mais geral, acrescenta que a fábula apresenta duas partes: uma narrativa breve e uma lição ou ensinamento, esclarecendo que a essas duas partes substanciais La Fontaine chamou de *corpo e alma*, visto que o corpo "é representado pela narrativa que trabalha as imagens e dá formas sensíveis às ideias gerais" e "a alma são exatamente as verdades gerais corporificadas na narrativa" (idem, p.121).

Por sua vez, em *Mar de histórias* (1978), Aurélio Buarque de Holanda e Paulo Rónai, na tentativa de definir o que é o conto como arte literária, qual sua origem histórica e cronológica, quais foram os seus precursores, declaram que o conto na sua concepção moderna aproxima-se bastante do gênero da parábola, depois de esta última ter passado por um processo de evolução. Apesar de ser um aspecto que se mostra muito interessante, o que destacamos nesta altura é outro ponto: o fato de os autores indicarem nessa pesquisa sobre as origens do conto a parábola como possível fonte e apresentarem uma definição para ela muito semelhante à que Portella apresenta como a da fábula, conforme apontamentos acima. Os autores de *Mar de histórias* mostram que "a parábola é um símile desenvolvido a ponto de assumir as proporções de uma narrativa, e que serve de ilustração a alguma tese religiosa ou moral. À narrativa dá-se o nome de 'corpo', à tese o de 'alma' da parábola" (p.61).

Percebe-se, pois, que a terminologia *corpo* e *alma* é usada, por autores diferentes, indistintamente tanto para a fábula quanto para a parábola, a fim de representar suas partes constituintes. Mais que simples coincidência ou mesmo precedência na teoria dos gêneros, parece ter havido nesse caso uma extensão à parábola daquilo que originalmente é próprio da fábula, segundo as concepções de La Fontaine, citadas por Portella. De qualquer maneira, não haveria prejuízo algum se todas as parábolas servissem apenas à transmissão de um princípio moral. Ocorre que nem sempre elas apresentam uma *tese* porque não é todas as vezes que elas servem apenas à função de ensino, como já demonstrado. Nesses casos, uma descrição como a de Holanda & Rónai resulta inadequada.

Por sua vez, Conrado Stefani traça os limites entre fábula e parábola no campo de suas finalidades como textos narrativos: enquanto a primeira se limita a inculcar uma prudência humana ou uma sabedoria vulgar, a outra serve a fins metafísicos e religiosos mais superiores.

Outro autor que reforça a distinção entre a fábula e a parábola pelo fato de a primeira apresentar objetos dos três reinos (mineral, vegetal e animal) que falam, pensam ou agem como seres humanos e de na segunda tudo ser reflexo fiel da natureza é Sátilas do Amaral Camargo.

232 MARCO ANTÔNIO DOMINGUES SANT'ANNA

Segundo suas concepções, nada sucede de inverossímil ou fantástico na parábola. Os animais e plantas nela aparecem sempre subordinados ao homem. Além disso, ele confere uma superioridade moral e espiritual à parábola em relação à fabula pois, enquanto esta pode chegar a satirizar as fraquezas e vícios humanos, aquela trata desses aspectos com nobreza desconhecida da fábula, combatendo os males e defeitos humanos com sinceridade e nunca com motejo e escárnio.

Nessa tentativa de fixar o caráter específico da parábola, o autor já mencionado estabelece outro confronto, agora entre a parábola e o mito. Ao proceder dessa forma, mostra que este último é o produto natural da imaginação primitiva, aparecendo como decorrência da necessidade de explicar os fenômenos naturais, crenças e costumes. Esse conceito de *mito* aproxima-se em certa medida e é expandido por aquele apresentado no glossário da *Anatomia da crítica*: "narrativa na qual algumas personagens são seres sobre-humanos que fazem coisas 'que só acontecem nas histórias'; daí a narrativa convencionalizada ou estilizada, não plenamente adaptada à plausibilidade ou ao 'realismo'" (Frye, 1973, p.361).

Apesar de tanto o mito quanto a parábola serem produtos da imaginação, constituírem uma narrativa, tendo assim algo em comum, parece desnecessária qualquer iniciativa para estabelecer limites entre as duas modalidades, dadas as suas diferenças evidentes por tudo que já se tem mencionado sobre o caráter da parábola e pelo pouco a que se tem referido sobre o mito, mas que é, afinal, sua principal característica: a não submissão a aspectos de verossimilhança.

Como mencionado anteriormente, Northrop Frye, na *Anatomia da crítica*, ao trabalhar sobre os desdobramentos do *épos*, também estabelece um confronto entre a fábula e a parábola já que, para o autor, essas duas modalidades são formas desse tipo de literatura que tenta preservar a convenção da recitação e da audiência que escuta. Inicialmente, ao analisar a questão do grau de complexidade entre as duas formas, Frye faz uma aproximação entre a fábula e o enigma, por conta da maior simplicidade que os caracteriza. Do seu ponto de vista, a formulação da moral na fábula é a contrapartida da adivinhação no enigma. Neste último, "o assunto não é descrito mas circunscrito, com

O GÊNERO DA PARÁBOLA **233**

um círculo de palavras traçado em torno dele" (idem, p.294). De fato, a característica distintiva do enigma é a sua limitação descritiva. Segundo Frye, há dois tipos de enigmas: os simples, em que o assunto central é uma imagem que impulsiona o leitor a conjecturar sobre a questão colocada, e a *visão emblemática*, uma forma um pouco mais complexa, apontada como uma das mais antigas da comunicação humana. Para este último tipo, Frye apresenta um exemplo bíblico retirado do livro profético de Amós:

> E disse-me o Senhor: Amós, que vês tu? E disse eu: Um fio de prumo. Então disse o Senhor: Contempla, porei um fio de prumo no meio do meu povo de Israel. (Amós 7:8)

O símbolo do fio de prumo mencionado no fragmento acima é apenas um dos três contidos no contexto geral dessa passagem bíblica. Nela também aparecem como elementos simbólicos os gafanhotos e o fogo, representando, respectivamente, a devastação das colheitas e a assolação da seca, seguidos pelo fio de prumo que, por sua vez, simboliza uma espécie de avaliação de Deus da condição do povo de Israel de permanecer em pé diante de seu julgamento. Frye menciona alguns outros profetas que, de alguma forma, perpetuaram essa tradição de levar consigo utensílios simbólicos como Diógenes e sua lanterna, Blake e a rosa enferma e Herbert e os poemas-conceitos pictóricos como a *Pulley* (Roldana).

A aproximação realizada por Frye entre a fábula e o enigma deve-se ao fato de ambos trabalharem no campo da simbologia e também ao baixo grau de complexidade na compreensão geral de ambos. O dado de que à adivinhação do enigma corresponde a formulação da moral da fábula pode ser aceito em termos bem gerais, pois enquanto no primeiro a adivinhação deve ser buscada, na segunda a moral é oferecida gratuitamente pelo fabulista. Entretanto, o aspecto a ser ressaltado aqui é o da maior simplicidade do enigma e da fábula em relação ao confronto mais amplo entre esta última e a parábola, que é tratada como um espécime mais altamente desenvolvido, com maior tendência a encerrar sua própria moral. Como nossa intenção neste tópico não é discutir as aplicações da parábola, limitar-nos-emos a simplesmente a apontar essa visão da moral encerrada por ela, em termos genéricos, como muito redutora, já que a parábola, como modalidade literária, não serve apenas a fins moralizantes.

Na continuidade de seu confronto, ao apontar que na fábula a estilização mítica é uma característica distintiva, como a personificação de animais e de outros elementos da natureza e que na parábola tal estilização é menos óbvia, Frye acrescenta um exemplo seguido de uma declaração que merece algum comentário. Para comprovar o contraste entre a fábula e a parábola, o autor declara que "das parábolas de Jesus, só a parábola da ovelha e das cabras, que é um apocalipse, faz bastante uso do material exterior ao alcance realístico da credibilidade" (Frye, 1973, p.295).

Apesar de não apresentar concretamente a fonte, tudo indica que Frye está se referindo ao texto bíblico de Mateus 25:31-46, que realmente faz parte do contexto maior em que Jesus pronuncia um sermão profético acerca dos últimos acontecimentos, a partir de Mateus 24:1, culminando exatamente com o texto acima indicado. Esse trecho, por sua vez, é repleto de parábolas tais como a da *Figueira* (24:32-44), a do *Bom e do mau servo* (24:45-51), a das *Dez virgens* (25:1-13) e a dos *Talentos* (25:14-30). A primeira observação que se pode fazer é que o trecho a que Frye se refere como a *Parábola da ovelha e das cabras* não é incluído em algumas listas de parábolas evangélicas, no rol de algumas obras consultadas. Certamente isso se deve ao fato de que a narrativa não se enquadra nas características gerais de uma parábola tecnicamente falando. Há apenas um elemento comparativo quando Jesus menciona que, na vinda do Filho do Homem, quando estará acompanhado de todos os anjos e se assentará no trono de sua glória e todas as nações serão reunidas em sua presença, ele separará uns dos outros, "como o pastor separa dos cabritos as ovelhas; e porá as ovelhas à sua direita, mas os cabritos à esquerda". Inclusive a fórmula clássica da comparação explícita "como" aparece concretamente na citação. Na verdade, não há uma pequena história montada sobre ovelhas e cabritos para exemplificar o fato profetizado, para caracterizar o fragmento como uma parábola pura.

O GÊNERO DA PARÁBOLA **235**

Além disso, o que é mais relevante é o fato de Frye mencionar que é só nessa *parábola* que Jesus faz bastante uso de material exterior ao alcance realístico da credibilidade. Essa declaração, em certa medida, está em harmonia com tudo o que se tem sobre o material de composição das parábolas cristãs. Há obras inteiras (como a já citada *Poet and peasant*, de Keneth E. Bailey) tratando especificamente da recuperação do contexto histórico-cultural do momento em que as parábolas foram pronunciadas, para uma análise mais precisa dos elementos de sua composição. Há um consenso geral entre os estudiosos das parábolas de Jesus que o domínio ao qual são tomadas as imagens é o da vida ordinária e de seus problemas familiares. Apesar de, com suas declarações, Frye confirmar essa linha de pensamento, causa estranheza o fato de o autor dizer que especificamente no trecho em questão Jesus lança mão de um material *exterior* ao conhecimento de seus ouvintes. Os elementos que poderiam ser tomados como simbólicos como os anjos, o trono de glória, o pastor, os cabritos, as ovelhas, o reino, o rei, o fogo eterno, o castigo eterno, o diabo, a vida eterna são todos, sem exceção, pertencentes ao imaginário judaico desde a época do Velho Testamento.

Contudo, de maneira geral, o que se confirma é a nítida diferença também apontada por Frye, além dos outros autores já citados, entre a fábula e a parábola.

Corroborando nessa linha do estabelecimento das diferenças entre a fábula e a parábola, aparece também a *Enciclopédia Mirador internacional* (1975), mostrando que a distinção reside no fato de a última "além de lidar com situações humanas mais reais, procura maior elevação no plano ético" (p.4447).

Pelo exposto, pode-se compreender a relativa falta de definição com que os limites entre a parábola e a fábula são estabelecidos, já que as duas formas apresentam vários elementos em comum. A começar da literatura clássica aristotélica, as duas estão incluídas como formas de prova comum e, como subdivisão dessas provas, constituem exemplos inventados para fortalecer uma argumentação.

Além disso, tanto uma como outra fizeram parte de uma cultura oral pré-literária, extraindo os seus temas da sabedoria popular tradicional.

No aspecto formal, constituem estruturas de prosas narrativas breves, alegóricas, mantêm uma estabilidade ao longo do tempo, mesmo sabendo-se que, em alguns momentos, foram também expressas em forma de poesia. Ainda como traço comum, mesmo que as fábulas tivessem originalmente uma intenção mais engajada no contexto sociopolítico em que foram produzidas, as duas formas atingiram um *status* incontestável de universalização.

No que diz respeito às suas diferenças, verifica-se, então, que a fábula apresenta um tom satírico muito mais reconhecível, atingindo basicamente as relações sociais entre os homens. Talvez seja por isso que também o tom moralizante que a caracteriza seja tão acentuado. A fim de cumprir os seus propósitos, a fábula passa por um processo mais radical de alegorização, já que trabalha, sobretudo, com a personificação de animais.

Já a parábola típica, embora também lide com os males e defeitos do homem, nunca o faz por meio do motejo e do escárnio. Somado a isso, as personagens que atuam nas construções parabólicas são sempre seres humanos, mesmo recebendo elas um tratamento diferenciado, passando por um processo de tipificação. O tom menos moralizante e mais didático distintivo da parábola permite-lhe funcionar com mais eficácia no processo de ensino-aprendizado, além de poder atuar ainda como instrumento de confronto nas relações interpessoais.

5
AS FUNÇÕES DA PARÁBOLA

No que diz respeito às funções da parábola, podemos constatar que há certa diversidade de papéis desempenhados pelo gênero.

Como já visto em outra parte do trabalho, para Aristóteles (384-322 a. C.), por exemplo, conforme seus apontamentos na *Arte retórica*, o que ele denomina parábola servia como recurso argumentativo, constituindo um meio introdutório de prova. Nesse caso, requeria-se uma relação interativa entre o emissor e o receptor, pois dependia de este colocar em ação processos mentais que conduzissem à compreensão total da comunicação. Todavia, já verificamos que, no contexto da literatura clássica grega, a parábola não deve ser tomada como um gênero literário, mas sim como uma espécie de figura de linguagem.

Contemporaneamente, uma característica que percorre a maioria dos textos sobre parábola como gênero é a indicação de sua utilidade no universo do ensino, tendo isso já sido constatado neste livro quando da análise e do confronto das diversas definições apresentadas para ela. Entretanto, pode ser citada ainda a obra *The new encyclopaedia Britannica*, que fala da parábola como "uma fonte de ensino imensamente útil" (1974, v.7, p.136). Por sua vez, Kirkwood, no artigo *Parables as metaphors and examples*, publicado no *Quarterly journal of speech*, de maneira genérica, descreve a parábola como "qualquer

238 MARCO ANTÔNIO DOMINGUES SANT'ANNA

narrativa breve contada primariamente para instruir, guiar ou influenciar ouvintes ao invés de entreter" (1985, p.424).

Começando pelo aspecto negado da proposição acima, destacamos que a parábola não serve ao puro entretenimento. Estabelece-se assim certa delimitação no campo de atuação desse tipo de discurso. Tal declaração parece indicar que as funções da parábola não devem ser julgadas segundo critérios puramente estéticos. Nessa linha, não se pode admitir, então, uma construção parabólica cuja função seria "satisfazer a necessidade de ficção e fantasia do homem", para usar uma afirmação do crítico literário brasileiro Antonio Candido, na obra *Literatura e formação do homem*.

Aliás, esse ponto de vista vai ao encontro do pensamento do teólogo alemão J. Jeremias ao demonstrar que, mesmo sendo essencialmente simples, a concepção de parábolas envolve consequências muito abrangentes. Dissertando no terreno das parábolas bíblicas neotestamentárias, mais especificamente sobre as variadas formas de interpretação desenvolvidas ao longo da história, o autor declara que "as parábolas de Jesus não são – em todo caso não primariamente – obras de arte, nem querem inculcar somente princípios gerais, mas cada uma delas foi pronunciada numa situação concreta da vida de Jesus, situação única e muitas vezes imprevista" (1983, p.15).

Extraindo da citação apenas o fragmento que nos parece relevante para a presente argumentação, a saber, "as parábolas de Jesus não são – em todo caso não primariamente – obras de arte", começamos por sugerir um confronto com a sua tradução do original alemão para o inglês, citada por J. D. Crossan: *"the parables of Jesus are not – at any rate primarily – literary productions"* (1992). Mesmo que a expressão *literary productions* se apresente como mais específica em relação ao tipo de material estudado do que *obras de arte*, pensamos que a junção dos dois conceitos poderia ser mais produtiva na medida em que as parábolas, sem deixarem de configurar *literary productions* por sua inclusão em um *corpus* escrito, não advogam para si o *status* de obras de arte.

Entretanto, a ressalva contida no excerto – "em todo caso não primariamente" – é de suma importância para comprovar que, segundo

O GÊNERO DA PARÁBOLA 239

Jeremias, mesmo que esta não seja sua característica essencial, as parábolas podem ser admitidas como produções literárias artísticas.

Tal concepção poderia ser ainda confirmada por Northrop Frye, quando o crítico diz que "a prosa é, diversamente do verso, usada também para propósitos não literários: estende-se não apenas até as raias literárias do *mélos*[1] e da *ópsis*,[2] mas também para os mundos exteriores da *práxis* e da *theoría*, da própria ação social e do pensamento individual" (1973, p.319).

Ao desenvolver esse pensamento, Frye mostra que os *grandes livros* (grifos do autor) reconhecidos universalmente, comumente colocados fora do domínio literário, tais como a Bíblia, os diálogos de Platão, as meditações de Pascal, passam a integrar uma nova significação, a literária, à medida que se tenta responder uma questão básica: Qual a forma soberana da prosa? Na verdade, mesmo que na visão de Frye essa pergunta não possa ser plenamente respondida, os citados livros universais não poderiam permanecer externos ao rol das possibilidades de respostas. Seu argumento fundamental para justificar o fato é que se faz necessário considerar que "elementos literários estão envolvidos nas estruturas verbais em que a intenção literária ou hipotética não seja a precípua" (idem, p.319-20). Para ilustrar sua tese, apresenta exemplos como a *Areopagitica*, a carta de Johnson a Chesterfield, alguns sermões no período de Latimer e a Commomwealth, o discurso de Gettysburg de Lincoln, as falas de 1940 de Churchill, que não tiveram primordialmente nenhuma intenção literária, o que, segundo o autor, foi um dado positivo, pois se ocorresse o contrário, teriam falhado no seu propósito. Todavia, em um momento posterior à sua ocorrência, passaram a integrar o domínio literário e a constituir um corpo de dados importantes para o crítico.

Baseados nessa corrente, poderíamos supor que a parábola, como os exemplos citados acima, realmente não tem, precipuamente, alguma

---

1 Segundo Frye: ritmo, movimento e som das palavras; o aspecto da literatura que é análogo à música, e mostra amiúde alguma relação afetiva com ela. Da *melopoiía* (melopeia) de Aristóteles.

2 Segundo Frye: aspecto espetacular ou visível do drama; aspecto idealmente visível ou pictórico de qualquer outra literatura.

intenção estético-literária. Mesmo porque, originalmente, havia uma grande ênfase na comunicação oral, e não escrita, do gênero parabólico. Entretanto, pelo fato de os textos terem sido compostos a partir de elementos literários, manipulados e trabalhados de uma determinada forma, inclusive distinta, dadas suas características recorrentes e por terem chegado até a constituir um gênero reconhecido de discurso, poderiam ser abordados e analisados também com instrumentação literária, no nível desse seu material e dessa sua forma de composição, o que nos parece um procedimento rentável.

Outro dado a contribuir para que insistamos nesta linha de raciocínio, diferentemente daqueles exemplos citados por Frye em sua argumentação, os quais constituem originalmente textos históricos, é que os textos parabólicos são construções discursivas totalmente inventadas e narrativas de extensão limitada, produzidas pela imaginação de seus criadores. Dessa perspectiva, eles se ajustam como material literário, passível de uma apreciação estética. Assim, mesmo que a função estética não seja a precípua da parábola, não podemos negar que, em certa medida, ela também está presente.

Na mesma direção, trabalhando especificamente no domínio das parábolas cristãs do Novo Testamento, John Dominic Crossan inicia sua obra recordando cinco princípios metodológicos que, nos últimos vinte anos, têm norteado as pesquisas sobre o tipo de material encontrado nos evangelhos. Dentre eles, ao menos por ora, destacaremos aquele denominado pelo autor de *criterion of dissimilarity* (1992, p.4) – critério da dissimilaridade – pela sua pertinência em relação ao que se vem desenvolvendo sobre as questões estéticas na abordagem das parábolas.

Por *critério de dissimilaridade* o autor pretende indicar exatamente a necessidade de uma aproximação diversificada do material parabólico cristão já que, na sua visão, as formas de expressão usadas por Jesus são muito peculiares e mesmo a Igreja Primitiva não estava muito familiarizada com elas. Assim, esse critério evoca uma aplicação não apenas em relação ao assunto ou tema das parábolas, mas, mais especificamente, no que diz respeito ao estilo e à forma.

Tal procedimento configura-se como inédito, especialmente quando se pensa em tudo que tem sido feito em língua portuguesa, pois

O GÊNERO DA PARÁBOLA **241**

quase a totalidade de obras publicadas sobre o assunto é dedicada à análise do tema das parábolas, e mesmo aquelas que tocam na questão formal, fazem-no de uma maneira superficial e rasteira.

Assim, o interesse volta-se objetivamente para o uso que Jesus faz da metáfora a fim de sustentar a forma parabólica e como este uso é distinto daquele feito pela Igreja Primitiva e também pelo judaísmo daquela época. Daí advêm certos problemas hermenêuticos de natureza básica e abrangente, exigindo que o analista se locomova de territórios tão familiares a ele, como a Hermenêutica e a Exegese, para adentrar os da Filosofia e da Literatura, por exemplo. Aquelas categorias conceituais tomadas como garantidas têm-se mostrado inadequadas e insuficientes para articular com propriedade o significado da mensagem de Jesus.

Um ensaio que alude a essas questões das várias possibilidades de abordagem de um texto bíblico, incluindo o discurso parabólico, é o intitulado *Rhetoric and biblical criticism* (retórica e crítica bíblica), de Vernon K. Robbins e John H. Patton, mostrando que esta é uma tendência recente, iniciada com um trabalho de James Muilenburg intitulado *A study in hebrew rhetoric*[3] (um estudo em retórica hebraica), em que o autor, segundo os ensaístas, dá atenção primordial aos esquemas retóricos e estilísticos na literatura profética ao explorar as dimensões estéticas e semânticas desse fenômeno.

Quanto aos estudos do Novo Testamento, Amos N. Wilder é considerado pelos autores do ensaio como o pai da análise retórica, com a publicação de *Early christian rhetoric* (retórica cristã antiga) (1971), em que enfatizou "não tanto (...) *o que* os cristãos primitivos disseram, mas *como* eles disseram"[4] (grifos do autor). Sua ênfase recai, pois, sobre o conceito de forma que, na visão de Wilder, não poderia ser limitada à ornamentação linguística ou ao estilo externo. Contrapondo-se a isto, o pesquisador articulou uma noção holística de forma traçada nos termos do Novo Testamento – *morphe, schema, eikon* – os quais usualmente referem-se não à aparência externa mas à realidade total das pessoas ou coisas em questão. Sobre essa base, ele sustentou que "em todo artefato

---

3 In: *Vetus Testamentum Supplement* 1 (1953), p.97-111.

4 *"(...) not so much (...) **what** the early Christians said as **how** they said it."*

242　MARCO ANTÔNIO DOMINGUES SANT'ANNA

genuíno, incluindo as formas de linguagem, forma e substância são inseparáveis e mutuamente determinantes"[5] (idem, p.25).

Essa observação abriu caminhos para estabelecer definitivamente a consciência da qualidade linguística das estruturas de diálogo, história, poema e parábola nas análises bíblicas. Tanto que, logo em seguida, conforme indicado no ensaio em questão, foi publicada a obra *Language, Hermeneutic and Word of God* (linguagem, hermenêutica e palavra de Deus) (Funk, 1966), em que o autor compara o gênero da parábola e o da epístola, na sua visão, as duas maiores formas da literatura cristã. Funk argumentou que as parábolas funcionam como metáforas, enquanto as cartas como conversação oral. O propósito do discurso metafórico, sugeriu Funk, é destruir "as convenções de afirmação com vistas a uma nova visão, na qual compreende-se algo em relação ao novo campo de aplicação, e, assim, em relação a uma nova experiência da realidade"[6] (idem, p.139).

Radicalizando a questão das funções da parábola, no ano seguinte ao do lançamento do livro de Funk, Dan Otto Via Jr. publicou *The parables* (as parábolas), argumentando que as parábolas de Jesus são objetos estéticos nos quais "o elemento do extraordinário não aponta diretamente para Deus, mas, sendo fundido na história – no interior de uma combinação estética de realidade e surpresa – sugere que a experiência cotidiana é atravessada pelo problemático, contingente e imprevisível".[7]

Ainda que nessa obra tenha trabalhado com análises retórico-literárias em discursos teológicos extensos, seu sucesso com as parábolas de Jesus – tidas como forma central na literatura do Novo Testamento – desafiou intérpretes a empregar a análise retórico-literária para conse-

---

5 *"(...) in all genuine artifacts, including language-forms, shape and substance are inseparable, and mutually determinative."*

6 *"(...) the conventions of predication in the interests of a new vision, one which grasps the 'thing' in relation to a new 'field', and thus in relation to a fresh experience of reality."*

7 *"(...) the element of the extraordinary does not point directly to God, but being fused into the story - into the aesthetic mingling of the realistic and the surprising - it suggests that everyday existence is crossed by the problematical, contingent, and unpredictable."*

O GÊNERO DA PARÁBOLA **243**

guir explicações mais completas sobre textos cristãos antigos. Isto é, a assunção das parábolas como objetos estéticos resultou na evolução do processo de interpretação não apenas delas próprias como também de outras construções literárias cristãs antigas. Na sequência, a presença de uma variedade de métodos começou a sugerir aos intérpretes que as múltiplas interpretações de um texto eram vantajosas na medida em que iluminavam vários níveis de significado e várias dimensões da realidade.

Na década de 70, conforme exposição dos ensaístas, essa visão expandiu-se mais ainda. Não sem obstáculos, é claro, como os que o já citado Amos N. Wilder enfrentou no debate em estudos bíblicos sobre mito e parábola, posicionando-se totalmente contra aqueles que defendiam que o estudo das parábolas como "o mais antigo discurso da Galileia" deveria ser separado das categorias mitológicas dos evangelhos. Ao contrário, ele argumentou que apenas as parábolas de Jesus, mesmo com a vida de ação que as emoldurou, teriam sido ambíguas sem o anteriormente anunciado horizonte mítico do Reino de Deus, que evocava a referência básica para o povo. Assim, o ponto central para Wilder é que a sensibilidade para a imaginação não permite ao crítico estar satisfeito com o que ele denominou de "uma perspectiva diminuída". Sua abordagem postula uma análise da forma contando com conexões fenomenológicas e linguísticas entre processos inventivos, condições históricas e categorias ontológicas.

Prosseguindo na exposição do assunto, o ensaio apresenta outras obras relevantes para esta linha de abordagem dos textos parabólicos, como a *In parables* (Crossan, 1992) (em parábolas), em que o autor tenta comunicar as multivariadas dimensões de literatura e linguagem para a análise bíblica.

Diante desse percurso pela história recente das interpretações das parábolas, especialmente das cristãs, podemos confirmar o que já foi dito anteriormente sobre as suas funções: mesmo que essas construções não tenham a intenção primeira de constituírem obras de arte e, assim, servirem ao puro entretenimento ou ao prazer estético, o fato de elas serem concretizadas a partir de elementos comuns àquelas que servem objetivamente a essas funções permite

244 MARCO ANTÔNIO DOMINGUES SANT'ANNA

uma análise em moldes semelhantes àqueles usados para um texto pretensamente literário.

Além disso, mesmo não tendo essencialmente intenções artísticas, as parábolas, literariamente construídas, são usadas nessa condição para atingir objetivos mais amplos. Em outras palavras, o caráter inegavelmente literário das parábolas serve a finalidades específicas que não seriam satisfatoriamente alcançadas sem o uso delas. É o que se poderá observar a seguir, quando apresentaremos as funções didática e confrontativa às quais pode servir a modalidade parabólica, no contexto do Novo Testamento bíblico.

Função didática

O fato de a parábola constituir textos literariamente organizados e servir a finalidades específicas parece estar em conformidade com o proposto pela retórica clássica em relação ao *docere* e ao *delectare*. Quanto ao *docere*, o estudioso alemão Lausberg afirma que "os poetas o praticam, como *finalidade didática* da poesia (...) dentro da utilidade intelectual e moral da mesma". Denomina, ainda, "*delectare* a influência afetiva, pretendida e exercida pelo orador sobre o árbitro da situação, com a *finalidade de nele excitar*, favoravelmente ao partido, *afectos suaves*" (1972, p.105, grifos nossos).

Definindo o *docere* como "a influência intelectual que o orador pretende exercer sobre o árbitro da situação" (idem, p.104), Lausberg também esclarece que ele pode apresentar-se em dois graus de intensidade: o primeiro, a *comunicação*, o *dar a conhecer*, que pode ocorrer tanto na *propositio* quanto na *narratio*; e o outro, a *prova*, com a função de *probare*, que aparece na *argumentatio*.

O autor mostra ainda que o *genus obscurum*, os tropos e as figuras que procuram a *obscuritas*, como fenômenos de estranhamento, correspondem ao *docere* no seu primeiro grau de intensidade, o informativo. Segundo a obra consultada, a mencionada *obscuritas* indica o denominado *erro da insuficiência* que se comete contra a *perspicuitas* que, por sua vez, consiste na compreensibilidade intelectual do discurso. Esse

O GÊNERO DA PARÁBOLA **245**

erro da insuficiência, a *obscuritas*, aparece em duas variantes: primeiramente, aquela denominada *obscuritas sem direção*, em que o texto não permite, de forma alguma, a sua compreensão, tendo como seus casos extremos de incompreensibilidade, na forma escrita, as obras em língua estrangeira desconhecida, e na oral, os discursos pronunciados em voz muito baixa. Há ainda, em segundo lugar, a *obscuritas indecisa quanto à direção* (grifos do autor), que caracteriza o texto aberto para duas ou mais possibilidades de compreensão.

Por tudo que se já tem demonstrado sobre as características da parábola, não seria arriscado afirmar que, a fim de desempenhar a sua função didática, ela apela para fenômenos de estranhamento, por meio dos recursos que procuram a *obscuritas*, que no caso constituiria a segunda variante, aquela aberta para duas ou mais possibilidades de percepção.

É relevante observar neste ponto que um dos tropos a que Lausberg remete como agente da *obscuritas* é a *allegoria*, que, por sua vez, constitui um fenômeno de estranhamento, na medida em que, em certo grau, exerce um efeito psíquico no receptor, ao introduzir no discurso o inesperado.

Como já visto, a parábola pode ser enquadrada como um segundo grau da *allegoria*, a *permixta apertis allegoria*, a que está misturada com sinais reveladores do pensamento pretendido. Mais especificamente ainda, conforme os apontamentos de Lausberg, "se o pensamento propriamente dito não for somente indicado por sinais, mas sim expresso adicionalmente, no seu todo, surgem então as figuras da definição alegórica e da *similitudo*", cujos limites, segundo o autor, são pouco nítidos (idem, p.249). Essa é a razão de declarar que a parábola bíblica é formulada nesses moldes, ora atuando como alegoria, ora como *similitudo*, ora como definição alegórica. Como o próprio Lausberg afirma, já que esses limites não são tão nítidos, preferimos tomar a parábola, mais uma vez, no sentido geral de formulação alegórica.

Assim, por tudo o que foi demonstrado, pode-se afirmar que o *docere*, com a finalidade de exercer influência intelectual, de informar, de ensinar o ouvinte, usa de estratégias e mecanismos linguístico-literários, dentre os quais figura a *permixta apertis allegoria* que, por sua vez, tem como um de seus representantes a parábola.

246 MARCO ANTÔNIO DOMINGUES SANT'ANNA

Isso está em pleno acordo com a declaração inicial de Kirkwood ao dizer que a parábola, como uma forma narrativa breve, "é contada primariamente para instruir, guiar ou influenciar ouvintes" (1985, p.424).

Ao discorrer sobre o assunto, em *Anatomia da crítica* (1973), Northrop Frye mostra que os grandes responsáveis pela incorporação de um ensinamento específico são, na verdade, o engenho retórico, a forma como as coisas são apresentadas, o trabalho de organização dos temas em si mesmo. Para o autor, o ensino apela para o que ele chama de *retórica dissociativa*, cujo fundamento é destruir uma reação habitual. Poderíamos, então, afirmar como Frye que a parábola, ao atuar nos campos do ensino, também trabalha com a *retórica dissociativa*, tendo por escopo desmontar as reações habituais.

Ora, as breves narrativas contadas em um determinado contexto discursivo, em um primeiro momento, não fazem outra coisa senão dissociar o aprendiz do ensinamento em si, afastando-o, mediante essa estratégia, do próprio tema que está sendo ministrado. Assim, as possibilidades de surgimento de reações habituais como as de rejeição, de não compreensão, de dificuldades de assimilação são momentaneamente suspensas, para dar lugar a uma atitude de distensão no processo de ensino-aprendizado, permitida pelo oferecimento de uma narrativa, à primeira vista despretensiosa, mas de qualquer maneira atraente e agradável, a começar por sua própria forma de expressão, seguida pelo seu tema diferenciado.

É nesse ponto que julgamos ser acionada no ouvinte a função da *delectare* no discurso, já mencionada anteriormente. Parecendo afastar-se momentaneamente da influência estritamente intelectual pretendida pela *docere* (a comunicação informativa, o ensino), o orador busca uma influência mais na área afetiva, com a finalidade de excitar no público afetos mais suaves. Segundo Lausberg, esse grau afetivo é especialmente indicado para o *exordium* (a parte inicial do discurso), a fim de que se obtenha um estado de espírito favorável àquilo que se quer transmitir (a *benevolentia*) e, em geral, é apresentado como *ornatus*. Em outro ponto, o mesmo autor mostra que o "*ornatus* corresponde à necessidade que todo homem (tanto sujeito falante, como ouvinte) sente de que haja beleza nas expressões humanas da vida e na apresentação do próprio homem em geral" (1972, p.138).

O GÊNERO DA PARÁBOLA **247**

Assim, podemos dizer que, com a finalidade pragmática de transmitir informações, transferir princípios, influenciar intelectualmente o ouvinte, enfim, ensinar algo, a *docere* aciona a *delectare* e, por meio dessa estratégia mais afetiva, oferece-lhe o deleite, o prazer estético. Segundo nosso ponto de vista, é nesse estágio que entra a parábola como narrativa, com todas as suas características peculiares já mencionadas. Como uma construção alegórica, a parábola instala um ambiente favorável no processo de ensino, cria a *benevolentia*, satisfaz a necessidade inerente a todo homem de beleza das expressões, enfim, cumpre a sua função estética, por um determinado momento.

Feito isso, um princípio universal, um ensinamento pode ser abstraído e retirado, de uma maneira mais sutil, mais prazerosa e, por isso, mais eficaz. Assim, a parábola, como narrativa, como tropo de alegoria, cumpre a finalidade da *docere* de influenciar intelectualmente, constituindo um agente da *delectare* ao atingir, de maneira suave, os afetos do ouvinte.

Em relação à universalidade dos princípios que o gênero da parábola quer transmitir, no cumprimento de sua função de ensino, cabe lembrar a especificidade desse tipo de narrativa.

Já pudemos verificar anteriormente que a parábola constitui uma narrativa curta, amimética e alegórica. Quanto ao fato de ser uma narrativa alegórica, como mencionado há pouco, a parábola atinge os afetos suaves do seu público, predispondo-o a captar melhor os ensinamentos a serem transmitidos.

Como narrativa curta, é importante observar que, sendo a parábola uma estratégia de comunicação, ela está a serviço de algo e, como tal, constitui um meio e não um fim em si mesma. Só isso justificaria a sua brevidade, pois do contrário talvez chegasse a ser considerada até como uma digressão. Além do mais, a economia de vocábulos dá a ela um tom impactante, na medida em que a saída e a volta para o discurso maior em que se encontra inserida é realizada de maneira rápida e eficaz.

Somando-se a isso, a parábola é uma narrativa amimética em relação às personagens, ao espaço e ao tempo. Como visto, esse amimetismo imprime-lhe o caráter universal, já que as personagens não são identificadas pelo nome, o espaço não estabelece relações geográficas definidas

248 MARCO ANTÔNIO DOMINGUES SANT'ANNA

e o tempo não é marcado cronologicamente. Assim, esses aspectos são totalmente convergentes, sabendo-se que a parábola está em função da transmissão de princípios que pretendem avançar as barreiras culturais, de espaço e de tempo.

Em um alargamento dessa função pedagógica da parábola do Novo Testamento, Crossan afirma que essas construções literárias não são apenas ilustrações pedagógicas, mas também verdadeiras metáforas poéticas. Declara, ainda que, se se quer insistir que Jesus foi um professor, faz-se necessário acrescentar que "ele ensinou como um poeta"[8] (1992, p.20).

Todavia, faz questão de deixar claro que não deseja confundir poesia e religião, e que é consciente de que o mundo para o qual e do qual Jesus falou é o mundo da experiência religiosa. Assim, segundo Crossan, da mesma maneira como a experiência poética culmina em uma expressão metafórica e, por isso, as duas instâncias são inseparavelmente ligadas, a experiência religiosa envolve tanto "o próprio momento da revelação ou da percepção" quanto "a encarnação da experiência em uma forma simbólica" (idem, p.22).[9] Isso o leva a concluir que a experiência e a expressão têm uma unidade intrínseca profunda e que, portanto, o fato de a experiência de Jesus estar principalmente articulada em parábolas, e não em outra forma linguística, significa que essa forma de expressão é parte da própria experiência religiosa. De maneira explícita, o autor diz que "há um intrínseco e inalienável vínculo entre a experiência e as parábolas de Jesus" (idem, ibidem).[10]

A partir de uma leitura mais vertical da obra de Crossan, pode-se entender como *experiência de Jesus* a dimensão metafísica e divina com que o cristianismo o caracteriza, isto é, a sua experiência como Deus. Nessa linha, para o pesquisador, da mesma maneira como ocorre no universo da imaginação poética, no da criação religiosa existe uma alquimia de geração que faz das parábolas uma forma linguisticamen-

---

8 *(...) he taught as a poet.*

9 *"(...) the moment of disclosure or perception itself (...)"* e *"(...) the embodiment of the experience in symbolic form (...)"*

10 " *(...)* there is an intrinsic and inalienable bond between Jesus' experience and Jesus' parables."

O GÊNERO DA PARÁBOLA **249**

te apropriada para exprimir o caráter e a ação do Jesus divino como proclamador do Reino de Deus e para expressar o sentido do próprio Reino de Deus.

Tais posições podem ser em parte aceitas e em parte, no mínimo, questionadas. Iniciando pela segunda opção, podemos afirmar com Kirkwood (1983) que não há nada de inerentemente religioso em contar narrativas breves. Poder-se-ia questionar tal argumento dizendo-se que as parábolas não são apenas narrativas breves, já que apresentam outras características constitutivas, como serem amiméticas e alegóricas, configurarem uma forma de *épos* e exercerem funções específicas no interior de um discurso. Mesmo assim, seria possível continuar afirmando-se que esses aspectos, em si mesmos, não são privativos da religião. Além disso, sabe-se da existência de parábolas fora do universo religioso.

No entanto, por tudo que já foi mencionado sobre a forma parabólica e o fato de, no Novo Testamento, ela ocorrer com uma frequência alta, apresentar com clareza suas características distintivas e, talvez, mais do que isso, constituir-se como gênero nesse contexto, somos conduzidos a pensar que, de fato, pode existir uma ligação mais íntima entre essa forma e o discurso religioso cristão.

Há um amplo consenso de que Jesus foi propagador do Reino de Deus, o que Perrin resume com clareza:

> O aspecto central do ensino de Jesus diz respeito ao Reino de Deus. Não poderia haver qualquer dúvida disso e, na verdade, nenhum pesquisador é inseguro em relação a esse fato. Jesus revelou-se como alguém que proclamou o Reino; toda a sua mensagem e o seu ministério estão a serviço dessa proclamação e dela deriva o seu significado. (1967, p.54)[11]

Assim, as próprias parábolas, como formas linguísticas e literárias, estariam exercendo a função de proclamação mais ampla do Reino.

---

11 *"The central aspect of teaching of Jesus was the concerning the Kingdom of God. Of this there can be no doubt and today no scholars does, in fact, doubt it. Jesus appeared as one who proclaimed the Kingdom; all else in his message and ministry serves a function in relation to that proclamation and derives its meaning from it."*

Por essa razão, um conceito mais definido do que seja *Reino de Deus* torna-se indispensável para perceber se, de fato, há uma relação direta entre a forma e o conceito por ela veiculado.

Em primeiro lugar, podemos observar com Crossan que a ênfase maior desse conceito, percebida do termo original, não recai sobre o aspecto de *lugar*, como muitas vezes é entendido. Em vez disso, a língua semítica sublinha o fato da *ação* de Deus, por meio da qual o seu domínio é manifestado. O texto poético do Salmo 145:11 e 12 torna isso evidente: "digam [os teus fiéis] da glória do teu reino / e falem das tuas façanhas, / para anunciar tuas façanhas aos filhos de Adão, / e a majestade gloriosa do teu reino". Nessa linha, poderíamos citar, ainda, a passagem de I Coríntios 4:20, na qual o apóstolo Paulo afirma que "o Reino de Deus não consiste em palavras, mas em poder".

Quanto a esse aspecto, Perrin declara: "O Reino de Deus é o poder de Deus expresso em fatos; é aquilo que Deus faz e, por isso, fica evidente que ele é rei. Não é um lugar ou uma comunidade governada por Deus; nem é a ideia abstrata de reinado ou reino de Deus. É, muito concretamente, a atividade de Deus como rei"[12] (idem, p.55).

No que diz respeito à temporalidade contida na fórmula *Reino de Deus*, em geral, sempre houve um consenso entre os estudiosos de que se tratava de uma expressão escatológica, isto é, ligada ao ensino sobre o fim do mundo. Na visão de Crossan, foi Jeremias quem elaborou com maior propriedade esse conceito ao mostrar que Jesus ensinou "uma escatologia que está em processo de realização"[13] (apud Crossan, 1992, p.24). Daí, apurava-se uma tensão entre presente-futuro no uso da expressão *Reino de Deus*.

Todavia, outras pesquisas demonstram que há uma perda crescente e constante da suposta tensão presente-futuro nos ensinos de Jesus, postulando-se que, talvez, ele não tenha falado conforme nosso conceito de tempo linear, e que qualquer polaridade presente e/ou futuro seja

---

12 *"The Kingdom of God is the power of God expressed in deeds; it is that which God does wherein it becomes evident that he is the king. It is not a place or community ruled by God; it is no even the abstract idea of reign or kingdom of God. It is quite concretely the activity of God as King."*

13 *"(...) an eschatology that is in process of realization."*

O GÊNERO DA PARÁBOLA **251**

inadequada à sua intenção. Mesmo que tal posição não seja totalmente nova, e que ela não tenha ainda alcançado o *status* de um princípio exegético, a máxima seriedade com que se tem tratado o assunto é inédita. Por exemplo, conforme Crossan, já há algum tempo, Perrin observou que "nós não podemos interpretar o ensino escatológico de Jesus em termos de um conceito de tempo linear, pois isso é estranho ao entendimento profético para o qual ele se volta"[14] (idem, p.25).

De qualquer maneira, sem qualquer radicalização, Crossan (1992) admite que a questão sobre o ensino de Jesus acerca do Reino é ainda muito aberta, e que a pressuposição de que o tempo linear é o único conceito possível de temporalidade está sendo submetida a questionamentos constantes.

Em resumo, pois, o conceito de Reino de Deus não está vinculado a um lugar, mas, em vez disso, aos atos e feitos poderosos de Deus, os quais o revelam como rei. Além do mais, no que diz respeito à temporalidade, é possível que esse conceito não se submeta a um modelo linear de tempo, em que existe uma tensão entre passado-presente-futuro, mas que aponte para uma intersecção dessas instâncias, em uma sugestão de eternidade. Talvez mais uma recorrência ao Salmo 145 possa auxiliar no esclarecimento dessa abordagem, considerando que, no versículo 13, tem-se o seguinte: "Teu [o de Deus] reino é reino para os séculos todos, e teu governo para gerações e gerações".

Não sendo, pois, o Reino de Deus um conceito vinculado a lugar, mas a atos poderosos, estabelecendo uma modalidade de tempo não linear, mas que aponta para a eternidade, foi necessária a escolha de uma forma que fosse capaz de expressar historicamente esses elementos abrangentes. Assim, as parábolas foram o modo de expressão linguístico-literário para apresentar o Reino de Deus, configurando, nesse sentido, uma espécie de *manifesto* dessa instituição. Além disso, passam a constituir ainda o fundamento ontológico da experiência de Jesus como Deus. Nessa dimensão, todos os atos e palavras de Jesus são consequência do que foi anunciado por meio das parábolas. Tudo

---

14 *"we may not to interpret the escathological teaching of Jesus in terms of a linear concept of time, for this is foreign to the prophetic understanding to which he returns."*

o que o envolveu historicamente é resultado de sua experiência como Deus, já apresentada nas suas parábolas.

Daí, poderíamos afirmar que o amimetismo da narrativa parabólica cristã constitui um índice formal da abrangência do Reino de Deus, em termos de pessoas, espaço e tempo, concorrendo, assim, para a sua ilimitada transposição histórica e para a constituição de sua dimensão religiosa.

Nesse sentido, seria possível até fazer certa aproximação desse tipo de discurso religioso com o discurso filosófico que, segundo Todorov, é caracterizado pela exclusão dos nomes particulares das personagens e pela atemporalidade (1980, p.71). Sabe-se, porém que o discurso filosófico é tido como altamente complexo e, por isso, pouco acessível. Tudo indica que, a fim de obter resultados diferentes, o discurso cristão tenha encontrado na parábola a fórmula ideal para ser, ao mesmo tempo, transcendente e acessível no exercício de sua função de ensino.

Em uma abordagem um pouco diferente da mesma questão, trabalhando com a questão da interpretação das metáforas nas parábolas do Novo Testamento, Tracy (1978) mostra que, segundo Paul Ricouer, uma das maneiras de se observar o uso das metáforas nas parábolas neotestamentárias é perceber que a expressão "O Reino de Deus é como...", presente em um determinado número de parábolas, desempenha a função de um radical qualificador da breve narrativa que o sucede no texto.

Dessa maneira, a conjunção do radical "O Reino de Deus é como..." ou "O Reino de Deus é semelhante a..." e da narrativa parabólica é responsável por descrever uma possibilidade humana de estar no mundo. Nessa linha, pode-se responder à pergunta: "A que é semelhante o Reino de Deus?" Ele é semelhante àquilo que acontece na parábola.

Isso parece estar relacionado com a argumentação desenvolvida por Nilce Sant'Anna Martins, ao discorrer sobre o símile. A pesquisadora afirma que "o *símile* se distingue da comparação gramatical, intensiva, por relacionar termos de diferente nível de referência, isto é, termos de natureza diferente" (1989, p.97). Segundo a mesma autora, o símile pode ter quatro elementos: o *comparado* ou termo real; o *comparante*, ou

O GÊNERO DA PARÁBOLA **253**

termo irreal, imaginário, metafórico; o *análogo*, que explicita o ponto comum entre os termos, e o *nexo gramatical*.

Nesses aspectos do símile, percebemos uma estreita semelhança com as parábolas do Novo Testamento introduzidas pelo radical "O reino de Deus é como..." ou "O reino de Deus é semelhante a..." Nesses casos, o termo comparado é o *Reino de Deus*, o comparante é a narrativa que se apresenta para constituir a parábola, o análogo deixa evidente o elemento comum entre esses dois primeiros termos e o nexo gramatical é concretizado pelas formas *como* e *é semelhante a*. Deve-se mais uma vez ressaltar que a parábola distingue-se do símile típico pelo fato de naquelas o elemento comparante constituir uma forma narrativa, com as características já apontadas, em vez de apenas um vocábulo.

Como exemplares de parábolas que cumprem essa função de ensino e caracterização do Reino de Deus temos as seguintes: a *Parábola do joio no meio do trigo* (Mateus 13:24-30), a *Parábola do fermento* (Mateus 13:33-35), a *Parábola do tesouro e da pérola* (Mateus 13:44-46), a *Parábola da rede* (Mateus 13:47-48), a *Parábola do devedor implacável* (Mateus 18:23-34), a *Parábola do operário da vinha* (Mateus 20:1-15) e a *Parábola das dez virgens* (Mateus 25:1-12), das quais analisaremos apenas a do *devedor implacável* e a das *dez virgens*.

[23]Eis porque o Reino dos Céus é semelhante a um rei que resolveu acertar contas com os seus servos. [24]Ao começar o acerto, trouxeram-lhe um que devia dez mil talentos.[15] [25]Não tendo este com que pagar, o senhor ordenou que o vendessem, juntamente com a mulher e com os filhos e todos os seus bens, para o pagamento da dívida.[26] O servo, porém, caiu aos seus pés e, prostrado, suplicava-lhe: "Dá-me um prazo e eu te pagarei tudo".

[27]Diante disso, o senhor, compadecendo-se do servo, soltou-o e perdoou-lhe a dívida. [28]Mas, quando saiu dali, esse servo encontrou um dos seus companheiros de servidão, que lhe devia cem denários[16] e, agarrando-o pelo pescoço, pôs-se a sufocá-lo e a insistir: "Paga-me o que

---

15 Conforme a *Bíblia de Jerusalém* (1985), uma quantia exorbitante, escolhida intencionalmente, correspondente a quase cento e setenta e quatro toneladas de ouro.

16 Conforme a *Bíblia de Jerusalém* (1985), menos de trinta gramas de ouro.

me deves". [29] O companheiro, caindo aos seus pés, rogava-lhe: "Dá-me um prazo e eu te pagarei." [30]Mas ele não quis ouvi-lo; antes, retirou-se e mandou lançá-lo na prisão até que pagasse o que devia. [31]Vendo os seus companheiros de servidão o que acontecera, ficaram muito penalizados e, procurando o senhor, contaram-lhe todo o acontecido. [32]Então o senhor mandou chamar aquele servo e lhe disse: "Servo mau, eu te perdoei toda a tua dívida, porque me rogaste. [33]Não devias, também tu, ter compaixão do teu companheiro, como eu tive compaixão de ti?" [34]Assim, encolerizado, o seu senhor o entregou aos verdugos, até que pagasse toda a dívida. [35]Eis como o meu Pai celeste agirá convosco, se cada um de vós não perdoar, de coração, ao seu irmão.

Nessa parábola, o elemento comparado é o *Reino dos Céus*, o comparador é a própria narrativa do devedor implacável; o nexo gramatical, a expressão *é semelhante a*, e o análogo, inclusive, é indicado explicitamente no versículo 35. O princípio do perdão foi, portanto, ensinado por meio de uma história breve.

O outro texto a ser comentado sob a perspectiva da caracterização do Reino de Deus segue abaixo transcrito:

[1]Então o Reino dos Céus será semelhante a dez virgens que, tomando as suas lâmpadas, saíram ao encontro do noivo. [2]Cinco eram insensatas e cinco, prudentes. [3]As insensatas, ao pegarem as lâmpadas, não levaram azeite consigo, [4]enquanto as prudentes levaram vasos de azeite com as suas lâmpadas. [5]Atrasando o noivo, todas elas acabaram cochilando e dormindo. [6]Quando foi aí pela meia-noite, ouviu-se um grito: "O noivo vem aí! Saí ao seu encontro!" [7]Todas as virgens levantaram-se, então, e trataram de aprontar as lâmpadas. [8]As insensatas disseram às prudentes: "Dai-nos do vosso azeite, porque as nossas lâmpadas estão se apagando". [9]As prudentes responderam: "De modo algum, o azeite poderia não bastar para nós e para vós". [10]Enquanto foram comprar o azeite, o noivo chegou e as que estavam prontas entraram com ele para o banquete de núpcias. E fechou-se a porta. [11]Finalmente, chegaram as outras virgens, dizendo: "Senhor, senhor, abre-nos!" [12]Mas ele respondeu: "Em verdade vos digo: não vos conheço!" [13]Vigiai, portanto, porque não sabeis nem o dia nem a hora.

Tratando-se de uma narrativa de segundo grau, a *Parábola das dez virgens* faz parte de um discurso mais amplo de Cristo, caracterizado especialmente pelo tom escatológico. O advento da profetizada segunda vinda do *Filho do Homem* é abordada em alguns aspectos, e a parábola em foco o faz para exortar os ouvintes à necessidade de preparo e vigilância.

Para cumprir tal propósito, a história selecionada toma da cultura judaica um dos grandes acontecimentos sociais nas vilas da Palestina: uma festa de casamento. Todas as pessoas envolvidas encaravam a oportunidade como um grande privilégio e até mesmo como um dever. Conforme Champlin (s. d., v.I, p.571), era costume entre judeus e gregos que a noiva, acompanhada de amigas especiais (as virgens), esperasse em sua casa o noivo que viria buscá-la para a cerimônia, também junto com um grupo de amigos. Tudo isso podia acontecer tanto de dia quanto à noite. Todavia, no caso da parábola, certamente o evento aconteceu no período noturno.

Assim, as lâmpadas, uma espécie de tocha colocada na extremidade superior de uma vara, alimentada por certa quantidade de azeite que ficava em um vaso munido de um pavio, eram elementos imprescindíveis para um cortejo bem-sucedido.

Ocorre que, nessa parábola, o noivo atrasou-se muito, levando as dez virgens a serem vencidas pelo cansaço e pelo sono. À meia-noite, um horário completamente impróprio e improvável, ouviu-se o grito de que o noivo estava chegando, o que acordou as amigas da noiva. Entretanto, como cinco delas, por falta de precaução, não tinham azeite suficiente para tanto tempo de espera, não puderam acompanhar o cortejo e ficaram de fora na cerimônia e festa do casamento.

Nesse contexto escatológico, o Reino dos Céus é caracterizado pela história da parábola, mostrando-se a necessidade de preparo e vigilância, a fim de que ninguém seja apanhado de surpresa. Tanto é que o texto é encerrado com um princípio declarado sobre o tema: "Vigiai, portanto, porque não sabeis nem o dia nem a hora em que o Filho do Homem há de vir".

Com ênfases focalizadas em aspectos diferenciados, as outras parábolas em que se verifica a função de caracterizar o Reino de Deus seguem o mesmo esquema da acima analisada, servindo a finalidades específicas no campo do ensino.

Contudo, há outro tipo de parábolas que não visam tanto ao ensino de um princípio religioso ou moral quanto ao estabelecimento de confrontos entre interlocutores, em um discurso mais abrangente.

Essa finalidade confrontativa fica mais clara em outro trabalho de William Kirkwood, *Storytelling and self-confrontation* (contar histórias e o autoconfronto), em que o autor propõe-se a estudar o valor do discurso narrativo como veículo para atos provocadores de autoconfronto. É o que veremos a seguir.

Função confrontativa

Para estudar o valor do discurso narrativo como veículo de atos provocadores de autoconfronto, Kirkwood lança mão do já mencionado conceito de que a parábola "é uma conjunção de uma forma narrativa e um processo metafórico"[17] (1983, p.59). Em seguida, apresenta a crítica de que se tem dado pouca atenção ao aspecto narrativo das parábolas, justamente aquele que, de seu ponto de vista, deve ser valorizado por constituir um veículo para atos provocadores de autoconfronto.

O estudioso sugere que os métodos de crítica e teoria retórica são altamente apropriados para revelar a maneira como as parábolas poderiam favorecer a esses objetivos de confronto. Para fortalecer sua argumentação, Kirkwood cita a declaração de outro pesquisador do assunto, Robert L. Scott, dizendo que a retórica pode ser vista como "uma potencialidade humana para entender a condição humana"[18] (idem, p.58). Conclui, então, que as parábolas, especialmente aquelas designadas para conduzir os ouvintes a atos de autoconfronto, são exemplares dessa função de pesquisa e exame da condição humana.

---

17 David Tracy (1978), em "Metaphor and Religion: The Test Case of Christian Texts", usou esta frase para apresentar um sumário da posição do fenomenologista Paul Ricoeur.

18 *"a human potentiality to understand the human condition."*

O GÊNERO DA PARÁBOLA **257**

Além disso, anuncia claramente sua posição, no ensaio em questão, de que algumas histórias não só desafiam as atitudes e crenças dos ouvintes, mas também evocam neles certos sentimentos e estados de consciência significativos em si mesmos como fins, e não apenas como meios de uma disciplina religiosa. A operação desses motivos é uma das características particularmente interessantes como estruturas retóricas.

Recorrendo a conceitos de James L. Hoban (1980), Kirkwood estabelece um confronto entre os chamados *rituais retóricos* e as parábolas, mostrando que os primeiros são ostensivamente lógicos e discursivos, mas sutilmente ritualísticos e míticos, enquanto não obstante o fato de as parábolas serem narrativas inventadas, aparentemente *alógicas*, elas refletem implicitamente teorias e visões de mundo.

Retornando uma vez mais a Lausberg, na linha que vimos discorrendo, identificamos uma relação com o que o autor denomina *"movere*, a influência afetiva, pretendida pelo orador sobre o árbitro da situação, com a finalidade de nele excitar, favoravelmente ao partido, afetos violentos. (...) Este grau afetivo (...), como impulso imediato, que leva à ação, consiste em que seja pronunciada uma sentença favorável ao partido" (1972, p.105). É importante lembrar ainda que o *movere* afetivo consiste em uma variante mais forte de estranhamento.

Diante dessas considerações, por exemplo, é quase forçosa uma relação direta com a *Parábola da ovelhinha do pobre*, do Velho Testamento, narrada no texto de II Samuel 12:11-17. É notável como, por meio da narrativa parabólica, o profeta Natã conduz o rei Davi ao *movere*, excitando nele o mais alto grau de afetos violentos contra o homem rico que, a despeito de possuir um numeroso rebanho, quando da visita de um viajante, tomou a única ovelha do pobre e, matando-a, ofereceu-a ao seu hóspede. A fim de que o fato seja bem ilustrado, permitimo-nos, por ora, apenas a citação do texto de II Samuel 12:5 e 6, em que, uma vez contada a parábola, Davi toma e declara veementemente a sua sentença. Diz o narrador, então: "[5]Davi se encolerizou contra esse homem (o rico) e disse a Natã: 'Tão certo como Iahweh vive, quem fez isso é digno de morte! [6]Devolverá quatro vezes o valor da ovelha, por ter cometido tal ato e não ter tido piedade'".

Nessa mesma linha, baseado em uma obra do pesquisador Eta Linnemam,[19] Dupont, confirma que "aquele que conta uma parábola não quer apenas comunicar uma informação a seus ouvintes; procura um assentimento, quer fazer com que tomem partido" (1980, p.37). O exemplo neotestamentário que usa para demonstrar esse ponto de vista é a *Parábola dos dois devedores* (Lucas 7:41-43), inserida em uma situação de diálogo em que um fariseu mostra-se estarrecido com o modo como Jesus permite que uma mulher tida como pecadora, dentre outras coisas, lhe derrame perfume nos pés. A fim de que a ocorrência atinja a clareza pretendida, passamos a citar não apenas a parábola em si, mas também todo o contexto dialógico que a emoldura:

[36]Um fariseu convidou-o [Jesus] a comer com ele. Jesus entrou, pois, na casa do fariseu e reclinou-se à mesa. [37]Apareceu então uma mulher da cidade, uma pecadora. Sabendo que ele estava à mesa na casa do fariseu, trouxe um frasco de alabastro com perfume.

[38]E, ficando por detrás, aos pés dele, chorava; e com as lágrimas começou a banhar-lhe os pés, a enxugá-los com os cabelos, a cobri-los de beijos e a ungi-los com o perfume.

[39]Vendo isso, o fariseu que o havia convidado pôs-se a refletir: "Se este homem fosse profeta, saberia bem quem é a mulher que o toca, porque é uma pecadora!" [40]Jesus, porém, tomando a palavra, disse-lhe: "Simão, tenho uma coisa a dizer-te". – "Fala, mestre", respondeu ele. [41]"Um credor tinha dois devedores; um lhe devia quinhentos denários e o outro cinquenta. [42]Como não tivessem com que pagar, perdoou a ambos. Qual dos dois o amará mais?" [43]Simão respondeu: "Suponho que aquele ao qual mais perdoou". Jesus lhe disse: "Julgaste bem".

[44]E, voltando-se para a mulher, disse a Simão: "Vês esta mulher? Entrei em tua casa e não me derramaste água nos pés; ela, ao contrário, regou-me os pés com lágrimas e enxugou-os com os cabelos. [45]Não me deste um ósculo; ela porém desde que eu entrei, não parou de cobrir-me os pés de beijos. [46]Não me derramaste óleo na cabeça; ela, ao invés, ungiu-me os pés com perfume. [47]Por essa razão, eu te digo, seus numerosos pecados lhe estão perdoados, porque ela demonstrou muito amor". [48]Em seguida,

---

19 *Gleichnisse Jesu. Einführung und Auslegung.* Goetingen, 1961, p.28 e 31.

O GÊNERO DA PARÁBOLA **259**

disse à mulher: "Teus pecados estão perdoados". [49]Logo os convivas começaram a refletir: "Quem é este que até perdoa pecados?" [50]Ele, porém, disse à mulher: "Tua fé te salvou; vai em paz".

Diante desse texto, e a partir do que vimos desenvolvendo sobre o uso da parábola para levar o ouvinte, excitado nas suas emoções, a tomar partido sobre um determinado tema, podemos tecer considerações sobre alguns pontos tidos como importantes.

Observa-se que, tendo percebido as reações do fariseu diante da devoção da mulher pecadora, Jesus conta uma narrativa, em vez de rejeitar em forma de debate os seus pontos de vista preconceituosos. Percebe-se o grau de alegoria dessa narrativa, além do amimetismo das personagens apontadas apenas como *um credor* e *dois devedores*. Quanto às categorias de tempo e espaço, elas não são sequer indicadas nesse caso. Assim, estabeleceu-se uma medida razoável de afastamento entre a situação da narrativa e a que envolveu o fariseu, Jesus e a mulher pecadora. Contudo, a condição dos dois devedores da parábola não deixa de ser semelhante à ideia que o fariseu tem da situação religiosa da pecadora, em relação à sua própria. Todavia, a analogia das condições não é e nem poderia ser de todo evidente. Antes que o fariseu compreenda o que se passa, é preciso levá-lo a se comprometer com a situação.

A princípio, um devedor levava uma grande vantagem sobre o outro, dado o valor muitas vezes menor de sua dívida. Entretanto, subitamente, a situação se inverte: o credor perdoa a dívida de ambos; o mais desfavorecido passa a ter mais vantagem e o que devia menos recebe menos.

Tentando envolver o fariseu na aplicação da parábola, Jesus reclama-lhe um posicionamento claro, por meio de uma pergunta objetiva: "Qual dos dois amará mais?" Talvez, já começando a perceber onde aquilo tudo culminaria, e procurando um meio para disso se esquivar, o fariseu começou a sua resposta com um vocábulo que, de alguma maneira, não possui uma carga semântica de certeza absoluta: "suponho". Contudo, não havia mais saída. A resposta era a exatamente prevista, ao que Jesus acrescentou: "Julgaste bem". Em uma paráfrase, estaria dizendo: "Tomaste o partido correto", "os teus afetos te conduziram ao ponto desejado".

Logo em seguida, então, quando já não havia mais meios para se furtar de uma aplicação direta, o próprio Jesus estabelece um confronto das ações da mulher pecadora e as do fariseu naquele momento de recepção, explicando o comportamento da primeira como uma explosão incontida de gratidão, face ao perdão de seus numerosos pecados.

De maneira indireta, pois, pelo julgamento que fizera em relação aos credores da parábola, o fariseu é levado a concluir que se ele não se expressava com tanta devoção era porque, na sua visão, a sua própria dívida para com Deus não era tão grande quanto a da pecadora. Na verdade, a parábola funcionou como uma estratégia para, na presença dos convivas, levar o fariseu a tomar partido contra si mesmo, na medida em que a sua aplicação denunciava o preconceito com que ele encarava o seu próximo.

Assim, torna-se evidente essa função do discurso de, por meio da excitação de emoções fortes no ouvinte, levá-lo a pronunciar um julgamento favorável ao interlocutor, sobre determinado assunto.

Prosseguindo no desenvolvimento desse tema da função de autoconfronto das parábolas, faz-se necessário mencionar a característica de que elas são originalmente narrativas contadas em diálogos interpessoais, não apenas entre Cristo e seus contemporâneos, mas também em sermões e outras comunicações públicas. De fato, a maioria das parábolas de várias tradições religiosas foram originalmente atos orais de comunicação, primeiramente contadas no curso de diálogos interpessoais, sendo algumas delas, posteriormente, empregadas em sermões e outros discursos públicos. Mesmo que mais tarde tenham sido também transcritas, as histórias contadas por vários líderes religiosos constituíram parte central da tradição oral de suas crenças, e muitas são ainda amplamente difundidas por meio desse tipo de discurso.

Como já dissemos, só depois é que foram reunidas em compêndios ou livros. As parábolas cristãs, por exemplo, foram registradas, na sua maioria, nos textos evangélicos do Novo Testamento. Depois disso, informa a *New encyclopaedia Britannica*, o modelo de parábola deixado por Cristo floresceu nas igrejas em todo o mundo ocidental. Histórias

O GÊNERO DA PARÁBOLA 261

piedosas foram reunidas em algumas coleções como o *Gesta Romano-rum*, o *Alphabet of Thales* e o *Book of the knight of La Tour Landry*.

Assim, esse seu caráter original intrinsecamente ligado à oralidade, presente em diálogos e manifestações públicas, é uma das características que lhe garante essa possibilidade funcional de estabelecer um confronto entre os interlocutores. É exatamente essa a razão pela qual Frye admite a parábola como uma forma de *épos*, baseados no que nós mesmos a descrevemos dessa maneira neste livro.

Outra característica da parábola que viabiliza a função que vimos estudando é de ela, sem exceção, ser muito breve. Pesquisas realizadas tanto no Novo Testamento como nos contos hasídicos, nas histórias dos sufis e nas anedotas Zen mostram que, em termos de extensão, tais construções não excedem duzentas palavras. Em média, elas usam de 150 a duzentas palavras, e muitas delas não apresentam mais que cinquenta. O motivo básico pelo qual isso ocorre é a necessidade de causar impacto por meio da economia de vocábulos e, também, de um processo seletivo de palavras rigoroso para intensificar o grau de expressividade. O *Dicionário internacional de Teologia do Novo Testamento* (1983) fala, inclusive, de uma *lei da concisão* que rege a construção formal da parábola. Além disso, outra razão que explica essa característica de sua extensão limitada é facilitar o seu uso em diálogos interpessoais e em discursos públicos que tendem a ser rápidos.

Ainda tratando de funções, apesar de não haver nada de intrinsecamente religioso no ato de contar breves narrativas, o uso das parábolas foi amplamente difundido entre a tradição religiosa a fim de ajudar indivíduos a superarem obstáculos ao seu crescimento, à sua realização espiritual.

Mesmo que várias correntes religiosas apresentem pontos de vista muito diferentes sobre a situação espiritual do ser humano – como, por exemplo, a que o tem caracterizado como corrupto e distante de Deus, mas tendo a oportunidade de submeter-se a uma metamorfose espiritual e eventualmente unir-se (ou reunir-se) com o Divino, e a que tem proposto que o ser humano é original e perenemente unido com o Divino e, por isso, imutavelmente perfeito, mas tem *esquecido* sua verdadeira natureza –, todas elas envolvem um senso de progresso expresso em metáforas familiares como *crescimento, renascimento, ressurreição* e outras. Mais importante do que tudo, qualquer que seja a doutrina teológica de uma determinada religião, o senso de esforço e progresso em direção a um alvo parece ser uma experiência universal de todo aspirante à maturidade espiritual.

Assim, identificar e superar modelos de pensamentos, atitudes, desejos e ações habituais que impedem o crescimento espiritual são tarefas colocadas diante de todos os aspirantes, e guiá-los a esses atos de autoconfronto é um encargo daqueles que os lideram nessa busca.

O ato de contar histórias tem sido uma estratégia amplamente usada para ajudar ouvintes a reconhecer e superar obstáculos para o progresso espiritual tanto para os já iniciados como para aqueles que são reconhecidamente contrários a uma determinada crença.

Conforme observação de Kirkwood (1983), muitos escritores já têm percebido que contar histórias pode ter uma função de confronto. Por exemplo, o autor tece comentários sobre os koans Zen, dos quais aponta o caráter particularmente iluminador para a elevação espiritual.

Com respeito ao corpo de histórias amplamente contadas tanto na cultura islâmica quanto na europeia desde o século XIII, Kirkwood cita o pesquisador da cultura oriental, Indries Shah, que mostra que "as histórias de Nasrudin não podem... ser lidas como um sistema de filosofia que tem a intenção de persuadir as pessoas a abandonar suas crenças e abraçar os novos preceitos" (1983, p.62). O mesmo autor é citado uma vez mais, pelo trabalho desenvolvido em outra obra, *Thinkers of the East* (pensadores do Oriente) (s. d.), em que faz uma pesquisa específica sobre o assunto, e mostra que se podem encontrar muitas narrativas de encontros, alguns históricos, outros sem dúvida inventados, entre sufis e intelectuais, sufis e líderes religiosos, sufis e pessoas tolas. O confronto é inegavelmente um tema dominante em tais histórias e suspeita-se que ao menos algumas delas foram originalmente endereçadas a pessoas céticas ou oponentes da doutrina sufi. Mas é certo que essas parábolas foram contadas primariamente para encorajar reflexões intrapessoais e autoexame em ouvintes simpatizantes a fim de que eles encarassem, por exemplo, a intelectualidade, a justiça própria, a estultícia como atitudes indesejáveis.

O GÊNERO DA PARÁBOLA **263**

Conforme declarações de Kirkwood (1983), estudiosos das parábolas de Jesus, especialmente aqueles que empregam os modelos históricos de análise, têm observado que algumas vezes Jesus contou histórias como réplicas a críticas feitas a ele, e muitas parábolas têm sido interpretadas como críticas à hierarquia religiosa dominante naqueles tempos. Essa função de algumas parábolas do Novo Testamento é geralmente aceita, mas muitos insistem que as interpretações que focalizam primariamente o uso polêmico dessas histórias pecam por subestimar o objetivo confrontativo central que as caracteriza: oferecer um desafio existencial para "todos aqueles que têm ouvidos para ouvir".

Discorrendo sobre essa função, Hauerwas (1977) mostrou que aí está uma diferença básica entre as parábolas e as teorias: as parábolas não são contadas para explicar como uma teoria explica, mas para envolver o agente em um estilo de vida. Uma teoria existe para ajudar a conhecer o mundo sem que se pretenda mudá-lo; uma parábola é contada para ajudar as pessoas a lidarem com o mundo, mudando-o por meio de transformações delas próprias.

Confirmando essa função de autoconfronto da parábola, na obra *Finding is the first act* (o primeiro ato é encontrar), Crossan recorre a uma citação de Stanley Fish que consta do livro *Self-consuming artifacts*: "Uma apresentação dialética é perturbadora e por isso requer de seus leitores uma pesquisa e um exame rigoroso de todas as suas crenças. Isto tem um caráter didático, num sentido especial: ela não prega a verdade, mas leva os seus leitores a descobrirem-na por eles mesmos"[20] (apud Crossan, 1979, p.118).

Outras características das parábolas tornam-nas úteis no alcance desse objetivo de autoconfronto. Pode-se continuar tratando de pelo menos duas delas. Primeiramente, como uma forma de discurso narrativo, a parábola é bem apropriada para confrontar tanto estados

---

20 *"A dialectical presentation ...is disturbing, for it requires of its readers a searching and rigorous scrutiny of everything they believe in and live by. It is didatic in a special sense: it does not preach the truth, but asks that its readers discover the truth for themselves (...)"*

de consciência, quanto crenças e atitudes dos ouvintes. Em segundo lugar, o próprio ato de contar histórias tem uma dimensão relacional que pode facilitar atos de autoconfronto. Para ilustrar tais declarações, propomos a análise do texto *O corte do gato*.

Esse exemplar (*Cutting the cat*) faz parte de uma coletânea de 48 koans escritos por Eikan, um mestre chinês do Ch'an, uma corrente oriental precursora do Zen, no século XI. Esses koans, na maioria histórias muito breves ou diálogos, em alguns casos enigmas colocados para os estudantes, foram originalmente inventados e, em alguns casos, são narrativas de encontros entre monges Ch'an ou entre esses monges e seus futuros estudantes, que podem ser consideradas precisas historicamente. Assim, Eikan deveria ser mais corretamente considerado um compilador de koans em vez de um autor.

Deve-se observar que o *Cutting the cat* e outros koans foram escritos e considerados "material avançado" ao qual apenas os monges aspirantes a se tornarem mestres Zen tiveram acesso. Assim, a pequena história que segue abaixo não é endereçada ao público em geral e nem mesmo aos iniciantes do estudo Zen, mas àqueles que já estavam ao longo de sua prática.

Tipicamente, esse koan teria sido contado quando, na avaliação do instrutor, o monge estava pronto para atacar o ato particular de autoconfronto levantado por meio do koan. A transmissão dessa pequena história ocorreria oralmente durante uma entrevista particular entre o estudante e o mestre. Na sequência, o estudante apresentaria o seu entendimento do koan e receberia encorajamento, crítica ou qualquer outra reação supostamente útil para a posterior promoção do estudante a um mestre Zen. Daí o método do koan consistir no diálogo confrontativo entre o estudante e o mestre e os atos internos de confronto, por meio das reflexões particulares sobre o koan.

Tendo sido feitas essas considerações, apresentemos o *Cutting the cat*:

Um dia um monge da ala oriental e um monge da ala ocidental tiveram uma briga a respeito de um gato. Mestre Nansem, vendo o ocorrido, tomou o gato e, pendurando-o pelas mãos disse: "Se um de vocês contar-me o significado disto, eu não cortarei o gato." Os monges

O GÊNERO DA PARÁBOLA **265**

não disseram nada em resposta. Assim, Nansen cortou imediatamente o gato em duas partes."[21]

O objeto de confronto dessa história é a racionalidade ou a intelectualidade, que era considerada pelos mestres Ch'an (que deram origem ao sistema koan) como uma defesa contra a verdade. Dentro de muitas tradições religiosas misticamente orientadas, incluindo o Zen, a cognição racional e a confiança nas concepções linguísticas da realidade têm sido consideradas grandes obstáculos para atingir o espontâneo contato com a realidade, a qual é o objetivo máximo do aspirante místico. *Cutting the cat* é um exemplo, dentro da tradição, de uma história contada para confrontar a dependência habitual do ouvinte em considerar a "intelectualidade" como o único meio de experienciar a vida.

Nessa linha, o ato de contar histórias pode alcançar esse fim de duas maneiras: primeiro, uma narrativa pode evocar nos ouvintes uma breve experiência de consciência não racional, interrompendo diretamente o fluxo de sua própria intelectualidade. Em segundo lugar, e em alguns graus de independência em relação à primeira possibilidade, uma narrativa pode levar alguém a desafiar suas crenças sobre racionalidade. Em termos mais gerais, algumas parábolas podem envolver tanto uma quanto duas estratégias simultaneamente: confrontar estados de consciência e confrontar crenças e atitudes.

No primeiro caso, um processo mental habitual, um diálogo verbal interno ou uma atividade racional básica devem ser suspensos temporariamente, se outros estados desejados de consciência devem ocorrer. Uma ilustração desse processo pode ser o caso de confrontar estados de depressão contando-se uma piada. De maneira semelhante, parábolas podem confrontar estados mentais e emocionais de ouvintes evocando neles estados mais desejáveis pelos padrões de uma determinada comunidade. Na história do gato há, em especial, um choque pelo fato

---

21 *"One day a monk of the eastern hall and a monk of the western hall had a fight over a cat. Master Nansen saw this so he took the cat and held it up, saying, 'If any of you can tell me the meaning of this, I shall not cut the cat.' The monks said nothing in reply; Nansen cut the cat in two."*

de os ouvintes terem uma posição estabelecida contra o tratamento violento dos seres vivos.

Nesses casos, a mensagem conceitual não é tão importante. Por exemplo, se uma parábola confronta a complacência de alguém por recontar um evento miraculoso e assim evocar um sentimento de estupefação ou admiração, está diretamente confrontando o ouvinte sobre um estado de consciência não familiar a ele. Se os eventos miraculosos são factuais, se são atribuídos posteriormente a conceitos teológicos ou a personagens, isso é irrelevante. Outro aspecto a ser observado é que o efeito não precisa ser permanente; basta uma experiência transitória de um determinado humor ou estado de consciência.

Se o objetivo for confrontar crenças e atitudes, a narrativa parabólica no lugar certo, no tempo certo e para ouvintes certos pode transmitir uma mensagem direta sobre as consequências particulares de uma ideia, atitude ou ação. O contar histórias pode rapidamente anular defesas imediatas dos ouvintes e introduzir visões de mundo que, de outra maneira, teriam sido rejeitadas antes que pudessem estimular neles um autoexame. Além disso, é mais difícil entrar em disputas sobre elementos altamente particulares colocados em questão em uma parábola.

Outro questionamento que se pode levantar em relação a contar parábolas como estratégia de autoconfronto é que é possível discernir uma teoria sobre a qual a narrativa está baseada. Entretanto, deve-se perceber que o ponto-chave é que as parábolas tendem a provocar os ouvintes a procurarem ideias não óbvias ou ocultas que eles poderiam ter recusado se fossem expressas de uma maneira mais evidente. Quando as ideias são encontradas, mesmo que sejam em seguida abandonadas, por meio da narrativa e do processo mental detonado de busca de um significado, de tentativa de analogia, a parábola já cumpriu o seu papel: confrontar o ouvinte com outro estado de consciência.

Além disso, especialmente em algumas tradições religiosas, certos estados de espírito e de mente como a quietude mental, a reverência e a devoção não são apenas os meios, mas os fins de uma disciplina espiritual. Uma parábola que suscita um desses estados interiores não está necessariamente servindo a um fim argumentativo posterior. Assim, ao menos em alguns casos, o aparente significado da parábola é constituir um meio de alguém ser alçado a um estado espiritual desejado. Se uma narrativa é capaz de provocar certo estado emocional ou de consciência, são esses sentimentos resultantes, e não uma mensagem conceitual, que devem ser valorizados ou cultivados. Todavia, o fato de uma parábola alterar os sentimentos de um ouvinte não impede a possibilidade de um significado conceitual ser também importante. Mas visar à resposta de um sentimento meramente como uma motivação para uma mudança definitiva de pensamento ou comportamento seria incorreto.

Outra observação que se pode fazer sobre a questão é que, na maioria dos casos, a resposta espontânea de um ouvinte não constituirá uma mudança permanente de caráter, mas poderá ainda assim ser útil como uma experiência introdutória em um novo estado de mente. Quando bem-sucedida, uma parábola não necessariamente cria uma experiência de conversão na qual uma transformação inesperada e completa é permanentemente realizada. Em vez disso, a história oferece uma experiência transitória de um dado sentimento ou estado de consciência. Restará ao ouvinte a busca da plenitude daquele estado mental por meio de atos consistentes de disciplina.

Para alguns ouvintes, os significados imediatos de algumas parábolas podem parecer muito obscuros especialmente quando essas histórias são contadas em contextos diferentes daqueles para os quais elas foram criadas, ou quando os ouvintes não são membros da tradição dentro da qual as histórias foram inventadas. Entretanto, quando contadas no tempo e lugar certos para um ouvinte específico, as parábolas podem transmitir uma mensagem direta sobre as consequências específicas de uma ideia, atitude ou ação. Por isso, uma perspectiva de confronto implícita no *Cutting the cat* reside no fato de que essa história serve para mostrar aos ouvintes, por meio da morte de um animal, a falta de habilidade de alguns monges em libertar-se de seus hábitos conceituais. Ao contar-se a briga dos dois monges procura-se que os ouvintes suspendam sua intelectualidade dualística e linguística, que presumidamente foi a raiz da disputa original, e acionem uma atitude mais imediata, uma resposta não intelectualizada para a situação criada. Os monges personagens da história contada não foram capazes de superar esse desafio e, infelizmente, a vida de um gato foi tirada. Apesar de se correr o risco de ir de encontro ao pensamento que insiste em que parábolas não indicam um princípio teórico, um ponto dessa história parece claro o suficiente: a confiança plena na cognição racional é essencialmente um ato de morte; ela rouba vida, rouba vitalidade.

Por esse prisma, pode-se dizer que uma visão totalmente ateorética das parábolas parece não autorizada. Os princípios subjacentes às parábolas estão submersos, mas não ausentes. De fato, para serem relevantes para seus ouvintes, as parábolas não precisam se apresentar como *não necessárias* nem como *únicas*, como elas parecem ser. Mas, se esse for o caso, uma vez que se tenha descoberto a estrutura teorética de uma história, pode-se começar refutando-se ou confirmando-se suas conclusões, usando métodos convencionais de inquirição crítica.

Entretanto, quando isso é possível e mesmo desejável, esse tipo de resposta ocorrerá apenas algum tempo depois de a história já ter tido seu impacto inicial. Pode-se objetar a isso afirmando que não haveria meios de estabelecer uma interação a longo prazo entre o ouvinte e a parábola, não resultando em uma resposta definitiva e consistente. Entretanto, pode-se responder a tal objeção que essa não seria efetivamente a função da parábola. O seu propósito, de fato, é constituir mesmo apenas esse confronto inicial de que se vem tratando até este ponto.

6
MODELOS DE ANÁLISE

No Velho Testamento:
a parábola da ovelhinha do pobre

A linguística textual constitui um ramo recente da Linguística, tendo aparecido no cenário dos estudos da linguagem por volta da década de 1960, na Europa continental, de modo especial na Alemanha e na Holanda. Sua hipótese de trabalho consiste em tomar como unidade básica, ou seja, como objeto particular de investigação, não mais a palavra ou a frase, mas sim o texto, pelo fato de, segundo essa linha teórica, ele ser a forma específica de manifestação da linguagem.

Sendo o texto sua preocupação maior, a linguística textual abarca todas as ações linguísticas, cognitivas e sociais que compõem sua organização, produção, compreensão e funcionamento no meio social. Essa sua característica multi- e transdisciplinar, que cada vez se expande mais, tem determinado sua necessidade de intensificar o diálogo com as demais ciências, o que a tem transformado em uma *ciência integrativa* (Koch, 2001). Todavia, esse aspecto abrangente que a tipifica, essa tentativa de compreender e explicar a entidade multifacetada que é o texto – produto de um processo extremamente complexo de interação e construção social de conhecimento e de linguagem – apresenta um fator limitador: toda iniciativa de pesquisa e análise, seja em que domínio for – o da Filosofia da Linguagem, da Psicologia Cognitiva e Social, da Sociologia Interpretativa, da Antropologia, da Teoria da Comunicação, da Literatura, da Neurologia, das Ciências da Cognição, só para citar algumas –, só ganha relevância na medida em que auxiliar na explicação de sua matéria de estudo, o texto, e não a sociedade, a mente, a História e outros objetos de outras ciências afins.

No presente capítulo, a partir desse panorama mais amplo em que se apresenta a linguística textual, desse ponto de convergência e, simultaneamente, de partida de muitos caminhos, propusemo-nos assumir a direção da vereda da Pragmática, como suporte teórico para a realização de um estudo do texto bíblico, registrado no segundo livro do profeta Samuel, capítulo 11, versículos 1 a 17. A delimitação por nós proposta justifica-se pelo fato de a pragmática, como uma das manifestações da linguística textual, parecer atender, de maneira satisfatória e suficiente, às exigências que a matéria textual em foco impõe.

Assim, partimos do paradigma da comunicabilidade de Wittgenstein, para quem as mensagens adquirem seu sentido e força em unidades transfrásticas (macrounidades) não dissociadas da situação de uso, e resgatamos, também, a definição integradora de Francis Jacques de que "A pragmática aborda a linguagem como fenômeno simultaneamente discursivo, comunicativo e social" (1979), para, neste livro, analisar e demonstrar o "jogo da linguagem" (*Sprachspiel, language game*) estabelecido nos textos de gênero parabólico em geral e, em particular, na parábola vetotestamentária da *Ovelhinha do pobre*.

Em um dos mais célebres parágrafos de suas *Investigações filosóficas*, Wittegenstein explica que a "expressão *jogo de linguagem* deve indicar que falar uma língua faz parte de uma atividade, de um modo de viver" (1996, parág. 23). A partir dessa declaração, com a ajuda de exemplos, apresenta uma variedade de jogos de linguagem, dos quais destacamos a atividade de *inventar* (e contar) *uma história*. Tal destaque explica-se pelo fato de selecionarmos como *corpus* de nosso estudo o gênero discursivo da parábola que se define, dentre outros aspectos, como uma modalidade da narrativa.

Em uma expansão das ideias do autor supracitado, o filósofo britânico J. L. Austin (1990) batiza os denominados *atos de fala*, de John

O GÊNERO DA PARÁBOLA **271**

R. Searle, de *atos ilocucionários*, dentre os quais inclui também o *contar uma história* e, por extensão, a parábola.

Assim, à luz do entrelaçamento dessas linhas teóricas, propomonos estudar o valor do discurso narrativo da *Parábola da ovelhinha do pobre* como veículo de atos provocadores de confronto, na tessitura do diálogo entre o profeta Natã e o rei Davi. Kirkwood, lançando mão do conceito de que a parábola "é uma conjunção de uma forma narrativa e um processo metafórico"[1] (1983, p.59), apresenta sua crítica de que se tem dado pouca atenção ao seu aspecto narrativo, justamente aquele que, de seu ponto de vista, deve ser valorizado por constituir um veículo para atos provocadores de confronto interpessoal. Apropriando-se de uma nomenclatura de outro pesquisador, Robert L. Scott, Kirkwood discorre sobre esse gênero como "uma potencialidade humana para entender a condição humana"[2] (idem, p.58). Conclui, então, que as parábolas, especialmente aquelas designadas para conduzir os ouvintes a atos de confronto interpessoal, são exemplares da função de pesquisa e exame da própria condição humana. Assim, o caráter originalmente ligado à oralidade da parábola constitui uma das características que lhe garante essa possibilidade funcional de estabelecer um confronto entre os interlocutores.

Para confrontar o rei Davi e acusá-lo de seus crimes de adultério e assassinato, conforme narrado no texto em questão, Natã conta-lhe uma história simples, com características específicas de uma narrativa breve, amimética na categoria do espaço, das personagens e do tempo e alegórica. Dentre essas características passíveis de serem observadas no texto abaixo transcrito, iniciaremos pelo seu caráter narrativo breve.

> Havia numa cidade dois homens, um rico e outro pobre. Tinha o rico ovelhas e gado em grande número; mas o pobre não tinha coisa nenhuma senão uma cordeirinha que comprara e criara, e que em sua casa crescera, junto com seus filhos; comia do seu bocado e do seu copo bebia; dormia nos

---

1 David Tracy (1978), em "Metaphor and Religion: The Test Case of Christian Texts", usou essa frase para apresentar um sumário da posição do fenomenologista Paul Ricoeur.

2 *"a human potentiality to understand the human condition."*

seus braços, e a tinha como filha. Vindo um viajante ao homem rico, não quis este tomar das suas ovelhas e do gado para dar de comer ao viajante que viera a ele; mas tomou a cordeirinha do homem pobre e a preparou para o homem que lhe havia chegado.

Esse primeiro elemento da narratividade, vital nesse *jogo de linguagem* articulado entre Natã e Davi, torna evidente o fato de o profeta ter feito uma opção deliberada pelo gênero discursivo da parábola, em sua abordagem ao soberano.

Na obra *Discurso da narrativa* (Genette, s. d.), na introdução, Genette aponta para a necessidade de uma delimitação do termo *narrativa*, dada a sua ambiguidade, que, muitas vezes, não é levada em conta. É por isso que, na tentativa de evitar confusões terminológicas, o autor propõe denominar-se

> *história* o significado do conteúdo narrativo (ainda que esse conteúdo se revele, na ocorrência, de fraca intensidade dramática ou teor factual), narrativa propriamente dita o significante, enunciado, discurso ou texto narrativo em si, e narração o acto narrativo e, por extensão, o conjunto da situação real ou fictícia na qual toma lugar. (p.25, grifos do autor)

A nota de rodapé colocada por Genette para as declarações acima resulta muito significativa, pois esclarece com muita propriedade que o termo *história*, na acepção tomada por ele, tem como correspondente um uso corrente e um uso técnico. O primeiro deles relaciona-se com o difundido "contar uma *história*"; o segundo é fruto de uma distinção realizada por Tzvetan Todorov entre a "narrativa como discurso" e a "narrativa como *história*", tendo-se esta última, conforme Genette, como "a sucessão de acontecimentos reais ou fictícios, que constituem o objeto desse discurso [do discurso narrativo], e as suas diversas relações de encadeamento, de oposição, de repetição etc." (idem, p.24). Para explicar melhor ainda esse sentido do termo *narrativa*, o literato francês declara que *análise da narrativa* significa, então, "um estudo de um conjunto de acções e de situações consideradas nelas mesmas, com abstração do *medium*, linguístico ou outro, que dele nos dá conhecimento" (idem, ibidem, grifos do autor).

O GÊNERO DA PARÁBOLA **273**

Para mostrar que existe uma inter-relação entre os três estatutos acima delimitados, Genette explica que

> história e narração só existem para nós, pois, por intermédio da narrativa. Mas, reciprocamente, a narrativa, *o discurso narrativo não pode sê-lo senão enquanto conta uma história, sem o que não seria narrativo (como, digamos, a Ética, de Espinosa),* e porque é proferido por alguém, sem o que (como, por exemplo, uma coleção de documentos arqueológicos) não seria, em si mesmo, um discurso. *Enquanto narrativo, vive da sua relação com a história que conta;* enquanto discurso, vive da sua relação com a narração que o profere. (idem, p.27, grifos nossos)

Esse conceito de *narrativa* como *história*, emprestado por Genette da teoria de Todorov, sem menção específica da obra do escritor russo, em que se pode verificar o ocorrido,[3] pode ser detectado em *Os gêneros do discurso* (Todorov, 1980), quando, no final do capítulo "Os dois princípios da narrativa", o autor diz que "a *narrativa* (...) pode representar um papel importante ou nulo na estrutura de um texto e que, por outro lado, aparece tanto nos textos literários quanto em outros sistemas simbólicos". Diz ainda que "é fato que hoje não é mais a literatura que oferece as narrativas de que toda sociedade parece necessitar para viver, mas o cinema: os cineastas nos *contam histórias*, ao passo que os escritores encenam as palavras" (p.74, grifos nossos).

Desse elenco de declarações importantes sobre o conceito de narrativa pode-se abstrair que parece existir um consenso entre os teóricos acerca dessa modalidade, seja ela expressa por meio da literatura, seja de outro veículo. Ao apontar o aspecto narrativo embutido no termo *diegese*, Genette deixa clara a sua intenção de destacar o caráter de *história* que essa nomenclatura contém. Assim, nessa linha genettiana, *narrativa, história* e *diegese* podem constituir termos correspondentes.

---

3 Presume-se que seja em *Les Catégories du récit littéraire,* citado posteriormente.

Tais concepções são mais uma vez enfatizadas por Genette, ao mostrar as relações diretas entre *história, narrativa* e *narração*, de onde destacamos o fato de que "o discurso narrativo não pode sê-lo senão enquanto conta uma história, sem o que não seria narrativo" (idem, p.27).

Por sua vez, Todorov também insiste nesse aspecto de *contar uma história* do discurso narrativo, mostrando que, do seu ponto de vista, nesse procedimento, o discurso cinematográfico tem alcançado maior sucesso do que o literário em suprir as necessidades vitais da sociedade na dimensão da arte.

Dessa maneira, quando dizemos ser a parábola uma narrativa, tencionamos destacar esse seu aspecto narrativo de constituir uma *diegese*, uma *história*, um *discurso narrativo*, um *conjunto de ações e de situações consideradas nelas mesmas*, uma *descrição de ações*, para usar a variada terminologia dos autores acima nomeados.

Esse fato ganha relevância por remeter-nos às reflexões de Weinrich (1968), quando declara que no *mundo comentado* o falante está comprometido e, por isso, o seu discurso é, dessa perspectiva, perigoso, arriscado. Para ilustrar sua tese, o autor cita Nathan, o Sábio, do drama de Lessing (1729-1781), escritor, dramaturgo e esteta alemão, um dos maiores vultos do Iluminismo do século XVIII. Nessa narrativa, estando Nathan em uma situação muito difícil, em que tinha que apresentar uma resposta imediata sobre uma questão decisiva, ele o faz contando uma pequena história, conhecida na literatura universal como a *Parábola dos três anéis*. Na avaliação de Weinrich, o ato de contar uma parábola constituiu uma estratégia do sábio para esquivar-se de um enfrentamento perigoso.

Percebemos, assim, que o sábio Nathan da parábola alemã usou o mesmo expediente do profeta Natã, da parábola bíblica. Inclusive, coincidência ou não, os nomes são os mesmos. O profeta estava diante da maior autoridade política e religiosa da nação de Israel, o rei Davi, alçado ao posto com a unanimidade não só de toda a liderança política do país, como também de toda a população. Além disso, até aquele momento, sua administração estava sendo reconhecida e referendada como justa e séria, e a sua fama como guerreiro vitorioso e conquistador se espalhava por todo o reino.

O GÊNERO DA PARÁBOLA **275**

Era esse legítimo herói nacional que Natã deveria denunciar diretamente como adúltero e assassino. De fato, a situação não era das mais fáceis. Por isso, a saída encontrada pelo profeta, a fim de cumprir sua perigosa missão, foi esquivar-se de um confronto direto por meio da narrativa parabólica. Como visto, os resultados não podiam ser melhores: o discurso funcionou como uma rede envolvendo Davi que, quando se apercebeu da situação, já estava completamente preso por ela, não tendo outra saída senão admitir e confessar sua culpa.

A esta altura, talvez devêssemos recorrer, ainda que apenas de passagem, à noção de que a retórica pode ser citada como uma das correntes precursoras da linguística textual e que, segundo Todorov, "é, acima de tudo, uma técnica que deve permitir, a quem a possua, atingir, dentro de uma situação discursiva, o objetivo desejado; ela tem portanto um caráter pragmático: convencer o interlocutor da justeza de sua causa" (1971). Foi exatamente isso o que Natã conseguiu com seu discurso parabólico alegórico. Na verdade, podemos qualificar o texto como uma *permixta apertis allegoria* ou *alegoria imperfeita*, usando a terminologia de Hansen, na obra *Alegoria* (1986). Como tal, ele apresenta as chamadas *virtudes retóricas* da brevidade, da clareza e da verossimilhança. Os elementos composicionais da narrativa foram retirados de um universo conhecido do narrador (e de todo israelita) e, especialmente, de Davi, o interlocutor, por suas atividades como pastor de ovelhas. Na verdade, ele chegou a compor uma poesia conhecida até hoje pelo seu registro no livro poético dos Salmos, cujo tema é exatamente o do pastoreio de ovelhas.[4] Talvez tenha sido esse o aspecto a conferir ao texto tanta clareza e verossimilhança que a reação do rei foi radical para com o comportamento do homem rico da história: "Davi se encolerizou contra esse homem e disse a Natã: 'Tão certo como Iahweh vive, quem fez isto é digno de morte! Devolverá quatro vezes o valor da ovelha, por ter cometido tal ato e não ter tido piedade'" (II Samuel 12:5 e 6).

---

4 Vide Salmo 23.

Por sua vez, a reação imediata de Davi é suficiente para demonstrar que o texto também constitui uma forma de *épos*, isto é, uma forma distinta pela presença concreta dos seus receptores no momento de sua transmissão, e que cumpria uma função específica como narrativa, no interior de um discurso mais abrangente que o profeta iniciara com o rei. A declaração contundente de Natã, "Esse homem és tu (v.7)", e todo o restante do texto, até o versículo 15, mostram que o propósito com que a parábola fora contada foi totalmente cumprido. O confronto e a denúncia do adultério e do assassinato cometidos pelo rei, condenáveis segundo a lei judaica, foram mediatizados por uma narrativa curta, amimética, alegórica, com um tema amplamente difundido na cultura israelita e especialmente conhecido de Davi.

Somando-se ao anterior, um segundo elemento a ser focalizado no texto em estudo é o fato de ele constituir uma forma narrativa marcada pela brevidade. No total, há 104 palavras compondo a parábola, um índice inferior à média de duzentas, característica desse gênero.

O fato constatado da brevidade da parábola, na visão do autor norte-americano, como observado anteriormente, confere a essa modalidade a facilidade de poder ser contada em diálogos interpessoais e em discursos públicos. Essa percepção ganha destaque especial no artigo citado já que, dentre outros aspectos característicos, o ser breve está intimamente ligado a uma das funções da parábola, mais especificamente, a de estabelecer uma estratégia de comunicação, tanto em contextos conversacionais mais íntimos e pessoais, quanto em situações públicas de prédica.

Por sua vez, um terceiro elemento, intimamente ligado aos anteriores, é passível de uma análise um pouco mais detalhada, no jogo da linguagem do texto em tela: a categoria do tempo da narrativa da parábola. Para tratarmos do assunto, recorreremos à obra já nomeada *Estrutura y función de los tiempos en el lenguaje* (Weinrich, 1968), especialmente ao capítulo III, intitulado "Mundo comentado – mundo narrado".

Neste ponto, adiantamos que, não por acaso, as formas do presente e do pretérito perfeito, por serem neutras quanto às perspectivas

O GÊNERO DA PARÁBOLA **277**

temporais de prospecção ou retrospecção, são as que mais aparecem no discurso parabólico, como nossa análise pode evidenciar.

Por outra perspectiva, o contraste entre uma situação e outra também se dá, segundo Weinrich, por meio das pessoas do narrador e do comentador. A primeira é descrita como um protótipo do contador de história, cuja imagem em todos os detalhes (por exemplo, idade, posição em que se encontra, momento da narração, tipo de movimentos característicos e expressão facial) indica uma figura em atitude de total relaxamento. Já a segunda, se não é possível caracterizá-la por oposição, por meio de um protótipo (como se fez com o narrador), o fazemos por meio de um signo inequívoco que é o fato de o comentador estar comprometido: *"el hablante está en tensión y su discurso es dramático porque se trata de cosas que le afectan directamente"* (1968, p.69).

Dos 17 verbos da narrativa da *Parábola da ovelhinha do pobre* (contando-se cada perífrase verbal como uma ocorrência apenas), 16 estão flexionados em tempos do pretérito, em uma porcentagem de 94,5%. Essa frequência alta de tempos do mundo narrado, conforme nomenclatura tomada de Weinrich, é responsável por instaurar no texto uma situação comunicativa distensa, própria do gênero narrativo. Assim, o fato de a categoria do tempo não ter nenhum correspondente cronológico na *Parábola da ovelhinha do pobre* e, portanto, ser amimética, não é tão relevante quanto o de ela, por meio das flexões verbais, constituir um agente significativo para a instalação da forma narrativa e de uma situação comunicativa de relaxamento.

O quarto elemento importante para a continuidade de nosso estudo, inclusive já mencionado, mas ainda a ser explorado, também atrelado aos três anteriores, é o fato de que a substância componente do discurso parabólico apresentado pelo profeta foi extraída do contexto histórico-cultural em que os interlocutores viviam e, por isso mesmo, era especialmente conhecida de Davi, visto que ele já exercera, por muitos anos, a profissão de pastor de ovelhas.

A fim de destacar esse fato, recorremos aos estudos de Malinowski (1923), que se reportava ao contexto como intermediário entre a situação e o sistema linguístico. Com o surgimento da Pragmática, os estudos e a descrição das ações que os usuários realizam com a língua, em situação de interlocução por meio da linguagem – como, por exemplo, a em que se encontravam Natã e Davi – em determinada cultura, cujas tradições, usos e costumes são valorizados, a concepção de contexto passou por algumas acomodações. Nessa direção, o contexto cognitivo ganhou um perfil bem definido.

Isso equivale a dizer que, para que duas ou mais pessoas possam se entender, é necessário que seus contextos cognitivos estejam parcialmente semelhantes e, ao menos em parte, compartilhados. Assim, segundo as abordagens cognitivas, o que de fato afeta a linguagem diretamente não é o contexto físico – o espaço físico, o espaço real com os objetos e as coisas – mas sim o conjunto de suposições trazidas para a interpretação de um enunciado de cada sujeito. Todavia, deve-se considerar a distinção do contexto de uso entre a fala e a escrita. Na fala há interação face a face, mas na escrita as informações devem ser estabelecidas por meio de estratégias de sinalização textual, que ocorrem por meio do processamento textual, isto é, o produtor do texto apresenta algumas informações lacunares e pressupõe que o leitor, por meio de seus conhecimentos e ou deduções, estabeleça relações de comunicação e possa com o texto interagir.

No caso da parábola em análise, trata-se de um discurso originalmente oral, articulado entre Natã e Davi, em que o embate se dá de uma maneira viva e intensa, dado o fato de seus contextos cognitivos, naquele exato momento, estarem compartidos. Assim, essa noção de contexto, materializada na estrutura da linguagem, impregnada de elementos culturais e permeada por traços da organização social daquele momento histórico, tem implicações diretas na produção e na compreensão do discurso. Natã sabia que era apenas um profeta. Que Davi era o rei. Que o rei havia adulterado com Bateseba e assassinado seu marido, Urias. Por sua vez, Davi também era seguro de sua identidade. De sua posição, a mais elevada no Reino de Israel. E, ainda, também conhecia a crueldade de seus atos, conforme a lei judaica daquele período. O discurso e a interação a ele inerente foram produzidos e compreendidos em meio a esse contexto cognitivo definido e reconhecido pelos interlocutores. As estratégias textuais e cognitivas foram organizadas e acionadas, a fim de que o processamento textual fosse facilitado.

O GÊNERO DA PARÁBOLA **279**

Assim, por meio da demonstração realizada, iniciando pela opção estabelecida pelo profeta Natã pelo gênero narrativo da parábola, e continuando com o fato de essa narrativa ser breve, pela instalação de uma situação comunicativa de relaxamento entre os interlocutores com o uso dos tempos verbais do mundo narrado e, ainda, pelo compartilhamento do contexto cognitivo entre os falantes originais, pode-se constatar a existência de um texto parabólico altamente marcado pelo princípio dialógico, em que "a enunciação é posta à disposição da comunidade de sentido, é produto de algum modo bilateral entre os enunciadores que se exercitam na bivocalidade e no duplo entendimento" (Francis, 1982). Por sua vez, nessa mesma linha, esse dialogismo confere à enunciação uma natureza relacional e interacional, o que foi suficientemente demonstrado em nossa análise.

Além disso, também por meio desse dialogismo que preside a relação interlocutiva do discurso parabólico analisado, detectou-se uma relação de posição entre instâncias enunciativas, uma rede de lugares ou espaços institucionais que, na verdade, foram subvertidos. A *Parábola da ovelhinha do pobre*, na turbulência de uma situação comunicativa conflituosa entre um rei soberano e um profeta vassalo, com seu caráter sutil e alegórico, incorporou também seu caráter pragmático, fazendo com que o soberano Davi fizesse exatamente o que o servo/profeta Natã desejava.

Nesse sentido, percebeu-se, enfim, por meio das ferramentas da linguística textual e da pragmática, uma situação de comunicação complexa, um jogo de hierarquia circunscrito no texto pelo jogo da linguagem, em que o verdadeiro poder emanou do tecido comunicacional dos atores do discurso.

No Novo Testamento: a parábola do bom samaritano

Antes de enveredarmos para a verificação da pertinência da hipótese sobre a existência de uma inter-relação entre os conceitos de subversão de gêneros, cenografia e posicionamento, faz-se necessário esclarecer

280 MARCO ANTÔNIO DOMINGUES SANT'ANNA

nossa consciência de que o *corpus* selecionado, o texto bíblico de Lucas 10:25-37,[5] constitui um fragmento de um *arquitexto*, cuja noção foi introduzida por Maingueneau e Cossuta "para designar as obras que possuem um estatuto exemplar, que pertencem ao *corpus* de referência de um ou de vários posicionamentos de um discurso constituinte" (apud 2006, p.64). Do ponto de vista do discurso religioso cristão, esse é o caso do texto em análise, uma vez que adquiriu um caráter de inscrição definitiva e que constitui, atualmente, uma autoridade absoluta.

Entretanto, sem nos atermos a esse ponto, nosso propósito é demonstrar a maneira como esse arquitexto, narrado pelo evangelista Lucas, pode ter resultado em um discurso que originalmente tinha a intenção de validar, referendar, conferir autoridade e legitimidade ao cristianismo nos momentos iniciais de seu estabelecimento como religião diferenciada. No momento histórico de sua escritura, o fim do século I a. D., tanto para o produtor do texto quanto para seus interlocutores, o fragmento ainda não havia adquirido a dimensão que possui na atualidade. Por isso, ainda que se possam ressaltar suas qualidades literárias e estilísticas, o essencial parece apontar para outra direção: a possibilidade plausível de o texto ter sido produzido em um

---

5 E eis que um legista se levantou e disse para experimentá-lo: "Mestre, que farei para herdar a vida eterna?" Ele disse: Que está escrito na Lei? Como lês?" Ele respondeu: "*Amarás o Senhor teu Deus, de todo o teu coração, de toda a tua alma, com toda a tua força e de todo o teu entendimento; e a teu próximo como a ti mesmo*". Jesus disse: "Respondeste corretamente; faze isto e viverás". Ele, porém, querendo se justificar, disse a Jesus: "E quem é meu próximo?" Jesus retomou: "Um homem descia de Jerusalém a Jericó, e caiu no meio de assaltantes que, após havê-lo despojado e espancado, foram-se, deixando-o semimorto. Casualmente, descia por esse caminho um sacerdote; viu-o e passou adiante. Igualmente um levita, atravessando esse lugar, viu-o e prosseguiu. Certo samaritano em viagem, porém, chegou junto dele, viu-o e moveu-se de compaixão. Aproximou-se, cuidou de suas chagas, derramando óleo e vinho, depois colocou-o no seu próprio animal, conduziu-o à hospedaria e dispensou-lhe cuidados. No dia seguinte, tirou dois denários e deu-os ao hospedeiro, dizendo: 'Cuida dele, e o que gastares a mais, em meu regresso te pagarei'. Qual dos três, em tua opinião, foi o próximo do homem que caiu nas mãos dos assaltantes?" Ele respondeu: "Aquele que usou de misericórdia para com ele." Jesus então lhe disse: "Vai, e também tu, faze o mesmo."

O GÊNERO DA PARÁBOLA 281

espaço determinado, a Palestina; em um período específico, o primeiro século depois de Cristo; por um autor reconhecido, o médico grego, Lucas; para um público particular, cristãos gentios; em função de uma necessidade religiosa e política historicamente definida: a necessidade de assumir um posicionamento contrário, por meio do discurso, em relação a uma corrente religiosa já cristalizada ao longo dos séculos anteriores, o judaísmo, em favor de outra, o cristianismo nascente.

Nessa linha, cabe observar que, segundo Gonzalez, "do ponto de vista dos judeus não-cristãos, o cristianismo constituía uma seita herética dentro do judaísmo", uma seita "que ia de cidade em cidade tentando os bons judeus a se tornarem hereges" (1980, p.50). Atrelada a esse aspecto puramente religioso, havia também a questão política, uma vez que, para grande parte dos judeus do primeiro século, a perda da independência de Israel para o Império Romano se devia, principalmente, ao fato de o povo não haver permanecido suficientemente fiel à fé praticada pelos antepassados. Por isso, reinava um sentimento nacionalista e patriótico exacerbado, diante da possibilidade de que os novos hereges pudessem provocar mais uma vez a ira de Deus sobre Israel. Assim, o modo como o texto foi organizado – com suas motivações e implicações religiosas, políticas, sociais e históricas – pode tornar-se altamente significativo para sua legitimação como um discurso comprometido com a implantação de uma visão de mundo definida, constituindo, assim, um discurso fundador, atrelado a uma situação específica de comunicação de uma dada sociedade, a uma determinada condição de emergência, de funcionamento e de circulação.

Ainda em relação a esse aspecto, é relevante observar que o fragmento em questão, segundo a tradição dos estudos analíticos da chamada alta crítica bíblica, defendida, dentre outros, por Rudolf Bultmann (1884-1976), teólogo e escritor alemão, constitui um bloco submetido a um trabalho editorial de compilação (1963, p.182-3). A não coincidência da narrativa entre os textos paralelos dos denominados evangelhos sinóticos demonstra isso, uma vez que nenhuma parábola encontra-se descrita em Mateus ou em Marcos. Para resumir o problema, tudo indica que o presente contexto da parábola do bom samaritano não é original, o que aponta para a possibilidade plausível

282 MARCO ANTÔNIO DOMINGUES SANT'ANNA

de o narrador haver buscado e selecionado uma fonte em que houvesse uma unidade de composição, procedendo-se assim a uma cuidadosa observação das particularidades do diálogo controverso típico da tradição rabínica. Além disso, o evangelista teria preferido tal fonte dado seu comprovado interesse por Samaria e pelos samaritanos, como se pode constatar em alguns outros trechos de sua autoria, tais como Lucas 9:52; 17:11, 16; Atos 1:8; 8:1, 5, 9, 14, 25; 9:31; 15:3.

Assim, essa desarmonia entre o material sinótico fundamental, combinada com a harmonia estilística, permite concluir que a parábola em tela era originalmente independente de seu presente contexto. A preferência por uma fonte que deixa evidente a interferência do trabalho editorial, em detrimento de outras, parece demonstrar sua intenção de, mais do que ressaltar a qualidade estilística, linguística e literária da tarefa realizada, confirmar a hipótese já ventilada de que era preciso satisfazer uma necessidade historicamente definida, o que fortalece o argumento em relação ao seu posicionamento quanto a uma linha religiosa que, naquele momento histórico, ainda se encontrava em fase inicial de estabelecimento.

Isso posto, sem a pretensão de realizar um estudo histórico tradicional que consideraria minuciosamente as origens do texto, nosso foco incidirá, sobretudo, na análise da descrição realizada por Lucas da mudança do curso da enunciação, como uma possibilidade de subversão genérica, promovida pelo coenunciador, com a finalidade de marcar o posicionamento ético deste último, a partir de sinais emitidos pelo seu ouvinte. Em um dado ponto da radicalização de um diálogo tipicamente racional, surgem-nos as seguintes questões: Realmente há uma subversão do *gênero dialético da disputa*, com a instalação de um diálogo emocional, por meio do *gênero da parábola*? Ocorre, de fato, uma quebra intencional do *contrato* de comunicação? A resposta de um dos enunciadores, fornecida não por meio de argumentos e refutações – típicos da disputa dialética – mas sim por meio de um discurso parabólico constitui uma *forma* de organização diferente da anterior? Essa forma apresenta *marcas formais* características? Existem de fato elementos articulados para constituir uma *cena de enunciação* ou, mais especificamente, uma *cenografia* que, como tal, *não é um simples*

O GÊNERO DA PARÁBOLA **283**

alicerce, uma maneira de transmitir "conteúdos", mas o centro em torno do qual gira a enunciação? Tornar-se-ia, então, o gênero da parábola, ele mesmo um legítimo componente do texto? É possível, portanto, perceber uma unidade entre forma e tema que traduz um posicionamento mediante a recusa do outro gênero, o da disputa? Esse fato remete, pelo *modo de dizer*, a um modo de ser? Que modo seria esse? A tentativa de responder a essas e outras questões que ainda poderão surgir ao longo do processo analítico norteará, pois, dentro do quadro teórico da análise do discurso, nossas reflexões sobre as possíveis relações existentes entre os conceitos anteriormente indicados.

Nessa linha, em primeiro lugar, cabe-nos apresentar esquematicamente a estrutura formal da narrativa em estudo, registrada em Lucas 10:25-37:

v.10:25	questão	doutor
v.10:26	contraquestão	Jesus
v.10:27	resposta	doutor
v.10:28	contrarresposta	Jesus
v.10:29	questão	doutor
v.10:30-36	contraquestão/narrativa/questão	Jesus
v.10:37a	resposta	doutor
v.10:37b	contrarresposta	Jesus

O quadro permite visualizar que o narrador é responsável por introduzir em cena duas personagens: o legista – o culto, o doutor da lei, o perito jurídico – e Jesus, um leigo. Inicialmente, é concedida ao primeiro a voz no discurso, que assume um papel de enunciador, abordando o segundo por meio de uma questão: "Mestre, que farei para herdar a vida eterna?" Já por esse formato de aproximação por meio de uma pergunta – marcada linguisticamente na forma escrita pelo traço suprassegmental interrogativo – pode-se iniciar a percepção de um modo de organização do discurso que parece ser indissociável da instituição a que pertence o seu produtor: um discurso inquisitório, em que ele mesmo assume um papel social superior de examinador de um candidato que necessita passar por uma prova pública. O gênero que se instala é portanto o didático dialético, que repousa sobre o questionamento de proposições – no caso, religiosas – e sobre seu tratamento por meio de argumentos e refutações, segundo Charaudeau e Maingueneau, em seu *Dicionário de análise do discurso*.

Esse gênero, ainda sob o ponto de vista desses autores, na mesma obra, designa uma forma particular de diálogo, que se desenvolve entre dois parceiros, cujas trocas são estruturadas em função de papéis específicos, o do questionador e o do respondente. Por outro lado, acrescente-se o fato de, de maneira específica, na dialética rabínica, a discórdia e a dissensão sempre serem o elemento mais importante, a ponto de, conforme declaração de Nilton Bonder, rabino da Congregação Judaica do Brasil e escritor publicado no país e no exterior, o judaísmo ser conhecido como a *celebração da dissensão*.

Assim, parece confirmar-se a noção de que "as doutrinas são inseparáveis das instituições que as fazem emergir e as mantêm" (Charaudeau & Maingueneau, p.108) e a de que se está diante de um gênero característico de uma comunidade organizada em torno da produção de discursos, nesse caso de natureza religiosa, cujos membros compartilham certo estilo de vida, normas e preceitos rígidos. Tudo indica que se trata, de modo específico, de uma comunidade *semiológica*, para selecionar um dos tipos apresentados por Charaudeau, "cuja identidade é marcada por *maneiras* de dizer mais ou menos rotineiras, e que constitui o 'saber dizer', os 'estilos', nos quais os membros da comunidade se reconhecem. Ela é, portanto, portadora de julgamentos de ordem estética, ética e pragmática sobre a maneira de falar" (idem, p.109).

Esse princípio parece atrelar-se ao de que, por meio do uso de um gênero específico, como o do debate no texto em análise, um locutor

O GÊNERO DA PARÁBOLA 285

indica como ele se situa em um espaço conflituoso: ao utilizar o recurso da abordagem por meio de uma questão, além de se deixar reconhecer na comunidade discursiva como alguém que dominava as questões atinentes à religião, o legista assume o posicionamento de um legítimo especialista. A escolha do gênero constitui, pois, uma manifestação formal explícita do seu posicionamento no campo da discussão estabelecida por ele próprio, com um sistema de valores que ele defende e que caracteriza tanto a sua identidade social e religiosa quanto a daquele de quem ele se aproxima para examinar.

Isso tudo desemboca de maneira natural no conceito estudado por Charadeau sob o título de *cena de enunciação*, acentuando "o fato de que a enunciação acontece em um espaço *instituído*, definido pelo gênero do discurso, mas também sobre a dimensão *construtiva* do discurso, que 'se coloca em cena', instaura seu próprio espaço de enunciação". Em uma citação literal de Ducrot, o autor discorre sobre o caso do uso muito frequente entre os analistas do discurso de uma metáfora teatral, afirmando que "a língua comporta, a título irredutível, todo um catálogo de relações inter-humanas, toda uma panóplia de papéis que o locutor pode escolher para si próprio e impor ao destinatário" (idem, p.95, grifos do autor). Essa ideia se impõe ainda com mais evidência ao relacionar os textos a seus gêneros de discurso, procedimento adotado por nós neste livro. De modo mais particular, a noção de *cena* é utilizada para a representação que um discurso faz de sua própria situação de enunciação. Assim, Charadeau (1983, p.51) fala de *encenação* para o *espaço interno* da comunicação, isto é, o papel que o locutor, por meio de sua fala, escolhe para se dar e para atribuir a seu parceiro.

No caso da parábola do bom samaritano, o legista, por meio da instituição da pergunta "Que farei para herdar a vida eterna?" atribui a si mesmo o seu papel, e a Jesus, o dele. Pelo caráter do gênero instaurado, detecta-se uma atmosfera tensa, característica de um momento de prova, de teste, de exame, o que pode ser confirmado por um texto paralelo, o de Lucas 11:37-53, em que o evangelista descreve outro confronto entre Jesus e os doutores da lei. Em um momento de extremo acirramento de ânimos, "um dos doutores da lei diz: Mestre, quando dizes isso, também nos afronta a nós", ao que Jesus respondeu: "Ai de vós também, doutores da lei! Porque carregais os homens com fardos difíceis de suportar, e vós mesmos nem ainda com um dos vossos dedos tocais nesses fardos". Em uma série de imprecações, confronta aqueles que o assediaram, encerrando seu discurso com a seguinte censura: "Ai de vós, doutores da lei! porque tirastes a chave da ciência; vós mesmos não entrastes, e impedistes os que entravam".

Assim, por meio da instalação do gênero dialético, expresso pela pergunta explícita, reconhece-se tanto a comunidade discursiva do legista, com suas normas e padrões éticos, quanto a maneira como ele se situa no espaço conflituoso, assumindo o papel social característico de especialista no assunto do debate dialético, em uma cena tensa de enunciação, em que ele escolhe para si o papel de examinador e impõe ao seu interlocutor o de examinando.

Na sequência da apresentação da estrutura formal da narrativa de Lucas 10: 25-3, começa a ficar evidente o estabelecimento de um contrato de comunicação, pelo fato de o suposto respondente demonstrar haver reconhecido, em parte, por meio do gênero do discurso instalado, traços identitários do inquisidor, o possível objetivo daquele ato comunicacional, o objeto temático da pergunta proposta e a relevância das coerções materiais que determinam esse ato. Sem que, com isso, lhe fosse possível conhecer todos os detalhes e minúcias do processo, parece ter dado indícios de seu envolvimento ativo na coconstrução do sentido global da comunicação, o que o levou a reagir de uma maneira específica em face da pergunta do legista, com todas as implicações que ela evoca, por meio de uma contraquestão: "Que está escrito na lei? Como lês?"

Em primeiro lugar, a resposta à pergunta inicial em forma de contraquestão constitui um elemento material do discurso que nos leva a supor que o julgado examinando identifica o gênero de discurso proposto pelo legista; correlaciona esse modo de organização discursiva à comunidade a que pertenceria o locutor, com seu estilo de vida, princípios religiosos, preceitos éticos, sistema de valores, enfim, com sua identidade social e religiosa; detecta a tentativa de estabelecimento tanto do posicionamento dele como o especialista no terreno daquele debate quanto do seu como o inquirido; por fim, vislumbra a cena tensa

O GÊNERO DA PARÁBOLA **287**

da enunciação em que, por meio da fala, o locutor procura determinar os papéis a serem exercidos por ambos.

No processo da percepção e inferência desses elementos discursivos elencados, o formato da contraquestão apresenta-se, pois, por um lado, como uma anuência à instituição de um contrato de comunicação por meio do gênero do debate e, por outro, como uma rejeição aos papéis sociorreligiosos pretensamente fixados pelo legista, na cena de enunciação, como inquiridor diante de um candidato que deveria reagir à sua demanda. Com a não aquiescência a tal imposição, por meio de sua resposta, o coenunciador procura, senão subverter totalmente as funções pretendidas pelo doutor da lei, pelo menos equipará-las, demonstrando também estar em condições de propor seu próprio questionário. A partir do momento em que se apossa da forma discursiva expressa pelas questões "Que está escrito na lei? Como a lês?", o coenunciador pode estar assumindo o papel de especialista, tanto se equiparando ao doutor quanto se colocando acima dele, pondo-o à prova. De qualquer maneira, aceitando-se uma ou outra dessas alternativas, o fato é que esse procedimento trouxe para a cena de enunciação mais pressão ainda.

Não houve outra possibilidade senão a de o doutor replicar a questão e, assim, do ponto de vista inicial do discurso proposto por ele próprio, assumir o papel invertido de respondente. Dessa maneira, pode-se afirmar que houve uma notável habilidade discursiva da parte de Jesus em seu procedimento de não aceitação das funções inicialmente designadas, mas de subversão das próprias funções. O processo instala-se com mais plenitude ainda quando, em uma tacada possivelmente irônica, Jesus apresenta sua nota diante da resposta do doutor: "Respondeste bem". Uma evidência desse fato é que, segundo o narrador, o legista "querendo se justificar" levanta outro tema, mais uma vez em forma de pergunta. Essa estratégia discursiva aponta para, pelo menos, dois aspectos relevantes para a análise: primeiramente, o da própria declaração do narrador no processo de apresentação do texto e, com isso, da construção de seu sentido.

O que explicaria a observação sobre a tentativa do doutor em *se justificar*? Diante do material discursivo explícito parecia não haver absolutamente nenhum elemento que reclamasse uma justificação. A resposta à pergunta de Jesus já havia recebido sua avaliação totalmente positiva. O inquisidor-respondente já havia recebido o veredicto da aprovação. Que necessidade haveria, então, ainda, de, segundo Lucas, o legista justificar-se? É provável que a explicação para esse comentário passe pelo mecanismo da construção formal do discurso, o segundo aspecto a ser aqui explorado. Tudo indica que o esforço de manter-se em posição superior de questionador no espaço instituído pelo gênero do debate dialético, de legitimar seu papel sociorreligioso na comunidade discursiva e de confirmar o de seu parceiro como respondente é que pode explicar essa exigência de justificação.

Seria, enfim, mais uma investida para situar-se no espaço conflituoso como o *expert*, como o detentor do saber e, por extensão, do poder? A apresentação de mais uma pergunta nessa busca desenfreada pela legitimação de sua identidade social e religiosa por meio do discurso resultaria em um acirramento dos ânimos ainda mais intenso, já que ficavam patentes os bruscos movimentos discursivos empreendidos pelo legista, a fim de não perder as rédeas da discussão: confirmava-se a celebração da dissensão.

Pelo exposto até o momento, verifica-se, pois, por meio da estrutura formal do texto que vai do versículo 25 ao 29, pela materialização de questões e contraquestões, a configuração de elementos discursivos que torna manifesta uma cena de enunciação, instituída pelo gênero da disputa em torno de um tema, proposto por um enunciador que, insinuando abrir-se para um contrato de comunicação com um parceiro, digladia para defender seu posicionamento no universo conflituoso do discurso. Por sua vez, percebe-se, também, um coenunciador que subverte esse esquema, gerando mais nervosidade ainda a um gênero que, especialmente na comunidade discursiva evocada pelos seus actantes, já fundava, por essência, uma atmosfera de excitação de ânimos.

Entretanto, além desses elementos formais discursivos mais abrangentes, existem outros a contribuir para o arranjo estrutural do fragmento como uma estrutura conversacional em que valores sociais, religiosos e éticos estão incrustados. Ao abordar Jesus, o legista dirige-se a ele designando-o *Mestre*. A tradução para a língua portuguesa

O GÊNERO DA PARÁBOLA **289**

do termo original não é suficiente para revestir o uso da plenitude das implicações de seu significado naquela comunidade discursiva. Tratava-se de um judeu especialista dirigindo-se a um judeu comum, em um espaço judaico por excelência, Jerusalém, perante um público predominantemente judaico. À primeira vista, poderia parecer que o vocativo *Mestre* estaria recoberto de um tom respeitoso e reconhecido da posição privilegiada de seu interlocutor, em um espaço imagético em que a relação mestre-discípulo era altamente prestigiosa. Todavia, o vocábulo original colocado na boca do legista judeu não fora aquele mais característico – e, portanto, mais esperado – da cultura judaica, *Rabi*. Esse emprego seria historicamente autêntico, pois, segundo o que já se conhecia a respeito dele, o interlocutor reunia algumas marcas de um rabino: em outras circunstâncias, por exemplo, já se havia solicitado dele diretrizes acerca de aspectos polêmicos da Lei de Moisés e sobre questões doutrinárias, além do fato de também formar um grupo de discípulos.

Em vez disso, porém, o narrador dá voz ao doutor e descreve-o dirigindo-se a Jesus como *didáskale*, que, como se constata, aceita a mesma tradução, *mestre*. Todavia, o esquema linguístico produz um efeito de estranhamento que traz rendimento à construção do significado do texto: um judeu, dirigindo-se a um judeu, em um espaço judaico, perante um público judeu, surpreende usando uma palavra grega inesperada. Essa seleção lexical realizada no eixo paradigmático pelo narrador e materializada pelo doutor parece ter sido intencional, para, por meio de mais uma estratégia discursiva, que se alinha às demais a que já recorreu, demarcar os espaços simbólicos do discurso, aspecto já desenvolvido anteriormente, ao se apontar outros constituintes. Estaria ele, então, afirmando por meio de um traço formal sutil a não condição de Jesus de enfrentá-lo em termos judaicos? Estaria ele garantindo seu posicionamento sociorreligioso superior, com todos os seus valores, diante de alguém que, na sua visão, não reunia as qualificações exigidas para travar um debate no mesmo nível, com a mesma função, exercendo papéis sociais equivalentes? Pelo uso de um vocábulo em uma língua que não a da comunidade discursiva em foco, estaria ele tentando desprestigiar seu interlocutor e iniciar o

290 MARCO ANTÔNIO DOMINGUES SANT'ANNA

debate em vantagem em mais um aspecto? Tudo parece apontar para uma resposta afirmativa.

Na continuidade da apresentação de outros elementos a produzir resultados relevantes para a construção do significado do texto em análise e, partindo para uma focalização temática do problema, podemos destacar o fato de o narrador afirmar que o doutor da lei aproximou-se de Jesus com a intenção de *experimentá-lo*. O verbo usado na língua original grega, *ekpeirádzon*, é exatamente o mesmo encontrado no texto de Lucas 4:1, em que se descreve a ação do diabo, também em relação a Jesus, com a intenção, nesse caso explícita, de derrubá-lo. Trata-se, pois, de uma sugestão, por aproximação do uso dos vocábulos no seu original, de que, possivelmente, as intenções do doutor da lei diante de seu interlocutor coincidiam com as do demônio no momento mítico e emblemático da tentação de Jesus. Esse, então, constituiria um fato a mais para indicar que ele estaria arquitetando uma estratégia discursiva, como constatamos, para realizar uma exposição pública, fatal e definitiva, com a finalidade de desmerecer e desprestigiar as ações daquele que, de alguma maneira e por alguma razão, estaria ameaçando a estabilidade e a manutenção de um esquema sociorreligioso, em que as identidades e os papéis estavam muito bem definidos religiosa, social e historicamente.

Na sequência da verificação de constituintes que concorrem para a edificação do sentido do discurso em estudo, apontamos para o caso de, tematicamente, a pergunta do doutor da lei localizar-se entre as preocupações do hermético círculo rabínico judaico. Entretanto, o que explicaria o fato de um especialista lançar essa questão a uma pessoa que, do seu ponto de vista, não estaria à altura de uma discussão em seu nível? O exegeta alemão Joachim Jeremias chega a afirmar que "o fato de um teólogo estudado perguntar a um leigo pela via para a vida eterna era naquele tempo tão incomum como o seria hoje" (1983, p.202).

Não obstante essas posições, a partir de um afastamento crítico-histórico atual, parece que a proposição tem, pelo menos, dois precedentes político-religiosos: em primeiro lugar, o fato de, segundo a visão teológica do Velho Testamento judaico, a ideia de herança estar vinculada à posse da Terra Prometida, entendida como dádiva de Deus, sem que

O GÊNERO DA PARÁBOLA **291**

Israel tivesse que fazer qualquer coisa para merecê-la ou adquiri-la. Por exemplo, dentre outras, na primeira ocorrência do vocábulo *herança* na escritura mencionada, em Gênesis 15:7, a noção torna-se explícita: "Ele (Deus) lhe (a Abraão) disse: Eu sou Iahweh que te fez sair de Ur dos caldeus, para te dar esta terra (Israel) por herança". Além disso, ao realizarem suas análises sobre vocábulos bíblicos, estudiosos como Foerster afirmam que "Israel não conquistou a terra devido às façanhas que realizou (...) mas (...) a disposição espontânea de Deus deu a Israel a terra como sua porção" (1964-1974: v.III, p.760).

Por sua vez, em segundo lugar, depois do período do Velho Testamento, com base em interpretações realizadas especialmente pelo círculo rabínico, a expressão *herdar a terra* passou a ser aplicada à salvação que Deus estende ao povo israelita. Nessa linha, Dalman declara que "possuir a terra, em Isaías 60:21,[6] é interpretado pelos rabis com o significado de participação da era vindoura" (1929, p.126). Confirmando essa hipótese, encontram-se algumas declarações em que se constata que a herança torna-se, de fato, a vida eterna e que a maneira de alcançá-la é a observância da lei mosaica. Bailey registra, por exemplo, a afirmação de Hillel – segundo ele o mais importante rabino contemporâneo de Jesus – de que "aquele que ganhou para si as palavras da Torá ganhou para si a vida no mundo vindouro" (1985, p.78). Outra escritura primitiva, Enoque Eslavo, não canônica, também considera a vida eterna como herança, alistando uma série de condições para que ela fosse alcançada. No momento em que, no capítulo 9, Enoque é conduzido ao Éden, ouve as seguintes palavras:

> Este lugar, ó Enoque, é preparado para os justos que suportam toda sorte de ofensas, dos que exasperam suas almas, que afastam os olhos da iniquidade, e fazem julgamentos retos, e dão pão aos famintos, e cobrem os nus com roupas, e levantam os caídos, e ajudam os órfãos prejudicados, e que andam sem falha diante da face do Senhor, e servem só a Ele, e para eles é preparado este lugar como herança eterna. (Charles, 1963, p.434s)

---

6 "O teu povo, todo ele constituído de justos, possuirá a terra para sempre, como um renovo de minha própria plantação, como obra de minhas mãos, para a minha glória."

Dessa forma, essas duas possibilidades de vinculação estabelecidas pela pergunta proposta pelo doutor da lei apresentam-se como um interdiscurso, tanto em termos de tema quanto de gênero. De um ponto de vista mais amplo, elas fazem parte do conjunto de unidades discursivas, que pertencem a discursos anteriores, do mesmo gênero religioso com os quais esse discurso particular sobre a vida eterna está em correspondência explícita e imediata, pelo menos da perspectiva do legista.

Talvez, então, se possa afirmar que o teste aplicado a Jesus pelo especialista tenha, ao menos, uma dupla intenção: primeiro, investigar, e publicamente, se o respondente, como membro da comunidade judaica, reconhecido – ironicamente ou não – como um *mestre*, teria condições de, pela sua resposta, partilhar do mesmo interdiscurso. Uma recusa pura e simples, ou qualquer reação que deixasse de manter uma correspondência temática ou genérica constituiria um vexame público e, assim, desautorizaria o conjunto de seus discursos, anteriores e subsequentes. Caso essa possibilidade não se concretizasse, restaria em segundo lugar a intenção de verificar a qual das duas correntes Jesus se filiaria: à do Antigo Testamento, que proclamava a herança de Israel como uma dádiva, ou à posição rabínica que envolvia procedimentos de interpretação da Lei, com sua relativa carga de subjetividade, como já demonstrado por meio dos excertos anteriormente citados. Se aderisse à primeira alternativa, a discussão tornar-se-ia estéril; se propusesse alguma resposta não coerente com a tradição hermenêutica dos rabinos de maior projeção, que costumava apresentar uma lista de pré-requisitos para se herdar a vida eterna, provocaria reações antagônicas em parte da audiência reunida naquele espaço.

Havia rumores de que sua proposta desviava-se do tema da observância da Lei como via para a dimensão religiosa almejada, o que, certamente, causaria repúdio e desaprovação, particularmente da escola rabínica, instituição reconhecida e respeitada pela comunidade discursiva. Em última análise, cria ele ou não que a herança de Israel se fazia disponível por meio do cumprimento comportamentalista da Lei de Moisés e de suas várias interpretações? Segundo Ibn al-Tayyib, um iraquiano e antigo estudioso da Bíblia, o teste era descobrir uma resposta para essa pergunta (apud Bailey, p.79). Por tudo o que já se

O GÊNERO DA PARÁBOLA **293**

apresentou, de nosso ponto de vista, a intenção ia para além dessa possibilidade: os elementos reunidos indicavam tratar-se, na verdade, de uma estratégia de tentativa de desmascaramento público, por meio de uma resposta hipotética que o legista pensava antecipar. Qual não foi sua surpresa, entretanto, quando seu intento foi frustrado pelo fato de, em vez de apresentar suas próprias opiniões, o respondente solicita o parecer do interrogante, recorrendo ao tema geral intrinsecamente correto: "Que diz a Lei? Como a lês?"

Não poderia existir uma posição que estivesse mais perfeitamente alinhada, em termos de conteúdo temático e formal, ao modelo idealizante do fechado círculo do rabinato e da comunidade judaica em geral, do que a marcada por Jesus. Não poderia haver um tema mais sagrado do que a Lei e nem um gênero mais prezado que o debate dialético, expresso pela refinada capacidade articulatório-discursiva de proposição de questões e contraquestões. Assim, esses elementos, o conteúdo temático e a opção genérica, fundidos indissoluvelmente no todo do enunciado "Que diz a lei? Como a lês?", apresentaram-se, com contundência, como mais que suficientes para satisfazer as mais altas aspirações intelectuais e religiosas, contrariando todas as hipóteses levantadas pelo doutor, de uma resposta, senão totalmente equivocada, no mínimo controversa da perspectiva da comunidade discursiva.

Assim, em um resumo da análise da estrutura formal – incluindo, obviamente, seus aportes temáticos – até o versículo 29, quando da segunda investida do especialista com a apresentação de outra pergunta – "Quem é meu próximo?" –, nem pela opção genérica do debate dialético, nem pela seleção dos recursos linguísticos, lexicais e fraseológicos, o doutor da lei foi discursivamente hábil o bastante em realizar de forma cabal seus intentos de experimentar Jesus, com vistas a expô-lo e desmascará-lo publicamente. Pelo contrário, o que ocorreu foi uma subversão dessa expectativa, pela demonstração da capacidade do coenunciador de dominar o gênero proposto e de conhecer profundamente o tema lançado. Tudo concorre, pois, para que, por essa via, se explique a observação de Lucas em apontar que no decorrer do discurso o legista quis *justificar-se*, elaborando mais uma questão. Por toda a argumentação apresentada, pois, parece não ferir qualquer princípio de coerência considerar-se a utilização desse recurso mais como uma justificativa no terreno da moral e da ética do que no do conhecimento ou no da religião.

Já tendo dado provas e demonstrações de suas habilidades discursivas, já podendo, assim, ser reconhecido na comunidade como, no mínimo, suficiente para equiparar-se à posição do doutor da Lei, em face da segunda questão que apontava para um acirramento das tensões na cena de enunciação, para a radicalização de um debate tipicamente racional, Lucas redireciona o curso da enunciação, de modo a instalar, em outra contraquestão de Jesus, um diálogo dito emocional, por meio do *gênero da parábola* e não mais pela continuidade do gênero do debate dialético – o que, tudo indica, poderia gerar uma estrutura conversacional beligerante sem limites. Teria ocorrido, assim, a produção de uma quebra do *contrato* de comunicação por uma das partes, assumido inicialmente pelos interlocutores? Teria sido intencional a elaboração dessa quebra? Com quais finalidades?

Os elementos até este ponto reunidos parecem autorizar a que se chegue à conclusão de que, de fato, houve um rompimento de acordo comunicacional da parte de Jesus, em relação ao gênero em que se iniciou a conversação. Parece, ainda, que esses dados permitem inferir que a organização discursiva, diferente da que se vinha desenvolvendo até essa altura, teria cumprido um propósito narrativo específico de marcar, pelo modo de dizer, um modo de ser. Senão, vejamos.

Diz-se da parábola um gênero *emocional* pelo seu caráter essencialmente narrativo. Segundo Weinrich, em seu estudo sobre as relações estabelecidas entre os tempos verbais e as diversas situações comunicativas, torna-se relevante observar que os denominados tempos do grupo II estão estreitamente relacionados com situações comunicativas de *narração* e, os do grupo I, com situações de comentário, atestadas em diálogos, memorandos políticos, conferências científicas e ensaios filosóficos, entre outros gêneros do discurso (apud Sant'anna, 2000, p.156). Por essa razão, o autor intitula os tempos do grupo II de *tempos do mundo narrado* ou *tempos da narração* e os do grupo I de *tempos do mundo comentado* ou *tempos de comentar*. Para deixar clara a diferença entre os dois tipos de situação comunicativa, o citado erudito demons-

O GÊNERO DA PARÁBOLA **295**

tra que a característica distintiva da situação narrativa é a atitude *de relaxamento* instaurada por ela, sendo a postura do corpo físico apenas um signo exterior do relaxamento do espírito e do discurso. Pelo contrário, a situação não narrativa é marcada por uma atitude *tensa*, de comprometimento.

Diante dessa posição teórica, e pela observação dos tempos verbais na narrativa da Parábola do bom samaritano, verifica-se um nítido contraste de disposição emocional dos interlocutores entre o primeiro bloco analisado (v.25-29) e aquele que inicia com a introdução aparentemente repentina e sem precedentes da pequena história, materializada pela voz do coenunciador. No primeiro, por meio do gênero da disputa dialética, detecta-se uma atitude tensa, repleta de sinais de alerta, de comprometimento, de exigência de reações rápidas, uma cena dramática em que se pretende, pelo discurso, influenciar, expor e fazer desacreditar o outro. Já no segundo, a adoção do gênero discursivo parabólico, com sua materialidade verbal narrativa, interrompe enérgica, engenhosa e, ao mesmo tempo, delicadamente o fluxo e o extravasamento das emoções exacerbadas dessa dissensão e desse renhido embate intelectual, ainda que religioso.

Esse procedimento por meio do investimento genérico da parábola parece inclusive lançar mão da tradição judaica de se contarem histórias para não só desafiar atitudes e crenças, mas também evocar sentimentos e atos de consciência significativos em si mesmos, uma vez que a própria ação é marcada por uma dimensão relacional importante. Nessa linha, Kirkwood (1983, p.59) propõe que as narrativas são apresentadas com a finalidade de evocarem no interlocutor uma breve experiência de consciência não intelectualizada, interrompendo diretamente o fluxo de elementos puramente racionais. Um processo mental instalado, um diálogo verbal racionalizado, uma atmosfera tensa de um debate acirrado podem ser suspensos temporariamente, para, se satisfeitas as expectativas, darem lugar a outros estados desejáveis de consciência. Para o autor, no momento inicial da introdução da parábola, o conteúdo temático ou conceitual não é o mais importante: basta uma experiência transitória de ruptura de um determinado humor ou estado de consciência e a instalação de outro pretendido.

296 MARCO ANTÔNIO DOMINGUES SANT'ANNA

Soma-se a isso o fato de que certos estados de espírito e de mente, como a quietude, a reverência, a devoção, não constituírem apenas os meios, mas também os fins de uma disciplina espiritual, especialmente em algumas tradições religiosas. Uma parábola que suscite um desses estados interiores não estará, pois, servindo a um fim argumentativo. Ao menos em alguns casos, seu significado mais legítimo será, então, constituir uma estratégia de alçar um interlocutor a um estado emocional ou espiritual desejado, pelo próprio gênero instalado.

Ao contar, pois, uma parábola, Jesus impõe uma forma de discurso altamente pessoal, que não demonstra qualquer pretensão de ser uma discussão esterilizante. O valor dessa alteração pela forma de resposta ao desafio do jurista torna-se, assim, evidente. Mais relevante do que isso, entretanto, é o fato de a alteração passar a abordar o doutor da lei como uma pessoa e não mais como um adversário. Sobre esse aspecto da questão, Kirkwood empresta a terminologia e o conceito de alguns estudiosos como Paul Watzlawick, John Weakland e Richard Fisch para descrever o fenômeno: a *mudança de segunda ordem* parece descrever exatamente "aqueles atos que não representam simplesmente alterações permitidas dentro do contexto de um 'jogo' ou relacionamento, mas que mudam as próprias 'regras do jogo', criando daí, um novo 'jogo'" (1983, p.71). Nesse sentido, a *quebra de contrato*, a *subversão do gênero* do debate dialético para o parabólico pode ser descrita como uma *mudança de segunda ordem* que, por si só, indica um mecanismo consciente e concreto de, percorrido o arquivo de possibilidades discursivas na tradição judaica, instalar um gênero que conferisse ao diálogo um caráter mais pessoal e ameno.

Segundo a análise de Kirkwood, além de esse modo de discurso narrativo identificar uma forma de tradição oral prestigiosa, com todas as suas implicações discursivas, em que as partes envolvidas são levadas a reconhecer que estão representando uma antiga e honrada forma de comunicação, outro fator contribui para a intensificação do impacto causado pelo ato de contar histórias e de criar um novo jogo discursivo: a possibilidade de recriação do ambiente familiar entre o locutor e o interlocutor. Dado o amplo uso dessa forma de comunicação entre pais e filhos, uma iniciativa de narração poderia contribuir para evocar associações poderosas entre eles.

O GÊNERO DA PARÁBOLA **297**

Assim, a própria parábola como gênero da narrativa, na tessitura da enunciação, adquire um *ethos* discursivo, na medida em que o coenunciador realiza uma tentativa de retificar, de retrabalhar a construção de sua própria imagem diante do enunciador e, ainda, diante daqueles que, de alguma maneira, estavam participando daquele ato de comunicação. Pela subversão genérica, mobiliza as forças discursivas para recriar um ambiente distenso, afetivo e humanizador, trazendo para o sistema de representações mentais e emocionais do discurso tanto o modelo familiar do pai e do filho quanto o religioso e o filosófico do mestre e do discípulo.

Chega-se assim, neste estudo da parábola do bom samaritano, ao conceito de que esse gênero de narrativa, inserido na estrutura conversacional em que aparece, apresenta um mundo cujo caráter é instituído pelo próprio modo como a situação de enunciação narrativa é imposta. A parábola, pois, entrelaça aquilo que diz às condições de sua própria maneira de dizer, criando uma *cenografia* que legitima o enunciado, o qual, por sua vez, a legitima, já que, segundo Maingueneau, essa "cenografia de onde vem a fala é precisamente a cenografia necessária para enunciar como convém" (2006, p.253).

É possível no caso em pauta correlacionar esse princípio com o proposto por Umberto Eco em *Obra Aberta*, ao declarar que "não se pode julgar ou descrever uma situação qualquer, em termos de uma linguagem que não seja expressão de uma mesma situação, pois a linguagem reflete um conjunto de relações e coloca um sistema de implicações sucessivas" (1976, p.257). Não haveria alternativa para Jesus responder ao doutor da lei senão pela forma da parábola, em sua tentativa de criar um novo jogo relacional por meio do jogo do discurso. Todo um conjunto de relações está refletido nessa seleção genérica e todo um sistema de implicações é acionado por ela.

Por essas razões, ainda seguindo-se as posições teóricas de Maingueneau, a cenografia da parábola do bom samaritano não é "'um procedimento', o quadro contingente de uma mensagem que se poderia 'transmitir' de diversas maneiras; ela forma unidade com a obra a que sustenta e que a sustenta" (2006, p.253). Além disso, na visão do autor, ela "não é um simples alicerce, uma maneira de transmitir 'conteúdos', mas o centro em torno do qual gira a enunciação" (idem, p.264), tornando-se verdadeiro conteúdo do texto.

Em harmonia com essa cenografia e com esse posicionamento em face do arquivo discursivo de que se dispunha, observados no fragmento conversacional até o momento analisado, há um aspecto mais especificamente ligado ao tema da parábola que pode ser mencionado, ainda que de uma maneira mais sucinta e apenas a título de confirmação do que se vem expondo: o chocante contraste na apresentação do procedimento do sacerdote e do levita em relação ao do samaritano, perante o moribundo à beira da estrada entre Jerusalém e Jericó.

O primeiro, o sacerdote, pertencia a uma classe única em Israel que tinha direito de reivindicar precedência e possuir dignidade religiosa. Segundo o historiador judeu Flávio Josefo (c. 37 - 95 d. C.), da mesma forma que alguns têm o hábito de traçar a sua nobreza até este ou aquele homem, na nação de Israel, a marca da verdadeira nobreza era extrair a linhagem do sacerdócio (apud Daniel-Rops, p.245). O sacerdócio passou, então, a ser composto por uma casta exclusiva, muito consciente de si mesma, constituída somente de, segundo pensamento do Sinédrio, homens respeitáveis, abastados, de perfeição física, e quase sempre dentro do mesmo pequeno grupo de famílias. Além disso, o sacerdote era um prisioneiro de seu próprio sistema legal e teológico. A lei escrita relacionava cinco fontes de contaminação. O contato com um cadáver estava no topo da lista. A lei oral acrescentava mais quatro. O contato com um não-judeu era a primeira dessa lista adicional. O encontro do profissional da religião com o moribundo, e a possibilidade de este estar morto ou de não ser um judeu, criava um terrível conflito entre atender as necessidades de um homem ou transgredir coisas valiosas do seu sistema ético-religioso. Era um sistema mantido em função de si mesmo, ainda que isso significasse a morte de um homem.

A segunda classe de pessoas apresentada na parábola foi a dos levitas que não tinham tantos impedimentos ritualísticos quanto os sacerdotes para atender ao infeliz caído à beira do caminho. Sejam quais forem os motivos, repetindo o modelo desumanizador do sacerdote, o levita viu o quadro que clamava ajuda ao homem, mas também passou pelo outro lado.

O GÊNERO DA PARÁBOLA 299

Decididamente, depois desses dois primeiros, não havia personagem mais inesperada e chocante para entrar em cena do que um samaritano. Só uma pesquisa histórica, mesmo que rápida, é capaz de revelar o ódio mantido ao longo dos tempos pelos judeus para com os samaritanos.

Samaria, capital do reino israelita do norte, caiu ante o império assírio em 722 a. C. Embora o remanescente que ficou na terra de Israel tenha envidado esforços para dar continuidade à adoração ordinária, a mistura gradual com povos colonizadores enviados de várias partes do império assírio foi alterando paulatinamente a atitude e a adoração do povo, além de ter criado uma raça mista. As conquistas efetuadas pelos gregos, séculos mais tarde, aumentaram ainda mais essa fusão das raças. A oposição que se instaurou entre os judeus de Jerusalém e os samaritanos parece ter sido quase inteiramente política, até o século V a. C.

Enfim, as relações entre judeus e samaritanos mestiços que, como visto, estiveram submetidas a diversas oscilações, tinham experimentado no tempo de Jesus especial agravamento, depois que os samaritanos, durante a festa da Páscoa, tornaram a praça do templo impura espalhando nela ossadas humanas. Reinava, pois, de ambas as partes ódio irreconciliável. H. Danby faz uma citação de um oráculo judaico que traduz um pouco desse sentimento radicalizado: "Aquele que come pão dos samaritanos é como aquele que come a carne dos suínos" (apud Daniel-Rops, 1985, p.92).

Com a introdução do samaritano em cena expõe-se um dos sentimentos mais profundos do doutor da lei e toda a nação. O transbordamento das emoções solidárias do samaritano contrasta de maneira chocante com a ausência total delas da parte do sacerdote e do levita. Por um lado, inclusive, à concisão do discurso no plano da narrativa das cenas do sacerdote e do levita corresponde a omissão de suas emoções e ações no plano do concreto do discurso. Por outro lado, à riqueza de detalhes da narrativa sobre o samaritano corresponde a largueza de seus sentimentos. De maneira esquemática, o quadro a seguir pode contribuir para demonstrar a organização estrutural da parábola, mostrando, desta vez tematicamente, outra categoria vazada textualmente por um ato de subversão, a do herói:

10:30a		13 palavras	Um homem...assaltantes
10:30b		12 palavras	Ação dos bandidos
10:31	1 versículo	12 palavras	Sacerdote
10:32	1 versículo	10 palavras	Levita
10:33-35	3 versículos	67 palavras	Samaritano

O que se pode concluir pela observação desse procedimento de concisão para os atos desumanizadores do sacerdote e do levita e de expansão para os compassivos do samaritano é que se trata de um recurso discursivo para conferir importância e relevância a quem, de fato, e não apenas pela identidade estereotipada na comunidade discursiva, as merecia.

Isso posto, em face de tudo que se percebeu no mecanismo do discurso, a fim de se encaminhar à conclusão da narrativa, o doutor da lei é convocado a proferir uma vez mais seu parecer: "Qual dos três, em tua opinião, foi o próximo do homem que caiu na mão dos assaltantes?" De maneira bem clara percebe-se um deslocamento de ponto de referência. O doutor da lei levantou sua questão tendo a si próprio como centro das atenções. Por tudo o que era e representava na comunidade discursiva, assumiu sua posição de autoridade perguntando, em uma paráfrase: "Quem eu vou ajudar?" Dessa perspectiva, ele é quem reunia as condições de poder. Todavia, com o desenvolvimento da parábola, pela construção do discurso, Jesus foi desviando o foco para a figura do necessitado e estabelecendo um princípio: em um espaço de desumanização, de assalto às condições de dignidade humana, os holofotes, as preocupações têm que incidir não sobre os poderosos, mas sobre os que agonizam marginalizados à beira da estrada. Assim, não houve alternativa senão pronunciar a seguinte resposta: "Aquele que usou de misericórdia para com ele [o moribundo]", isto é, o samaritano. Dessa forma, pelo refinamento das estratégias discursivas, o doutor

O GÊNERO DA PARÁBOLA 301

da lei foi conduzido a, do ponto de vista judaico, admitir e a declarar o contraditório, o impossível, o inimaginável e o indizível.

Por isso, pode-se concluir que a intenção primordial, ao optar-se pela narrativa de uma parábola, não fora mesmo a *transmissão* da mensagem de que se devia ajudar o próximo em necessidade. Se esse fosse o caso, a apresentação do samaritano diante de um interlocutor judeu, membro da comunidade dos doutores da lei, diante de uma audiência judaica, em um espaço judaico, seria desnecessária, perturbadora e, em última análise, hostil e contraproducente, o que destruiria o próprio posicionamento assumido por meio das opções discursivas realizadas, com todo o seu sistema de implicações sucessivas. Para atender a esse propósito teria sido mais indicado lançar em cena um samaritano moribundo e um ajudador compassivo judeu fora dos círculos clericais. Todavia, quando bons (clérigos) e maus (samaritano) são transformados, respectivamente, em maus e bons, heróis e anti-heróis, um mundo está sendo desafiado, todo um sistema de valores sociais, religiosos e éticos está sendo revertido.

Por isso, o *modo de dizer*, com tudo a que ele está associado discursivamente, remete a um modo de ver o mundo e de julgá-lo, de pronunciar um conjunto de juízos a respeito das relações humanas, de desafiar os procedimentos tradicionalistas e esterilizantes, baseados em modelos institucionais inoperantes. O modo de dizer, enfim, corresponde a um modo de ser.

Tudo indica que seja essa a razão pela qual, em seguida à resposta do doutor da lei, dá-se a contundente instrução final: "Vai tu e faze o mesmo". A parábola, assim, não se destina à discussão temática racial ou religiosa, ou até mesmo à pura contemplação estética do gênero ficcionalmente elaborado. Em vez disso, constitui uma enunciação ativamente dirigida a um interlocutor que, depois de ser levado a aderir a um determinado universo de valores e de sentido, se pretende mobilizar a adotar princípios éticos que atendam primordialmente as necessidades do Outro.

Em uma apuração final e mais global de todos esses dados, tem-se que o discurso como um todo, narrado por Lucas, é historicamente marcado pela necessidade de estabelecimento da religião cristã. Por isso, dentre outras possibilidades, opta pela adoção de um manuscrito-fonte, em que uma estrutura conversacional entre um doutor da lei e Jesus é mediada pela narrativa de uma parábola. Ao final, uma visão de mundo é subvertida, sendo proposta outra em que as legítimas necessidades do ser humano devem estar no centro das preocupações tanto institucionais quanto pessoais.

Comprova-se, assim, pela organização do discurso, a capacidade do narrador de suscitar a adesão, confirmando a pertinência da hipótese inicialmente levantada da existência de uma inter-relação entre os conceitos de subversão de gêneros, cenografia e posicionamento, com base em teorizações no campo da análise do discurso.

Na literatura contemporânea: *A boa alma de Setzuan*, de Bertolt Brecht. Elementos estruturais da parábola moderna

Há certos elementos estruturais da parábola moderna que podem ser apreendidos tomando-se como referência, de um lado, a análise da peça *A boa alma de Setzuan*, de Bertolt Brecht e, também, as parábolas de Kafka e as de Kierkegaard e, de outro, as características da parábola tradicional, mais propriamente as da parábola bíblica já que, segundo conclusões em minha tese de doutoramento, a constituição da parábola como gênero deu-se no contexto do Novo Testamento.

Em primeiro lugar levantamos o aspecto de que, em sua versão moderna, a parábola apresenta-se tanto em forma de narrativa (por exemplo, as citadas parábolas de Kafka e de Kierkegaard) como em outra modalidade, como é o caso da produção brechtiana estudada por mim e que foi escrita especialmente para o teatro. É importante destacar, entretanto, que a frequência da modalidade, em sua forma narrativa, é muito maior que em outras. Estatisticamente, de um *corpus* de 110 parábolas modernas, apenas duas são teatrais, o que corresponde a menos de 2% do total.

Na verdade, quando defino a parábola na sua ocorrência tradicional como uma *metanarrativa*, é para indicar o fato de estar geralmente

O GÊNERO DA PARÁBOLA 303

introduzida em um discurso mais amplo. De acordo com meus estudos, essa característica apresenta uma ligação essencial com as funções didática e confrontativa da parábola antiga, o que apresenta variação nos exemplares modernos. Todavia, por ora, cabe-nos apenas afirmar que, no *corpus* delimitado para estudo, diferentemente do modelo antigo, as parábolas apresentam-se autonomamente, isto é, sem vinculação com discursos mais amplos. Dessa maneira, elas não constituem *metanarrativas*.

Intimamente relacionado a esse aspecto da narrativa está o fato de que, tradicionalmente, a parábola constitui uma forma curta. Essa característica repete-se na versão moderna praticamente com a mesma frequência que a de constituir uma narrativa, isto é, menos de 2% da totalidade, tomando-se como referência o *corpus* de 110 parábolas.

Em sua versão antiga, o dado de a parábola apresentar-se curta também está ligado a suas funções didáticas e confrontativas. Entretanto, na modernidade, com uma variação nesse aspecto das funções, a manutenção da extensão média das parábolas de duzentas palavras pode ser tomada, então, apenas como um possível reflexo da tradição do gênero.

Tendo estabelecido como característica distintiva da parábola antiga o amimetismo nas categorias da personagem, do tempo e do espaço, no desenvolvimento do trabalho sobre a peça de Brecht, respeitando as nuances do texto, detectei alterações relevantes na instância da personagem. De fato, a/o protagonista de *A boa alma de Setzuan*, *Shen Te/Shui Ta*, emblematicamente moderna/o, caracteriza-se por ser completamente fragmentada/o. É simultaneamente mulher e homem; é anjo e prostituta/ é pobre e rico; é plebeia e de linhagem real; é sensível e carrasco; distribui aos pobres e usa-os como escravos; enfim, é o protótipo da tensão dialética entre o Bem e o Mal convivendo, ao mesmo tempo, em um mesmo ser.

Como personagem moderna, Shen Te/Shui Ta não apresenta um caráter plenamente acabado, pronto ou perfeito. Em contrapartida, a personagem é revelada como fragmentada e instável. A combinação em sua personalidade de elementos comumente incombináveis faz dela um ser em constante conflito consigo mesmo e com o mundo ao seu redor. Assim, a desigualdade de sua natureza e a ambiguidade de sua essência, reveladas pelo impossível enquadramento no modelo idealizante que lhe é imposto pelos deuses ou por seu primo Shui Ta – que, na verdade é a outra face de seu ser – levam Shen Te a um desespero impossível de ser atenuado, como sugere o desfecho da peça.

Assim, a marca distintiva de sua humanidade parece residir exatamente nesse caráter fragmentário e complexo que, miticamente, poderia corresponder à quebra da unidade paradisíaca, com o pecado edênico da emancipação do indivíduo e de sua consequente expulsão do paraíso. Esse assunto da desagregação do homem com Deus, consigo mesmo e com a sociedade, inclusive, é tema dominante em importantes obras da literatura universal. Por exemplo, E. T. Hoffman (1776-1822), romancista alemão, criador do conto fantástico, que aliava a fantasia delirante a uma observação minuciosa da realidade, declara: "Figuro-me dentro de um prisma, todos os personagens que giram em torno de mim são as minhas personalidades as quais me supliciam com as suas intrigas" (Rank, 1939, p.19).

Além disso, ainda como exemplo do fato literário, o poeta português Fernando Pessoa afirma: "Sinto-me múltiplo. Sou como um quarto com inúmeros espelhos fantásticos que torcem para reflexões falsas uma única anterior realidade que não está em nenhuma e está em todas" (1974, p. 81). Na mesma linha, Mikail Bakhtin, em um estudo sobre as personagens de Dostoiévsky, lança mão de um recurso filosófico para explicar que, no pensamento artístico do autor que analisa, "o homem nunca coincide consigo mesmo. A ele não se pode aplicar a forma aristotélica da identidade: *A é idêntico a A*" (Bakhtin, 1988, p.50).

Dessa maneira, Shen Te/Shui Ta, com a variedade de componentes contraditórios e paradoxais que constituem sua figura literária na parábola moderna em questão pode ser tomada/o como arquétipo do paradoxo global e do caráter provisório da própria natureza humana.

Essa caracterização da personagem na versão moderna da parábola contrasta de maneira marcante com a da modalidade tradicional. Nas parábolas bíblicas, as personagem apresentam-se em um modelo unitário e polarizado. Ou são boas ou más, ou prudentes ou o néscias, ou humildes ou cheias de arrogância. Nem sempre são retratadas em

O GÊNERO DA PARÁBOLA 305

seus conflitos pessoais e existenciais, incoerentes em seus princípios e ações ou, ainda, multifacetadas em seus caracteres.

Na sequência, outro índice que determina um evidente contraste entre as versões antiga e moderna da parábola é a maneira com que cada uma apresenta o desfecho da história.

Quanto a isso podemos afirmar que mesmo a mais aberta das parábolas antigas é apenas sombra do que ocorre em *A boa alma de Setzuan*, por exemplo. Mesmo que dentre as parábolas bíblicas encontremos exemplares caracterizados por esquemas de reversão, por elementos de surpresa, esse procedimento é levado ao extremo na peça de Brecht, particularmente em relação ao seu epílogo.

Nesse caso, o expectador/ouvinte é explicitamente encarregado de encontrar um final feliz para a situação deseperadora de Shen Te que, na verdade, é um arquétipo da situação de toda humanidade, contaminada pelo germe da fragmentação do ser.

As últimas palavras da personagem que faz o papel de um tipo de coro da peça, dirigindo-se à audiência/leitor são: *"You write the happy ending to the play!/ There must, there must, there's going to be a way"* (1998, p.109). Assim, quantos forem os expectadores/leitores serão as respostas ao estímulo dado. Em última análise, o *happy end* encontra-se na subjetividade individual de cada um que, dependendo de seu potencial humano e não de forças externas, luta para traçar o seu próprio destino.

A esses elementos da fragmentação da personagem e do desfecho completamente aberto, como marcas distintivas da modernidade em *A boa alma de Setzuan* pode-se somar o da diversidade de suas funções em relação à parábola tradicional.

Conforme mencionado anteriormente, a parábola tradicional constitui uma metanarrativa, por encontrar-se inserida no âmbito de um discurso mais amplo. Esse discurso, de maneira geral, caracteriza-se pelo tom pedagógico ou confrontativo, em que se procura conduzir o receptor ao aprendizado de um princípio universal ou ao reconhecimento de uma verdade sobre si mesmo. Assim, a parábola é contada com a função de incorporar o princípio ou facilitar o confronto por meio de uma história. Assim, quase invariavelmente, um preceito generalizante é oferecido ao final das parábolas bíblicas.

Esse fato não ocorre no caso de *A boa alma* e nem nas demais 109 parábolas modernas lidas. Não se trata do caso de não haver a representação de uma perspectiva ou de uma visão de mundo. Sendo uma narrativa alegórica, a parábola, também em sua versão moderna, constitui um meio de expressão em lugar de um discurso objetivo. O que ocorre, então, é que essa dita visão de mundo é transmitida por meio da própria estrutura do texto e de seus elementos constitutivos. Por exemplo, pode-se ler a parábola de Brecht tanto como uma crítica da estratificação social capitalista ou como uma defesa das potencialidades humanas para a construção de seu processo histórico. Para que isso aconteça, estabelece-se uma tentativa simultânea e fundamental de prescindir dos valores cristãos, tidos como retrógrados por contarem com o auxílio divino para a realização de seus projetos.

Entretanto, o que me parece relevante é o fato da possibilidade de mais de uma leitura em mais de um nível da obra. No caso da peça em questão pode-se detectar pelo menos dois níveis parabólicos: o da história em si e outro, paralelo, o do espaço cênico, já que se trata de uma parábola para o teatro.

Quanto às parábolas de Kafka e Kierkegaard, pode-se afirmar com segurança que o procedimento do estabelecimento de um princípio universal com valor de verdade geral, à moda das parábolas tradicionais, não se repete nesses exemplares. Muito pelo contrário, o caráter enigmático que caracteriza essas parábolas modernas é elevado a um grau surpreendente. O hermetismo com que são construídas, por certo, demanda árduo trabalho hermenêutico para se chegar a um entendimento satisfatório das parábolas, se é que elas foram escritas para serem entendidas.

Neste ponto torna-se interessante citar um comentário do próprio escritor dinamarquês sobre o assunto, na introdução da obra *Parables of Kierkegaard*:

> This is exactly what the parables require of readers, that they untie the knot for themselves; and for this reason I deliberately make no attempt to write a standard or allegedly "correct" commentary on each parable, since each parable aims to challenge the subjective consciousness of the individual reader in its own way. (idem, p.xui)

O GÊNERO DA PARÁBOLA 307

Como se pode constatar, então, há uma intenção de Kierkegaard de não estabelecer definidamente uma lição ou princípio para nenhuma de suas parábolas, a fim de que o leitor, por sua conta, encontre-se a si mesmo ou qualquer outro valor que o sensibilize no processo de desvendamento dos enigmas parabólicos.

Além desse aspecto das múltiplas possibilidades de interpretação dessas parábolas modernas, cabe ainda destacar um elemento que, segundo meu ponto de vista, constitui um diferencial de grande importância em relação às parábolas antigas: o da intenção estética do autor ao construir as suas narrativas. Segundo a introdução da obra que vimos citando, Kierkegaard escreveu em 1843 que

> Literatura não deve ser uma clínica para deficientes físicos, mas um parque de diversões para crianças saudáveis, felizes, fortes, sorridentes, bem desenvolvidas; crianças de verve, bem formadas, inteiras, seres satisfeitos, sendo cada uma delas a imagem de sua mãe e tendo a vitalidade de seu pai – não o aborto de fracos desejos nem o refugo após o nascimento.[7] (idem, p.xi)

Esse elemento lúdico evocado na imagem da infância saudável a que se refere Kierkegaard liga-se claramente ao fato de que as parábolas por ele escritas eram dotadas de uma explícita intenção estética.

Por um lado, ainda que a parábola bíblica, por exemplo, seja inegavelmente composta de elementos literários, estruturada por meio de processos característicos desse campo e requeira procedimentos hermenêuticos próprios da teoria da literatura para sua interpretação, é sabido que a intenção do autor não foi provocar o prazer estético.

Por outro lado, no caso de *A boa alma de Setzuan* e das outras parábolas lidas, a busca do equilíbrio estético apresenta-se como um dos elementos fundamentais para seu estabelecimento como gênero. Assim, à guisa do confronto entre versões antigas e modernas da pa-

---

7 *"Literature should not be a nursing home for cripples but a playground for healthy, happy, thriving, smiling, well-developed children of verve, finely formed, whole, satisfied beings, each one of-whom is the very image of his mother and his father's vitality – not the abortions of weak desires, not the refuse of after-birth."*

rábola, esse aspecto constitui um ponto importante de diferenciação e de particularização.

Foram indicados, então, alguns elementos importantes no confronto entre parábolas antigas e modernas. É importante ter-se em mente que a referência para tal confronto é a definição de que, na versão tradicional, mais especificamente, na bíblica, a parábola constituiu uma narrativa curta, amimética (na categoria das personagens, do tempo e do espaço) e alegórica. Primeiramente, destaco que é possível encontrar dentre os exemplares modernos produções que não constituem narrativas tradicionais, como é o exemplo claro da parábola de Brecht, escrita intencionalmente para configurar uma peça teatral, com todos os elementos característicos desse universo.

Em segundo lugar, nem todas as parábolas modernas são curtas, uma vez mais como é o caso do exemplo citado anteriormente. *A boa alma de Setzuan* excede em muito as duzentas palavras, o padrão médio para essa modalidade literária.

Em terceiro lugar, em relação a categorias como a da personagem, por exemplo, a parábola moderna de Brecht é marcante pela maneira como apresenta a/o protagonista em contraste com personagens tradicionais. O processo de completa fragmentação que atravessa Shen Te/Shui Ta no desenvolvimento da obra torna-se um símbolo de modernidade.

Contrastando com os procedimentos aplicados à parábola bíblica, em quarto lugar, acrescente-se o fato do desfecho escancaradamente aberto da peça de Brecht.

Ligado a isso, levante-se, em quinto lugar, a não apresentação de princípios universais explícitos, nas versões modernas da parábola. Diferentemente do procedimento típico tradicional, em que as funções didática e confrontativa são evidentes, os exemplares modernos transferem para os leitores/espectadores a tarefa de, por eles mesmos, desatarem os intrigantes nós dialéticos estruturadores do texto.

Finalizando esse elenco de contrastes apontamos, em sexto lugar, a intencional literariedade do texto parabólico moderno, fato não característico das parábolas bíblicas, ainda que admitam e mesmo requeiram uma abordagem literária.

O GÊNERO DA PARÁBOLA 309

Certamente, esses seis aspectos levantados para confronto entre as parábolas antigas e as modernas estão intimamente ligados ao contexto de produção de cada uma dessas versões. Alterações sociopolíticas e econômicas, com reflexos nas artes, foram drásticas e marcantes, a partir do evento do Iluminismo, ocorrido no século XVIII. Era de esperar, pois, que também no gênero da parábola mudanças ocorressem.

Particularmente *A boa alma de Setzuan* e os outros exemplares de parábolas modernas do *corpus* selecionado são ícones da realidade em que foram produzidos. Conforme declaração de Anatol Rosenfeld, "uma época com todos os valores em transição e por isso incoerentes, uma realidade que deixou de ser um mundo explicado, exige as adaptações estéticas capazes de incorporar o estado de fluxo e insegurança dentro da própria estrutura da obra" (1976, p.86).

Esse *estado de fluxo* e essa insegurança de que fala Rosenfeld podem, por exemplo, ser detectados tanto no ser profundamente dialético da/o protagonista quanto no desfecho aberto da peça de Brecht. Além disso, o caráter altamente enigmático das parábolas de Kierkegaard e de Kafka é também índice das adaptações estéticas exigidas para refletir um momento histórico em acelerada transição.

Assim, pode-se afirmar que o contexto de produção das parábolas em foco e, obviamente, a consciência e capacidade estética de seus autores é determinante para conferir a elas seu caráter de modernidade. Todavia, esse é um assunto que, por sua elevada importância, será tratado em outra obra que lhe permita uma exploração mais extensiva.

REFERÊNCIAS BIBLIOGRÁFICAS

A BÍBLIA DE JERUSALÉM. São Paulo: Paulinas, 1985.

A BÍBLIA SAGRADA. Tradução de João Ferreira de Almeida. Ed. revista e atualizada no Brasil. Brasília: Sociedade Bíblica do Brasil, 1969.

AMORA, A. S. *Introdução à teoria da literatura*. 3 ed. São Paulo: Cultrix, 1977.

ARISTÓTELES. *Arte retórica e Arte poética*. Tradução de Antônio Pinto de Carvalho. Rio de Janeiro: Ediouro, s. d.

ASH, R., HIGTON, B. (Comp.). Tradução de Heloísa Jahn. *Fábulas de Esopo*. São Paulo: Companhia da Letrinhas, 1995.

BAILLY, A. *Dictionnaire Grec-Français*. Paris: Hachette, 1950.

BAKHTIN, M. *Questões de literatura e estética – A teoria do romance*. 2.ed. São Paulo: Hucitec/ Unesp, 1988.

_____. Problemas da poética de Dostoiévsky. Tradução de Paulo Bezerra. Rio de Janeiro: Forense Universitária, 1988.

BÍBLIA VIDA NOVA. São Paulo: Vida Nova, 1980.

BOSI, A. *O ser e o tempo da poesia*. São Paulo: Cultrix, 1977.

BRECHT, B. *Parables for the theater*. Londres: Penguin, 1998.

BROWN, C. (Ed.). *Dicionário internacional de Teologia do Novo Testamento*. Tradução de Gordon Chow. São Paulo: Vida Nova, 1983.

BROWNE, L. *A sabedoria de Israel*. Rio de Janeiro: Monte Scopus, 1959.

BUBER, M. *Histórias do rabi*. São Paulo: Perspectiva, 1967.

_____. *Tales of Hasidim: early masters*. Tradução de Olga Marx. Nova Iorque: Schocken Books, 1945.

BUTTRICK, G. A. *The interpreter's dictionary of the Bible*. v.4. Nova Iorque: Abingdon Press, 1962.

312 MARCO ANTÔNIO DOMINGUES SANT'ANNA

CAMARGO, S. A. *Ensinos de Jesus através de parábolas*. São Paulo: Imprensa Metodista, 1954.

CHAMPLIN, R. N. *O Novo Testamento interpretado versículo por versículo*. Guaratinguetá: Voz Bíblica, s. d.

CHERUBIM, S. *Dicionário de figuras de linguagem*. São Paulo: Pioneira, 1989.

COELHO, J. P. *Dicionário de literatura*. 3.ed. Lisboa: Figueirinhas/Porto, 1981.

COUTINHO, A. *Enciclopédia da literatura brasileira*. Rio de Janeiro: FAE, 1989.

CROSSAN, J. D. *Finding is the first act*. Philadelphia: Fortress Press, 1979.

_____. *In parables – The challenge of the historical Jesus*. Sonoma: Polebridge Press, 1992.

DANIEL-ROPS, H. *A vida diária nos tempos de Jesus*. Tradução de Neyd Siqueira. São Paulo: Vida Nova, 1983.

DICCIONÁRIO DEL mundo clássico. Dirección de Ignácio Errandonea. Madri: Labor, 1954.

DICIONÁRIO ILUSTRADO. Aristos de La Lengua Española. Cuba: Editorial Científico-Técnica, 1985.

DODD, C. H. *Parables of the Kingdom*. Londres: Nisbet & Co., 1935.

DOUGLAS, J. D. (Org.). *O novo dicionário da Bíblia*. 2.ed. Tradução de João Bentes. São Paulo: Vida Nova, 1978.

DOURADO, M. *Mecenas ou o suborno da inteligência* Rio de Janeiro: Editora do Povo, 1947.

DUPONT, J. *O método das parábolas hoje*. Tradução de Luiz João Gaio. São Paulo: Paulinas, 1985.

_____. *Por que parábolas*. Tradução de Mosteiro de Viagem. Petrópolis: Vozes, 1980.

ECO, U. *Obra aberta*. Tradução de Sebastião U. Leite. São Paulo: Edusp, 1976.

ENCICLOPÉDIA Barsa. Rio de Janeiro, São Paulo: Encyclopaedia Britannica (Ed.), 1970.

FERREIRA, A. B. H. *Novo dicionário da língua portuguesa*. Rio de Janeiro: Nova Fronteira, 1986.

FISHER, N. F. *The parables of Jesus: glimpses of the New Age*. s. d.

FRYE, N. *Anatomia da crítica*. Tradução de Péricles Eugênio da Silva Ramos. São Paulo: Cultrix, 1973.

FUNK, R. W. *Language, hermeneutic and word of God: The problem of language in the New Testament and contemporary theology*. Nova Iorque: Harper & Row, 1966.

GARCIA, O. M. *Comunicação em prosa moderna*. 2.ed. Rio de Janeiro: Fundação Getúlio Vargas, 1971.

O GÊNERO DA PARÁBOLA 313

GENETTE, G. *Discurso da narrativa.* Tradução de Fernando Cabral Martins. Lisboa: Vega, s. d.

GRAWNDER, M. Z. *A palavra mascarada*: sobre a alegoria. Santa Maria: Ed. da UFSM, 1996.

GREIMAS, A. J., COURTÉS, J. Tradução de Alceu Dias Lima *et. al. Dicionário de semiótica.* São Paulo: Cultrix, 1989.

HANSEN, J. A. *Alegoria – construção e interpretação da metáfora.* São Paulo: Atual, 1986.

HAUERWAS, S. *Story and Theology.* Notre Dame: University of Notre Dame Press, 1977.

HOBAN, J. L. Rhetorical rituals of rebirth. *The Quarterly journal of speech*, 66 (1980), p.276.

HOLANDA FERREIRA, A. B., RÓNAI, P. *Mar de histórias:* antologia do conto mundial. Rio de Janeiro: Nova Fronteira, 1978.

HOMERO. *Ilíada.* 3.ed. Tradução de Carlos Alberto Nunes. São Paulo: Melhoramentos, s. d.

_____. *Odisseia.* 3.ed. Tradução de Manuel Odorico Mendes. São Paulo: Atena, 1960.

JEREMIAS, J. *As parábolas de Jesus.* 4.ed. Tradução de João Rezende Costa. São Paulo: Paulinas, 1983.

KAFKA, F. *Parables.* Princenton: University Press, 1972.

KAYSER, W. *Análise e interpretação da obra literária.* v.1. Coimbra: Arménio Amado (Ed.), 1958.

KIDNER, D. *Provérbios:* introdução e comentário. Tradução de Gordon Chown. São Paulo: Mundo Cristão, 1980.

KIRKWOOD, W. Parables as Methaphors and Examples. *Quarterly journal of speech*, 74, 1985.

_____. Storytelling and self-confrontation: parables as communication strategies. *Quarterly journal of speech*, 69, 1983.

LANG, G. H. *Pictures and parables.* Miami: Conley & Schoettle, 1985.

LA SANTA BIBLIA – Anotada por Scofield. 12.ed. Rev. C. I. Scofield. Dalton: Publicaciones Españolas, 1977.

LAUSBERG, H. *Elementos de retórica literária.* 2.ed. Tradução de R. M. Rosado Fernandes. Lisboa: Fundação Calouste Gulbenkian, 1970.

LIDDEL , G. H. & SCOTT, R. (Comp.). *A Greek-English lexicon.* Oxford: Claredom Press, 1940.

MACHADO, A. *Poesías completas.* Madri: Espasa-Calpe, 1991.

MAGNE, A. J. S. *Princípios elementares de literatura.* São Paulo: Companhia Editora Nacional, 1935.

MANUAL de teoria e técnica literária. Rio de Janeiro: Presença, 1981.

314 MARCO ANTÔNIO DOMINGUES SANT'ANNA

MARTINS, N. S. A. *Introdução à estilística*. São Paulo: T. A. Queiroz, 1989.

MEGALE, H. *Elementos de teoria literária*. São Paulo: Nacional, 1975.

MITCHELL, E. C. *As parábolas do Novo Testamento*. Tradução de J. M. Lima. Rio de Janeiro: Imprensa Metodista, s. d.

MOISÉS, M. *Dicionário de termos literários*. São Paulo: Cultrix, 1985.

MORA, José F. *Diccionário de Filosofia*. Buenos Aires: Sudamericana, 1958.

MOURIER, H. *Dictionnaire de Poétique et de Rhétorique*. 3.ed. Paris: Presse Universitaire de France, 1981.

MUILENBURG, J. Hebrew Rhetoric: Repetition and Style. *Vetus Testament Supplement*, 1 (1953), p.97-111.

OGILVIE, L. J. *The Parables of Jesus*. Glendale: Regal Books Division, 1979.

OITICICA, J. *Curso de literatura*. Rio de Janeiro: Germinal, 1960.

PENTEADO, J. de A. (Comp.e Com.). *As mais belas fábulas de La Fontaine*. São Paulo: Editora Pedagógica Brasileira, s. d.

PEQUENA Enciclopédia Bíblica. Pindamonhangaba: Boyer, 1976.

PEQUENO Dicionário de Literatura Brasileira. José Paulo Paes & Massaud Moisés (Orgs.). São Paulo: Cultrix, 1967.

PERRIN, N. *Rediscovering the Teaching of Jesus*. Nova Iorque: Harper & Row, 1967.

PESSOA, F. Os outros eus. In: _____. *Obras em prosa*. Organização, introdução e notas de Cleonice Berardinelli. Rio de Janeiro: Companhia José Aguilar, 1974, p.81.

PLATÃO. *Ditos e feitos memoráveis de Sócrates*. São Paulo, Abril, 1972. (Os pensadores, v.II)

PORTELLA, O. A fábula. *Letras* (32). Curitiba: UFPR 1983, p.119-38.

PROENÇA FILHO, D. *A linguagem literária*. São Paulo: Ática, 1992.

PROPP, V. I. *Morfologia do conto maravilhoso*. Tradução de Jasna Paravich Sarhan. Rio de Janeiro: Forense-Universitária, 1984.

QUINTILIANO. *Institution Oratoire*. Tradução de C. V. Ouzille. Paris: Panckoucke, 1931, tome III.

RANK, O. O duplo. São Paulo: Coeditora Brasílica, 1939, p.19.

RICOEUR, P. The specificity of religious language. *Semeia: an experimental journal for biblical criticism*, 4. 1975.

ROBBINS, V. K., PATTON, J. H. Rethoric and biblical criticism. *The Quarterly journal of speech*, 66. 1980. p.327-50.

RODHEN, H. *Sabedoria das parábolas*. 5.ed. São Paulo: Alvorada, 1988.

ROSENFELD, A. *Texto/Contexto*. 4.ed. São Paulo: Companhia Editora Nacional, 1976.

STEFANI, C. *As parábolas do evangelho*. São Paulo: Saraiva, 1949.

STRONG, J. *Strong's Exhaustive Concordance – complete and unabridged*. Grands Rapids: Baker Book House, 1980.

O GÊNERO DA PARÁBOLA 315

TAVARES, H. U. da C. *Teoria literária*. Belo Horizonte, Itatiaia, 1978.

THE INTERLINEAR Hebrew-Greek-English Bible. Tradução e edição de Jay Green, 1980.

THE NEW Enciclopaedia Britannica Macropaedia. 15.ed. Chicago/Londres: Enc. Brit. Inc., 1974, v.7, p.136.

THEOLOGICAL DICTIONARY of the New Testament. GERHARD, F. (Ed.) Tradução de BROMILEY, G. W. Grand Rapids: W. M. B. Erdman, 1967.

TODOROV, T. *Os gêneros do discurso*. Tradução de Elisa Angotti Kossovitch. São Paulo: Martins Fontes, 1980.

TRACY, D. Metaphor and religion: the test case of christian texts. *Critical inquiry.* Chicago: The University of Chicago Press, v. 5, n.1, 1978.

TRENCH, R. C. *Notes on the parables of our Lord*. 4.ed. Michigan: Baker Book House, 1955.

VEIGA, A. K. *Teoria da literatura*. Lisboa: Presença, 1981.

VIA JÚNIOR, D. O. *The parables: their literary and existencial dimension*. Philadelphia: Fortress Press, 1967.

WEINRICH, H. *Estructura y función de los tiempos en el lenguaje*. Madri: Gredos, 1968.

WENHAM, D. *The Parables of Jesus – Pictures of Revolution*. 3.ed. Londres: Hodder & Stoughton, 1993.

WILDER, A. N. *Early christian rhetoric: the language of the New Testament*. Cambridge: Harvard University Press, 1971.

SOBRE O LIVRO
Formato: 14 x 21 cm
Mancha: 23,7 x 42,5 paicas
Tipologia: Horley Old Style 10,5/14
Papel: Offset 75 g/m^2 (miolo)
Cartão Supremo 250 g/m^2 (capa)
1ª edição: 2010

EQUIPE DE REALIZAÇÃO

Coordenação Geral
Marcos Keith Takahashi